철학의 발견

희망의 인문학 | 철학 강의

철학의 발견

장건익 지음

사월의책

철학의 발견

1판 1쇄 발행 2013년 5월 31일
1판 3쇄 발행 2024년 3월 30일

지은이 장건익
펴낸이 안희곤
펴낸곳 사월의책

편집 박동수
디자인 한승연

등록번호 2009년 8월 20일 제2012-118호
주소 경기도 고양시 일산서구 중앙로 1388 동관 B113호
전화 031)912-9491 | 팩스 031)913-9491
이메일 aprilbooks@aprilbooks.net
홈페이지 www.aprilbooks.net
블로그 blog.naver.com/aprilbooks

ISBN 978-89-97186-31-0 03100

* 책값은 뒤표지에 있습니다.

Ens est bonum.

당신의 삶에서 버릴 것은 아무것도 없습니다.

차례

프롤로그

삶으로의 회귀回歸

『장자』의 추수秋水 편을 보면 초나라의 임금이 장자에게 신하를 보내 정치를 맡아달라고 청하는 대목이 나온다. 낚시를 하고 있던 장자는 뒤도 돌아보지 않고 다음과 같이 말한다. "듣자하니 초나라에는 신령스런 거북이 있는데 죽은 지 이미 이천년이 지났다고 하더이다. 임금은 이것을 비단에 싸서 상자에 넣어 묘당廟堂 위에 모셔놓았다는데, 이 거북으로 말하자면 죽어서 뼈만 남기어 존귀하게 되고 싶어 하겠소, 아니면 살아서 진흙 속에서 꼬리를 끌고 다니고 싶어 하겠소?" 이에 신하가 말한다. "그야 살아서 진흙 속에서 꼬리를 끌고 다니고 싶어 하겠지요." 장자가 말하였다. "그렇다면 돌아가시오! 나는 진흙 속에서 꼬리를 끌고 다니며 살터이니."

1.

지혜가 사라진 이 시대 그래서 지혜가 간절히 필요한 이때, 그것은 대체 어디에 숨어 있는 것일까? 우리는 어디 가야 지혜를 만나볼 수 있는 것인가?

안타깝게도 철학자들의 지혜는 장자가 말한 거북이처럼 이미 오래전에 박제되어 대학의 도서관에 모셔져 있다. 학자들이 가끔 연구용으로 꺼내 보긴 하지만 그들은 그것을 죽어 있는 것으로 대할 뿐이다. 이제 철학의 지혜는 역사적 보존 가치만 남아 있는 과거의 유물이 되어버렸다. 거북이가 살 수 있는 곳은 궁궐의 묘당이 아니라 강가의 진흙 밭이듯이, 철학이 살아 있기 위해서는 삶 속에 자리를 잡아야 한다. 철학이 삶과 유리되는 그 순간부터 문제가 생겨난다. 문제는 다른 것이 아니라 아주 단순한 것 때문에, 즉 철학이 자신이 있어야 할 곳에 있지 않기 때문에 생겨나는 것이다.

철학은 과학자들이 사물을 탐구하는 방식으로 연구할 수 있는 것이 아니다. 철학에서는 자신 자체가 최대의 문제이다. 자기 자신과의 치열한 싸움과 결단의 과정에서 얻어지는 깨달음을 통해 내면의 자유를 회복하고 삶을 사랑하게 되는 과정이 철학이다. 말하자면 철학은 자신의 내면을 지배하고 있는 과거의 상처와 두려움, 분노, 탐욕들과 같은 부정적 정서를 치유하고, 왜곡되고 뒤틀린 관념들을 정화함으로써 내면을 올바르게 재구조화하고 자신의 본성을 회복하는 작업이다. 그렇기에 이것은 학문의 범주를 넘어서는 인간 활동이다. 하지만 우리 사회에서 이 점을 눈여겨보고 있는 지식인이 소수라는 점은 매우 유감스러운 일이다.

지혜가 철학의 중심에서 사라질 때 어떤 일이 벌어지는가? 말하자면 철학의 정체성에 어떤 변화가 생기는가? 그것은 지식의 추구이다. 매우 전문화되고 난해한 지식 추구와 글쓰기가 철학의 정체성이 된다. 이것은 고대의 현인인 에픽테토스가 우려했던 일이기도 하다. 그의 말을 빌리자면 철학은 지혜이고 삶의 기술이다. 그는 "전문적 학자들의 손에서 철학을 구해내야 합니다. 그래야 철학이 비밀스런 의식이나, 삶과는 관계없는 지적 기술, 또는 자신이 얼마나 머리가 좋은지를 보여주기 위한 난해한 문제 풀이로 이용당하는 것을 막을 수 있습니다"라고 말한다. 놀랍게도 그의 우려는 오늘날 우리의 현실이 되고 말았다. 전문성이라는 미명 아래 지극히 관념적이고 추상적인 문제들을 자신들만이 알 수 있는 언어와 논리로 설파하면서 일반인들의 기를 질리게 하는 것이 오늘날의 철학이 되어버렸다. 또한 그들은 지혜조차 지식으로 만들어버린다. 그들에게 철학자들의 지혜는 논문과 글쓰기의 매우 좋은 소재일 뿐이다. 전문 지식과 언어의 유희, 자신들만이 심오한 진리를 알고 있다는 느낌을 뿜어내는 지적 오만함으로 채색된 학자들의 글을 읽는다는 것은 철학을 전공한 나에게도 숨이 막히고 고통스러운 일이다. 이처럼 끔찍할 정도로 난해하고 관념적인 언어들로 가득 찬 철학 서적들을 접하게 되는 일반인들에게 철학은 어떤 느낌으로 받아들여질 것인가? 철학은 결코 자신들이 할 수 없는 것이고, 결코 하고 싶지 않은 어떤 것이 되어버릴 것이다. 비트겐슈타인은 "철학적 탐구는 인간생활에 보탬이 되는 쪽으로 국한되어야 한다. 쓸모없는 지적 사유는 인간을 기괴하게 만들 뿐이다"라고 말한다. 인문학의 위기는 인문학자들 스스로가 만들어낸 위기이다. 그들은 자신들만의 세계에 갇혀 있다.

철학에서 지혜가 사라지면, 철학의 공급자인 철학계가 아닌 수요자인 이 세상에는 어떤 일이 벌어지는 것일까? 이 문제에 관해서는 상상력의 도움이 필요 없다. 왜냐하면 그것은 우리가 매일 경험하는 현실이기 때문이다. 우리 사회가 거짓과 탐욕과 폭력성으로 물든 지는 이미 오래된 일이다. 이제는 그것을 넘어서서 온 국민이 이념, 세대, 계층, 지역갈등으로 사분오열되어 서로 극단적으로 대립하고 싸우는 일들이 일상이 되어가고 있고, 서로를 원망하고 비난하고 저주하는 말들이 온통 세상을 뒤덮고 있다. 개인들의 마음은 갈가리 찢겨져 있고, 사람들의 마음은 점점 더 병들어가고 있다. 단군 이래로 경제적으로는 가장 부유한 나라가 되었지만 정신적으로는 가장 가난하고 비참한 사회가 되었다는 것이 우리의 슬픈 현실이다. 현재 우리 사회의 문제가 먹고사는 것의 문제인가 아니면 마음의 문제인가? 인간은 정신에 문제가 생겼을 때 전도된 인과관계로 세상을 바라보는 특수한 종種이다. 그렇기 때문에 이에 대해 철학자와 지식인들은 정치인들을 욕할 것이 아니라 스스로 책임을 져야 한다.

피터 드러커는 혁신을 "가치 없는 것 또는 가치가 없다고 여겨지는 것에서 가치를 끌어내는 것이다"라고 정의한다. 예를 들면 곰팡이도 한때는 자원이 아니라 병균일 뿐이었다. 하지만 20세기 초에 영국의 미생물학자 알렉산더 플레밍이 곰팡이가 박테리아를 죽이는 물질이라는 것을 알아내고 난 후에 곰팡이는 가치 있는 자원이 되었다.

철학에서의 혁신은 '낡고 오래된 것, 진부하고 죽어 있는 것으로 여겨지는 철학의 지혜'에 생기를 불어넣어 그것을 재창조하는 일이다. 이 혁신은 철학이 단지 과거의 유물이 아니라 사람들의 생명을 살리고 세상에 평화를 가져오는 진정한 인문 예술Liberal Art이라는 것을 보여주는 일이어야 한다. 이러한 혁신의 첫걸음은 왜곡된 철학의 정체성을 올바르게 바로잡는 일이다. 철학은 전문적 지식의 추구가 아니라 '삶의 지혜를 자신의 것으로 만드는 배움의 과정'이고, 박사 학위를 가진 자들만이 하는 특별한 일이 아니라 '삶을 사랑하는 모든 이에게 필요한 보편적 인간 활동'이며, 경쟁과 성공의 도구가 아니라 '인간에 내재된 신성神性이 주도하는 삶과 문화를 창조하는 인문 예술'로 새롭게 정의되어야 한다.

철학을 진화된 인문 예술로 재창조하는 사명을 부여받은 사람은 자신 스스로를 철학자라고 생각하는 사람들이다. 그래서 이것은 누구에게나 열려 있는 '복된 선택'이기도 하다. 니체는 "스스로를 치료해본 사람만이 의사가 될 수 있다"고 말한다. 철학자는 자신의 내면에서 일어났던 일을 다른 이들이 자신들의 삶에서 스스로 경험할 수 있도록 도와주는 사람일 뿐이다. 그렇다. 철학은 자기 자신으로부터 시작되는 일이다. 자신이 가지지 않은 것을 남에게 줄 수 없다는 것은 자명한 이치가 아닌가?

철학자가 되는 것에 학력이나 학벌 같은 조건은 필요 없다. 철학은 그것을 가장 필요로 하는 사람이 하는 것이다. 그렇다면 그들은 누구인가? 오랫동안 처절하게 고통 받고, 세상에 절망해본 자들이 바로 그들이다. 왜냐하면 그들이야말로 철학이 가장 절실하게 필요한 사람들이고, 그런 사람들에게만 지혜의 여신은 손을 내밀기 때문이다.

2.

내가 처음으로 저소득층 시민들을 대상으로 하는 철학 강의를 하게 된 것은 2007년이다. 수강생들은 대부분 임대아파트에 살면서 자활센터에서 일하는 분들이었다. 사실 나는 그분들에 대해 전혀 모른 채로 강의실에 들어갔다. 복지관 지하에 마련된 강의실에 앉은 수강생들은 40, 50대가 다수였고 60대도 있었다. 그분들의 얼굴 표정에는 무겁고 어두운 기운이 감돌고 있었다. 그때의 낯설음은 지금도 잊혀지질 않는다. 그곳은 어릴 적부터 나에게 친숙했던 그런 강의실이 아니었다. 나는 험한 산골짜기에서 길을 잃은 듯한 느낌이었다. 그리고 그곳에는 아무도 나를 도울 수 있는 사람이 없었다. 나의 내면은 몹시 흔들리기 시작했다.

내가 준비한 강의계획서에는 플라톤과 아리스토텔레스, 스피노자, 흄, 니체, 프로이트 등의 철학자들의 철학과 개념으로 가득 채워져 있었다. 하지만 모든 것을 새로 시작해야 한다는 것을 그때 직감적으로 깨달았다. 기존에 가지고 있던 철학과 철학교육에 대한 관념을 버리지 않고서는 한 발자국도 나아갈 수 없는 상황 속에 이미 나는 빠져 있었던 것이다. 하지만 문제는 과연 내가 그 숲에서 길을 발견할 수 있는가 하는 것이었다. 자신이 없었다. 또한 적당히 얼버무리고 나오기에는 12주가 너무나 긴 시간이었다. 정면 돌파만이 유일한 길이었다.

그럼에도 그 기간 내내 내 마음 속에는 적당히 넘기고 싶은 유혹과 도전하고자 하는 의지가 충돌하고 있었다. 매 시간이 시행착오였으며 수강생들의 엉뚱한 질문과 무관심한 태도에 당황하기 일쑤였다. 그간 해왔던 어떤 강의보다도 힘들었고 무슨 말을 했는지 거의 기억이 나질 않는다. 왜냐하면 문제는 나 자신이었기 때문이다. 나의 내면에서 일어나는 불편한 감정들로 인해 나는 끊임없이 시험당하고 있었다. 그렇다. 나는 준비가 되어 있지 않았던 것이다. 심한 스트레스와 절망감으로 매우 고통스런 시간을 보냈다. 그렇게 12주가 흘러갔고, 강의가 끝났을 때 나는 해방감을 느낄 정도였다. 그 후 그 일은 나에게 하나의 상처로 남아있었다. 하지만 이때 힘들었던 경험이 우연偶然이 만들어낸 사고事故가 아니라 다행히도 또 다른 도약을 위한 밑거름이었다는 것을 알게 된 것은 1년이 좀 넘는 시간이 지난 후였다.

그때의 경험을 나의 소중한 자산으로 만들어준 사건은 서울시의 '희망의 인문학' 사업이었다. 서울시에서 도입한 '희망의 인문학'은 미국의 언론인이자 사회운동가인 얼 쇼리스가 가난한 자들을 위해 만들었던 인문학 강좌인 '클레멘트 코스'의 한국판이다.

얼 쇼리스는 가난한 자들과의 오랜 만남을 통해 그들에 대한 물질적 지원과 보살핌만으로 빈곤의 문제가 근본적으로 해결되지 않는다는 것을 깨닫게 되었다고 한다. 그는 가난한 사람들을 빈곤상태에 영원히 묶어두는 메커니즘은 다름이 아니라 그들을 포위하고 있는 내면의 장벽이라고 말한다. 얼 쇼리스는 『희망의 인문학』Riches for the Poor: The Clement Course in the Humanities의 서두에서 자신이 이 책을 쓰게 된 이유를 이렇게 밝힌다. "이 책은 '인간 삶의 어두운 면' 즉 부정적인 힘force의 속성인 '편협성'unfairness을, '인간의 마음속에 있는 고상한 본능들' 가운데 하나인 정당한 힘power이 지닌 '포용성'과 대비하는 방식으로 만성적인 가난의 문제를 다룰 것이다. 즉 이 책은 인간 본능의 어두운 면을 고발하고 고상한 면의 승리를 널리 알리기 위해

썼다."

그는 인간의 내면에는 서로 대립되는 두 가지 힘이 존재하지만 그가 말하는 고상한 측면, 전통적인 용어로 말하자면 '본래성'本來性 또는 '신성'神性이 다른 속성인 '어두움의 힘'인 무력武力을 이길 수 있다고 한다. 이것은 오랫동안 동서양의 철학자들이 주장하고 믿어왔던 신념이기도 하다. 이러한 철학적 신념을 행동으로 옮긴 것이 그가 만든 인문학 강좌인 '클레멘트 코스'이다. 그래서 나는 클레멘트 코스의 실험은 단순히 가난 극복의 문제가 아니라 인간의 문제, 즉 인간이란 어떤 존재인가를 입증하기 위한 프로그램으로 해석되어야 한다고 생각한다. 적어도 나는 그렇게 생각한다.

물론 나는 얼 쇼리스와 같은 고상한 의도를 가지고 '희망의 인문학' 사업에 참여한 것은 아니었다. 오히려 도움을 받은 쪽은 수강자들이 아니라 나 자신이었다. 나에게 '희망의 인문학'은 진정한 의미의 박사과정이었고, 오히려 강의료까지 받으면서 공부를 할 수 있었던 행운을 누렸던 것이다. 이렇게 말하는 이유는 희망의 인문학이 아니라면 얻을 수 없는 많은 소중한 경험들뿐 아니라 철학적인 면에서도 많은 깨달음과 과제를 얻을 수 있었기 때문이다.

그 첫 번째는 '철학이 진정 무엇인지, 철학교사의 역할이 무엇인지'에 대해 더욱 분명하게 깨달을 수 있었다는 점이다. 또한 철학자로서 나 자신이 너무 부족하고 준비가 안 되었다는 것도 뼈저리게 느꼈다. 두 번째로는 사람들이 철학에서 원하는 것은 학자들의 심오한 이론이나 교양 지식이 아니라 자신의 내면에서 그리고 가족과 인간관계에서 일어나는 절박한 문제들을 해결하는 데 도움이 되는 실제적인 정보들이라는 점이다. 또한 그들에게 책과 머리로만 아는 지식은 통하지 않는다는 것을 좌절감이라는 값비싼 대가를 치르고서 깨닫게 되었다. 가슴과 몸으로 체험된 것들만이 그들의 마음의 문을 열 수 있다. 이들에게 지적 허영은 존재하지 않으며, 이들은 오로지 삶에만 관심이 있다.

어쩌면 이 점이 인문학자들에게는 하나의 나침반 역할을 할 수 있을지도 모르겠다. '교사의 교사'라고 하는 파크 파머는 이 점에서 우리가 깊이 생각해볼 만한 말을 했다. "우리는 높고 거창한 관념들로 나아감으로써 진실을 나누어 가질 수 있을 것이라고 믿지만, 생명수가 우리의 삶을 채우는 건 자신의 경험의 샘으로 깊이 내려가서 이야기를 길어 올릴 때뿐이다."

또한 나는 수강자들의 내면에서 변화가 일어나는 것을 여러 번 목격하기도 했다. 그들의 눈빛이 변하고 목소리가 바뀌는 것을 경험했다. 그들은 여전히 가난했지만 이미 예전의 그 사람들은 아니었다. 얼 쇼리스의 통찰처럼 불행은 물질적 가난의 모습으로 다가오지만 그 기원은 물질적인 것이 아니라 정신적인 것이라는 것을 확인하는 순간들이었다. 나는 이 모든 것에 감사한다.

3.

이 책은 내가 2009년부터 2012년까지 4년 동안 '희망의 인문학' 수업에서 했던 강의 내용을 정리하고 책이라는 형식에 맞추어 수정 보완한 것이다. 강의 내용은 매년 조금씩 바뀌어왔고 앞으로도 그럴 것이라고 생각한다. 처음에는 다른 어떤 이유보다도 교재의 필요성 때문에 책을 쓰려고 마음먹었다. 하지만 쓰면서 욕심이 생겨서 일반 독자들도 흥미를 가지고 읽을 수 있도록 여러 가지 면에서 보완했다는 점을 밝혀둔다.

이 책은 프롤로그를 제외하고 8개의 장으로 구성되어 있고, 각 장은 강의와 질의응답 두 부분으로 나눠져 있다. 저자인 나에게 강의와 질의응답에 담긴 내용은 가치와 중요성에서 모두 동등하다. 나는 '질의응답' 부분이 없다면 이 책의 특징이 사라질지도 모른다고 생각한다. 또 하나 알려두고 싶은 이 책의 특징이 있다면 처음부터 끝까지 이어서 읽어야 한다는 점이다. 각각의 장은 고유의 주제로 구성되어 있지만 그것들은 하나의 이야기처럼 모두 이어져 있기 때문이다.

나는 평생 동안 책을 읽어왔고, 아마 죽을 때까지 읽을 것이다. 백 번을 죽었다가 다시 태어나도 나 스스로는 결코 깨우칠 수 없는 것들을 훌륭한 저자들을 통해 알게 되는 것만큼 나에게 즐거운 일은 없었다. 나의 고정관념을 깨뜨려주는 창조적 저자를 만난다는 것은 얼마나 기쁜 일인가? 뇌리를 때리는 완벽한 문장을 발견했을 때 느끼는 환희를 어찌 말로 다 표현할 수 있겠는가? 이런 기쁨은 다른 어떤 것과도 비교할 수 없는, 책만이 줄 수 있는 즐거움이다. 오랜 세월 그것을 누려왔다는 것은 참으로 감사한 일이다. 최소한 이것 하나만으로도 그동안 공부한 세월이 아깝지 않다. 그럼에도 그동안 책을 읽는다는 것과 책을 쓴다는 것은, 적어도 나에게는 별개의 일이었다. 나는 그저 한 명의 독자로만 남고 싶었다. 되돌아보면 책을 쓴다는 것이 매우 부담스러웠던 것 같다. 왜냐하면 '책을 읽는다는 것'

과 '책을 쓴다는 것'은 완전히 다른 차원의 행위이라는 것을 누구보다 잘 알고 있었기 때문일 것이다.

하지만 나는 책을 쓰게 되었다. 어쩌면 이것은 내가 책을 읽기 시작한 그 순간부터 예견된 일인지도 모른다. 그동안 여러 가지 핑계를 대고 미루고 미루어왔던 숙제 하나를 이제 끝마친 셈이다. 이 책에서 읽을 만한 가치가 있다고 여겨지는 것이 있다면, 그것은 아마도 내가 읽었던 보석 같은 책들의 저자들 덕분일 것이다. 그래서 나는 이 책을 내가 썼다고 생각하지 않는다. 나는 단지 그동안 책에서 배웠던 것들을 한 권에 모아놓은 것뿐이다.

돌이켜보면 이 책의 출발점은 '희망의 인문학'이다. '희망의 인문학'에 관계된 모든 사람들의 도움이 이 책에 담겨 있다. '희망의 인문학'에서 강의를 할 기회를 주신 성공회대학교 평생학습사회연구소의 고병헌 소장님과, 임정아 교수님 그리고 실무적으로 도움을 주셨던 상종열, 임정민 간사님께 감사한 마음을 전한다. 특히 두 간사님과 현장에서 함께했던 기억들은 평생 간직하고픈 아름다운 추억이다. 또한 4년 내내 동료 강사로서 희망의 인문학에 참여 하셨고, 내가 하는 일을 진심으로 지지해주셨던 김혜련 선생님의 따듯한 마음은 나에게 큰 힘이 되었다. 그러나 누구보다도 감사할 사람들은 아마도 내 강의를 들었던 분들일 것이다. 강의 현장에서 만났던 수많은 수강생들의 눈빛들을 잊을 수가 없다. 그 눈빛들에서 나는 말로 표현할 수 없는 많은 것을 느꼈다. 이와 더불어 자활센터, 노숙인 쉼터 관계자들의 도움도 빼놓을 수 없다. 이 모든 분들에게 고개 숙여 감사드린다. 또한 책의 원고를 읽고 내용이 풍성해질 수 있도록 여러 가지 도움을 준 나의 오랜 친구들인 노희성, 박현희, 이민형, 최경숙 님들과 방대한 분량의 강의 녹취록을 작성하느라 고생하신 이유경님, 이 책의 산파 역할을 하신 사월의책 대표님과 편집팀장님에게도 감사한 마음을 전한다. 마지막으로 나의 제자이자 친구이며 동료인 류주열 군에게 특별한 감사의 마음을 전하고 싶다. 그와 함께 했던 수많은 철학적 대화의 시간과 크고 작은 그의 도움들이 없었다면 아마도 이 책은 세상에 없었을 것이다.

1

철학은 학문인가, 삶을 창조하는 예술인가?

"지혜는 아무도 오지 않는 외딴 시장에서
농부가 빵을 얻기 위해 밭을 갈아도 소용없는
메마른 들판에서 거래된다."

윌리엄 블레이크의 『발라』 중에서

희망의 인문학 | 철학 강의 1

철학은 학문인가, 삶을 창조하는 예술인가?

—지식 과잉과 지혜의 부재

첫 시간의 주제는 '철학이란 무엇인가'라는 문제입니다. 우리가 흔히 하는 말로 하면 '철학이 대체 뭐하는 건데'라는 물음에 대한 답을 찾아보고자 하는 것입니다. 많은 사람들이 철학은 어렵고 재미없다고 말합니다. 저는 사람들이 왜 그렇게 말하는지 이해할 수 있을 것 같습니다. 대학에서 가르치는 철학이나 서점의 서가에 꽂혀 있는 철학 서적들을 보면 그렇게 느끼는 것이 당연하다는 생각이 듭니다.

사람들이 그렇게 느끼는 첫 번째 이유는 철학자들이 사용하는 말이 매우 어렵기 때문입니다. 무슨 말을 하는지 알아들을 수가 없습니다. 전문적 교육과 훈련을 받지 않은 사람은 도무지 이해할 수 없는 난해한 언어로 가득 차 있습니다. 아예 "너희는 이곳에 들어오지 마라. 너희같이 무식한 사람들이 올 데가 아니다"고 말하는 것처럼 느껴질 정도입니다. 두 번째 이유는 그런 책들이 매우 추상적이고 관념적인 문제들을 다루기 때문입니다. 현실을 살아가고 있는 사람들이 매일 겪고 있는 생생한 삶의 문제가 아니라 삶과 동떨어진 고도로 전문화되고 세분화된 문제를 다루는 것입니다. 사람들은 거기서 자신의 문제를 발견할 수가 없습니다. 세 번째 이유는 그런 책들에서 느끼는 위압감 때문입니다. 일반인들은 알 수 없는 심오한 진리를 자신들만이 알고 있다고 느끼게 하는 오만함에 사람들은 왠지 모를 거부감과 불쾌감을 느낍니다.

제가 보기에 그것들은 철학이 아닙니다. 물론 그것들이 철학과 관련은 있습니다. 그렇지만 철학은 아닙니다. 그런 저서들은 철학을 학문적으로 연구하는 철학 학자들의 학술적인 글입니다. 굳이 말하자면 그것은 철학이 아니라, 표현이 좀 어색하지만, 철학 학문 또는 철학'학'哲學學입니다. 원래 철학자의 말은 학자들의 말처럼 난해하지 않습니다. 누구나 알아들을 수 있는 것이 철학이고, 그래야만 철학입니다. 철학자들의 지혜는 쉽고 재미있습니다. 그리고 심오합니다. 철학의 어려움은 언어의 이해에 있는 것이 아니라 삶과 현실 속에서 그것들을 내 것으로 만드는 것에 있습니다. 또한 철학은 삶에서 가장 중요한 문제들을 해결하기 위해 존재하는 것입니다. 철학은 박사학위를 가진 특별한 사람들만이 다룰 수 있는 고매한(?) 문제에 대한 학술 활동이 아닙니다. 자, 그렇다면 대체 철학은 무엇을 하는 것일까요? 이제부터 그 이야기를 하겠습니다. 제가 오늘 철학에 대해서 하려는 이야기는 세 가지입니다. 그 첫 번째 이야기는 삶과 철학의 관계입니다.

1. 삶을 배우는 진지한 노력

사람이면 누구나 다 잘 살기를 바라고 행복해지기 위해서 애를 쓰며 살아갑니다. 하지만 다들 아시듯이 사는 게 그리 만만하지가 않습니다. 오히려 날이 갈수록 사는 게 더 어려워진다고 생각하시는 분들도 많을 겁니다. 우리나라가 더 가난해진 것은 아닙니다. 대한민국이 경제적으로 풍요로워졌다는 것은 분명한 사실입니다. 그런데 세상은 과거보다 더 혼란스러워졌고 사람들은 예전보다 더 불행해진 것 같습니다.

누구나 다 한때는 순수했고 미래에 대한 멋진 꿈과 희망을 품고 살았던 시절이 있습니다. 하지만 나이가 들면서 언제 잊어버렸는지도 모른 채 다 잊어버립니다. 사회라는 곳이 사람을 가만히 내버려두지 않기 때문입니다. 부자가 되어야 한다는 생각 하나만으로 열심히 달려왔지만 남은 것은 돈에 대한 집착과 미래에 대한 근심 걱정뿐이고 마음의 고통은 점점 늘어갑니다. 세상의 변화 속도는 계속 빨라지는데 그 변화의 흐름에서 나 홀로 낙오자가 되는 것이 아닌가 하는 불안감에 삶에 대한 두려움은 더욱 커져만 갑니다. 삶의 무게와 고통이 감당할 수 없을 만큼 커지게 되면 자살을 생각하기도 합니다. 불행한 일이지만 우리나라는 자살률 세계 1위를 기록하고 있습니다. 여러분의 삶은 어떻습니까?

분노나 슬픔과 같은 감정이 폭풍처럼 밀려올 때 여러분은 어떻게 대처하고 계십니까? 가슴을 후벼 파는 말 때문에 상처 입고 잠 못 이룰 때 여러분은 그 아픔과 억울함을 어떻게 이겨내고 계신가요? 경제적인 문제로 삶이 두려워질 때 여러분은 무슨 생각을 하십니까? 가족들과 소통이 되지 않아 세상에 나만 혼자 버려진 느낌을 받을 때 여러분은 삶을 살아갈 에너지를 어디에서 가져오시나요?

이런 문제들 중에서 하나라도 겪어보지 않은 사람은 없을 것입니다. 하지만 이때 어떻게 대처해야 하는지 아는 사람도 거의 없을 것입니다. 문제는 있는데 해결할 방법을 모르기 때문에 더욱 불안하고 절망스러운 것이지요. 이런 문제들에 대처하기 위해서 철학이 필요합니다. 오늘 받으신 글*을 보시기 바랍니다. 글을 읽고 나서 계속하겠습니다.

1-1. 이 세상에서 잘 살기 위해 노력하지 않는 사람은 없다. 하지만 이상하게도 행복을 누리며 살아가는 사람을 찾는다는 것은 쉬운 일이 아니다.

1-2. 원래 삶이란 그런 것일까? 원래 행복이란 그렇게 어려운 것일까? 혹시 삶에 대해 뭔가 내가 잘못 알고 있는 것은 아닐까?

1-3. 산다는 것은 무엇일까? 어떻게 사는 것이 잘 사는 것이고 인간답게 사는 것일까?

1-4. 사는 것이 그토록 힘들고 고통스러운 이유는 '사는 법'을 모르기 때문은 아닐까?

1-5. 철학은 사는 법을 배우는 것이며, 자기만의 고유한 삶을 창조하는 삶의 예술이다. 즉 철학은 인문 예술Liberal Art이다.

1-6. 잘 살기를 원하지 않는 사람은 이 세상에 존재하지 않는다. 철학은

---

* 여기서 말하는 '글'이란 강의교재로 사용하기 위해 내가 직접 쓰거나 인용한 글을 말한다. 직접 교재를 만들게 된 이유는 일반인들이 읽기에 철학책들이 너무 어려울뿐더러 내가 강의에서 다루려고 하는 여러 가지 주제들을 모두 한 권에 담고 있는 적절한 철학책을 찾을 수 없었기 때문이다. 그래서 어쩔 수 없이 교재를 직접 만들게 되었다. 각 강의에서 다루는 주제들에 관한 짧은 글들이다. 본문에서는 편의상 '글' 또는 '텍스트'라고 지칭한다.

인간답게 그리고 행복하게 살고자 하는 누구에게나 필요한 '보편적 배움'이다.

살아가기 위해서는 알아야 할 것이 많습니다. 그래서 세상에는 여러 가지 배움이 있습니다. 거리에 나가면 피아노 학원, 태권도 학원, 컴퓨터 학원 등등 여러 종류의 학원이 있고, 학교에서도 영어, 수학, 과학 등의 과목을 가르칩니다. 하지만 이상하게도 어떻게 살아야 하는지를 가르치는 곳은 없습니다. 다른 모든 것에 대해서는 배워야 한다고 생각하면서 삶에 대해서는 왜 그런 생각을 안 하는지 참으로 이해할 수가 없습니다. 어떻게 살아야 하는지를 모르는데 영어, 수학을 잘하면 무슨 소용이 있고 부자가 된들 무슨 소용이 있겠습니까? 저는 오늘날 우리 사회가 이토록 혼란스러운 것은 사람들이 어떻게 살아야 하는지를 모르는 채 어른이 되기 때문이라고 생각합니다. 그렇습니다. 철학은 삶을 배우는 것입니다.

인생은 바다를 항해하는 것과 같습니다. 인생이라는 바다를 아무 준비 없이 건너갈 수는 없습니다. 준비되지 않은 자에게 행복의 문은 절대 열리지 않습니다. 그들을 기다리고 있는 것은 고난과 고통뿐입니다. 이것은 피할 수 없는 삶의 법칙입니다.

동물은 본능만으로 살아갈 수 있습니다. 동물은 먹을 것만 있으면 행복해합니다. 하지만 인간은 그렇지 않습니다. 저는 부자이면서도 분노와 두려움에 사로잡혀 지옥 같은 삶을 사는 사람들을 많이 보았습니다. 왜 그럴까요. 인간은 동물에게는 없는 마음이라는 것을 가지고 있기 때문입니다. 마음을 잘 사용할 때만 인간은 행복할 수 있습니다. 반대로 아무리 환경이 좋아도 마음에 무지하다면 동물은 겪지 않는 끔찍한 마음의 고통을 당하면서 비참한 삶을 살게 됩니다. 마음에 무지할 때 치러야 하는 대가는 너무도 큽니다. 인간이란 그런 존재입니다.

무엇이 진정한 행복인지, 인간적으로 산다는 것은 어떤 것인지, 어떻게 하면 내면의 상처를 치유하고 마음의 평화를 얻을 수 있는지를 알아야 합니다. 또한 내가 하고 있는 사랑이 올바른 사랑인지 아니면 집착인지를 구별할 줄 알아야 합니다. 그중에서 무엇보다도 시급한 것은 마음의 고통에서 벗어나는 일입니다. 우리의 고통은 외부 환경에서 오는 것이 아니라 그것을 바라보고 해석하는 마음에서 오는 것입니다. 분노에 사로잡힌 사람은 세상을 적개심으로 바라보고, 두려움에 포위된 마음은 삶을 절망으로 이해합니다. 열등감의 늪에 빠진 사람은 자신을 부끄럽고 가치 없는 존재라고 생각합니다. 우리의 내면이 분노, 두려움, 수치심, 좌절감, 죄책감, 우울함, 무기력과 같은 부정적 정서들로부터 해방되지 않으면 우리의 삶은 고문과 형벌이 됩니다.

대부분의 경우 이러한 고통에서 해방되지 못하는 이유는 문제의 원인이 밖에 있다고 생각하기 때문입니다. 하지만 이것은 현실의 문제가 아니라 단지 마음의 문제일 뿐입니다. 마음을 지배하고 있는 어둠의 힘이 자신을 피해자로 생각하게 하는 것입니다. 행복까지는 아니라 할지라도 단지 마음의 고통을 내려놓기 위해서라도 우리에게 철학은 반드시 필요한 것입니다.

물론 철학의 목적은 여기에 그치는 것이 아닙니다. 동양과 서양을 가리지 않고 예로부터 위대한 철학자들은 인간의 내면에 무한한 가능성을 지닌 '빛나는 어떤 것'이 있다고 한목소리로 말하고 있습니다. 그들은 우리의 본래 마음은 평화이고 기쁨이며, 창조적 지성이고 사랑이라고 말합니다. '본래성'本來性 또는 '신성'神性이라 불리는 이러한 능력은 대부분은 잠들어 있습니다. 잠들어 있는 우리의 본래성을 회복하지 않으면 우리의 삶은 동물의 수준을 넘어설 수 없습니다. 본래성이 깨어날 때 우리는 자신이 진정 누구인지를 깨닫게 되고 참 행복이 무엇인지를 알게 됩니다.

어떤 삶을 선택할 것인가?

이처럼 인간은 동물 이하의 존재가 될 수도 있고, 인간 이상의 존재가 될 수도 있습니다. 인간의 삶은 단순하지가 않습니다. 그 이유는 인간이 이미 완성된 존재로 태어나는 것이 아니라 가능성의 존재로 태어나기 때문입니다. 모든 개인은 스스로 자신의 삶을 만들어가야 하는 과제를 가지고 이 세상에 오는 것입니다. 그래서 세상에는 수많은 다양한 삶의 모습이 존재하는 것입니다. 동물보다 못한 사람이 있는가 하면 천사 같은 사람도 있고, 돈을 위해 살인을 하는 사람이 있는가 하면 다른 사람을 살리기 위해 자신의 목숨을 던지는 사람도 있습니다. 부유한 환경에서 태어났지만 비극적인 삶을 사는 사람이 있는가 하면, 수많은 고난과 역경이 있었지만 그것을 극복하고 아름다운 삶을 빚어내는 사람도 있습니다.

이 모든 것은 자신의 선택에 달려 있습니다. 어떤 선택을 하는지가 자신의 삶을 결정하는 것입니다. 왜냐하면 인간은 가능성의 존재이면서 동시에 선택의 자유를 가진 존재이기 때문입니다.

이 세상에 애초부터 불행해지길 원하는 사람은 아무도 없습니다. 그래서 누군가 불행하다면 그것은 그 사람의 선택에 문제가 있었다는 것을 의미합니다. 그렇다면 왜 그는 불행을 선택하게 된 것일까요? 사실은 그도 행복을 선택했습니다. 아니 정확하게 말하면 자신에게 행복이라고 보이는 것을 선택했습니다. 문제는 바로 이것입니다. 행복으로 보이는 것이 사실은 불행이었다는 점입니다. 인간의 문제가 복잡해지는 이유는 바로 이처럼 행복 아닌 것이 행복으로 보인다는 점입니다. 그래서 올바른 선택을 하기 위해서는 선택 이전에 무엇이 행복으로 가는 참된 길인지를 알아야 할 필요성이 있습니다. 왜냐하면 올바른 앎은 인간을 행복으로 인도하는 길잡이의 역할을 하고, 반대로 왜곡된 앎은 인간을 비극으로 몰아가기 때문입니다. 이것이 바로 인간의 삶에서 앎이 중요한 문제로 등장하는 이유입니다. 전통적으로 철학자들은 올바른 앎을 '지혜'라고 불렀습니다. 그래서 철학에 대한 저의 두 번째 이야기는 바로 '지혜'에 관한 것입니다.

2. 지식과 지혜의 차이

앞에서도 말한 것처럼 인간의 문제는 무지가 아니라 왜곡된 앎입니다. 왜곡된 앎의 첫 번째 문제는 그것이 잘못된 것임에도 옳은 것처럼 보인다는 점입니다. 참과 거짓을 모두가 손쉽게 알 수 있다면 이런 일이 생기지 않을 것입니다. 이것이 인간의 문제입니다. 두 번째 문제는, 왜곡된 앎이 우리를 인식의 혼란 속으로 몰아넣는다는 점입니다.

왜곡된 앎이 지닌 괴력은 문제의 원인이 자신이 믿고 있는 왜곡된 앎에 있는 것이 아니라 다른 것에 있다고 생각하게 하는 것입니다. 말하자면 사람으로 하여금 사건의 인과관계를 뒤바꾸어 생각하게 하는 것입니다. 남과 세상을 탓하는 사람들의 심리는 바로 이것 때문입니다.

하지만 아무리 노력을 해도 일이 잘 안 되거나 문제가 안 풀리면 내가 뭔가 잘못 알고 있는 것입니다. 그래서 자신이 뭔가를 잘못 알고 있는 것이 아닌가 하고 스스로 의심하고 반성해보아야 합니다. 그렇지 않으면 아무런 변화도 문제 해결도 있을 수가 없습니다. 삶의 문제에는 반드시 해결책이 있습니다. 단지 우리가 그것을 찾지 못했을 뿐입니다.

이처럼 앎의 문제는 간단하지 않습니다. 그래서 철학자들이 말하는 지혜는 지식이 아니라 앎의 문제 자체를 해결하는 능력입니다. 한마디로 말하면 '앎의 앎'입니다. 텍스트를 읽고 나서 계속하겠습니다.

1-7. 지혜는 올바른 앎을 찾아가는 능력이다.

1-8. 인간의 문제는 무지가 아니라 이미 마음을 점유하고 있는 믿음과 생각에서 발생한다. 인간은 자신이 옳다고 생각하는 것에 따라서 살아가기 때문에 이러한 믿음에 문제가 있을 때, 삶에서 혼란과 무질서가 생겨나는 것은 피할 수 없는 일이다.

1-9. 그러므로 올바로 알기 위해서는 자신이 이미 참이라고 믿고 있는 신념을 반드시 검토해야만 한다.

1-10. 지식이 사물을 이해하는 방식에 관한 것인 반면, 지혜는 지식들을 분류, 평가하고 이용하는 능력이다. 즉 '앎의 앎'이다.

1-11. 지혜는 인간 정신의 더욱 고차원적인 활동이며, 지식화 즉 기지화既知化되지 않는다. 그러므로 지혜는 사물과 개념을 소유하는 방식과 같은 방식으로 소유되지 않는 능력이다.

앎의 앎

우리가 함께 읽어보았듯이 지혜는 지식과는 질적으로 전혀 다른 차원의 정신능력입니다. 일반적 지식과는 달리 지혜 자체에는 고정된 내용이 없습니다. 왜냐하면 지식은 세상과 사물을 보는 방식, 문제를 해결하는 방식인 데 비해 '지혜는 그러한 지식들을 분류, 평가하고 이용하는 능력'이기 때문입니다. 그래서 지혜는 지식보다 상위의 것입니다. 굳이 표현하자면 '앎의 앎' 또는 '앎에 대한 앎'이라고 표현할 수 있지만, 그것도 적절한 것은 아닙니다. 제 생각에 이것은 인간에 내재한 신성神性의 한 단면입니다.

'앎에 대한 앎'이라는 말을 처음 들어보는 분들이 많으실 겁니다. 그래서 낯설게 느껴지시거나 어렵다고 생각하실 수 있습니다. 하지만 이해하고 나면 그리 어려운 말이 아니라는 것을 알게 될 것입니다. 예를 들면 일반적 지식이 영어, 수학, 경제 등등에 대해서 아는 것이라면, 지혜는 앎 자체가 그 대상이라는 점에서 일반적 지식들과 구분됩니다. 또한 이것은 일반적 지식보다 상위에 있는 고차원적인 앎입니다. 왜냐하면 지혜는 지식들을 분류하고 그것들의 정당성과 가치를 평가하는 능력이기 때문에 그렇습니다. 보통의 경우 무엇인가 지식을 가지게 되면 그 지식의 눈으로 세상이나 사물을 봅니다. 그러고는 그 지식 안에 사고가 갇혀버립니다. 하지만 앎에 대한 앎이 있을 경우 그 지식에서 빠져나와 그것을 평가하고 그보다 나은 지식을 획득할 수 있는 마음의 여유를 가질 수 있고 무한히 성장할 수 있습니다.

그렇다면 앎에 대한 앎에는 구체적으로 어떤 것들이 있는가? 몇 가지를 열거해보겠습니다. **첫째로는 지식의 본성에 대해서 아는 것,** 즉 인간의 삶에 지식이 어떤 의미와 중요성을 가지는지, 앎의 속성과 기능은 무엇인지, 앎을 찾아내는 방법과 이미 알고 있는 지식을 다른 지식에 적용하여 새로운 앎을 창조하는 방법 등을 아는 것이 그것입니다. 간단하게 요약하면 앎의 본성을 이해하고 그것을 잘 사용하는 방법을 아는 것입니다.

둘째, 지혜는 자신의 무지에 대해 아는 것입니다. 말하자면 내가 뭘 모르고 있는지에 대해 아는 것입니다. 자기가 뭘 모르고 있는지, 자신에게 필요한 지식은 무엇인지를 알아내는 것입니다. 쉽게 말하면 무지의 자각입니다.

셋째, 지혜는 내가 잘못 알고 있는 것에 대해 아는 것, 즉 내가 왜곡되게 알고 있는 것이 무엇인지를 아는 것입니다. 이것은 앞에서도 말했지만 아무리 강조해도 지나치지 않을 만큼 중요한 것입니다. 내가 뭘 잘못 알고 있는지를 모르는 이유는 '내가 이미 잘 알고 있다'고 생각하기 때문입니다. 선입견, 편견, 고정관념, 맹목적 신념, 아집 이런 것들이죠. 내가 뭘 잘못 알고 있는지를 알아야만 잘못된 것을 고칠 수 있죠. 이걸 다른 말로 표현하자면 반성이라고도 하고, 성찰이라고도 하는데 이 말들은 좀 불분명합니다. 내가 잘못 알고 있는 것, 내가 옳다고 알고 있지만 사실은 잘못 알고 있는 것이 무엇인지를 아는 것, 그것이 반성이고 성찰입니다. 이것을 깨닫지 못하면 자신을 지배해온 기존의 고정관념에서 벗어날 수 없습니다. 그뿐만이 아니라 많은 분쟁과 갈등이 여기서 생깁니다. 서로 옳다고 생각하기 때문에 주장하잖아요. 모른다고 생각하거나 다르다고 인정하면 싸움이 잘 안 생깁니다. 오히려 서로 배우려고 합니다. 무조건 내가 옳다고 주장하면 거기서 부딪힘이 생깁니다. 서로가 '내가 옳고, 내가 진리야'라고 주장하면 답이 없습니다. 그래서 안다는 것도 중요하지만 앎에 대한 앎은 더욱더 중요합니다. 이 이외도 더 있지만, 현재 단계에서는 이 정도만으로도 충분하다고 생각합니다. 텍스트를 좀 더 읽고 나서 계속하겠습니다.

1-12. "내가 흥미를 느끼는 것은 건축물을 세우는 일이 아니다. 온갖 생각을 끝까지 동원하여 가지가지 건축물의 기초를 투시하는 것이다. 그러므로 나의 목표는 학자들의 그것과는 별개의 것이고, 나의 사고는 학자들의 것과는 다르게 움직인다." — 비트겐슈타인

1-13. 마음을 지배해왔던 '기지'旣知의 것에서 빠져나왔을 때 우리는 내면에 존재하는 무한한 공간을 발견하게 된다. 그곳이 우리 마음의 바탕이다.

1-14. 그 바탕에는 자유가 존재한다.

1-15. 이 바탕이 아닌 곳에서의 인간의 선택은 진정한 의미의 선택이 아니다. 그것들은 가족과 사회와 문화가 주입한 신념들에 의해 조건화된 마음이 허락하는 제한된 울타리 안에서의 선택일 뿐이다.

1-16. 그러므로 지혜롭다는 것은 정신이 자유롭다는 것을 의미한다. 지혜로운 자는 필요할 때 필요한 지식을 이용하지만 그것에 구속되지는 않는다.

1-17. 또한 어느 것에도 점유되지 않은 마음의 자유가 존재할 때만이 우리는 자연의 아름다움과 살아 있음의 기쁨을 느낄 수 있다.

마음의 자유

각각의 지식은 어떤 하나의 관점을 통해 그것이 아니라면 감각만으로는 알 수 없는 실재의 모습을 우리에게 보여주는 도구입니다. 이것이 지식의 유용성입니다. 문제는 우리의 인식이 그것에 갇혀버릴 때 발생합니다. 예를 들면 현미경은 유용한 도구이지만 일상생활에서는 쓸 수 없습니다. 그럼에도 일상생활에서도 현미경에 의지한다면 그것은 바보 같은 짓입니다. 또 다른 예를 들어보겠습니다. 컴퓨터에는 여러 가지 프로그램이 있고, 각각의 프로그램은 고유한 기능을 지니고 있습니다. 그런데 어떤 사람이 하나의 프로그램만으로 모든 일을 처리하겠다고 고집을 피운다면, 그는 일을 제대로 처리하지 못할뿐더러 컴퓨터를 낭비하는 것입니다. 이런 경우들에서는 무엇이 잘못되었는지 쉽게 알 수 있지만 삶에서는 그것이 쉽지 않습니다.

요즘 우리나라는 보수와 진보, 우파와 좌파, 청년층과 중장년층, 노동자와 사용자 등등으로 나뉘어 날카롭게 대립하고 있습니다. 각각의 입장은 모두 세상을 이해하고 문제를 해결하는 방식들입니다. 문제나 상황에 따라 어느 방식이나 해법이 상대적으로 더 유용할 수는 있지만 어느 것도 절대적으로 옳거나 그르지는 않습니다. 정작 문제는 자신의 관점을 절대화하고 그 안에 갇혀버릴 때 발생합니다. 그렇게 되면 모든 문제에 대해 자신의 입장에서만 해석하고 판단하게 됩니다. 이것을 조건화된 마음이라고 부릅니다. 그렇게 되면 우리 마음은 기계와 다를 바가 없습니다. 사실은 바보가 되는 것입니다. 더 큰 문제는 조만간 사실과 진실마저 왜곡하게 된다는 점입니다. 그것은 내면에서 스스로 자기를 기만하고 있다는 증거입니다. 이것은 최악입니다. 이처럼 마음이 하나의 관점이나 신념에 의해 점유되면 그 마음은 자유를 상실합니다. 그러면 그는 자신의 지식과 신념의 노예가 됩니다.

지혜롭다는 것은 마음이 어떠한 신념이나 지식, 관점에 점유되지 않은 자유로운 정신 상태에 있다는 것을 의미합니다. 지혜는 우리의 마음이 자유로울 때만 작동하는 능력입니다. 우리의 내면에는 어떠한 지식이나 관념에도 물들지 않은 무한한 공간이 존재합니다. 지혜는 그곳에 존재합니다. 마음이 그 상태에 있을 때 우리는 변화하는 세상에 올바르게 대처할 수 있습니다. 컴퓨터에 비유하자면 그 공간은 바탕화면입니다. 그곳에는 선택의 자유가 있습니다. 자기에게 필요한 적절한 기능을 선택할 수 있는 자유가 그곳에는 있습니다. 하지만 하나의 프로그램 안에서는 하나의 기능 이외에는 쓸 수가 없습니다. 이것이 지혜와 지식의 관계입니다.

1-18. 철학에 입문하는 것은 자신의 내면으로 들어가는 것이며, 그것은 자유와 지혜를 얻는 길이다.

1-19. "대학의 졸업장이 없거나 박사학위가 없는 사람이 무식한 사람이

아니라, 자기 자신에 대해서 무지한 사람이 무식한 사람이다."

내면으로

마지막 문장(1.19)은 예전에 어떤 책에서 읽었던 것인데, 제가 참 좋아하는 말입니다. 대부분의 지식은 자기 자신이 아닌 외부의 것들에 관한 탐구이고 앎입니다. 하지만 지혜는 그 방향이 정반대입니다. 즉 방향을 바꾸어서 자기 자신의 내면을 탐구하는 것이 지혜의 출발점이라는 말입니다. 제가 공부한 바로는 이러한 방향전환이 일어나지 않으면 지혜는 생겨나지 않습니다.

불교의 용어 중에 '회광반조'廻光返照라는 말이 있습니다. 문자적인 뜻은 '빛의 방향을 바꾸어 비추다'이지만, 철학적인 의미는 밖에서 찾고 밖의 것에 의지하던 의식을 반대로 돌려서 자신의 마음을 들여다본다는 뜻입니다. 아주 이상한 일이지만 많은 사람들이 욕심과 집착, 분노와 두려움에 사로잡혀 살고 있으면서도 자신이 그렇다는 것을 알아채지 못합니다. 자기 마음을 모른 채 온갖 수단과 방법을 다해 앞을 향해 달려가지만 결국 자기에게 돌아오는 것은 고통과 불행입니다. 원인은 자기 자신에 대한 무지에 있습니다. 그들은 자신이 무엇을 하고 있는지를 모르고 있는 것입니다.

사람들은 자신의 행복을 위해서 밖을 바꾸어야 한다고 생각합니다. 하지만 저는 다른 사람을 바꾸어서 행복해진 사람을 아직 보지 못했습니다. 문제의 원인은 내 안에 있고 답도 내 안에 있습니다. 그래서 밖으로 나가 문제를 해결하려는 그 어떤 시도도 무의미하며 반드시 실패할 수밖에 없습니다. 삶의 실질적인 변화는 밖이 아니라 안에서 시작됩니다. 그러기 위해서는 밖을 향해 있는 마음의 빛을 안으로 돌려야 합니다. 이것이 지혜의 시작입니다. 제가 아는 한 보물은 우리의 내면에 숨겨져 있습니다. 철학은 그것을 찾아가는 여행이기도 합니다.

1-20. 지혜는 머리로만 아는 것이 아니라 삶 속에서 가슴과 몸으로 아는 앎이다. 이 말은 지혜가 경험과 체험을 통해 삶 속에서 체득된 능력이라는 것을 의미한다.

1-21. 지혜는 실전에서 자기 것으로 만들어진다. 책이나 강의를 통해서 정보를 얻는 것은 단지 앎의 시작일 뿐이다. 지혜의 완성은 자신의 삶 속에서 이루어진다. 지식과 지혜는 어떤 의미에서 전혀 다른 차원의 것이다.

1-22. "지식은 오직 어떤 다른 분야에 적용되는 경우에만 지식이다. 학계에 있는 우리는 지식이란 학교에서 배운 그 무엇이라고 생각한다. 그렇지 않다. 학교에서 습득하는 것은 정보이고, 그리고 희망하건대 학습능력ability to learn이다. 책에 기록된 것은 박학博學이다. 학교에서 습득한 정보와 학습능력이 지식으로 전환되는 것은 그것을 활용하고, 그것으로 무엇을 할 때, 그리고 무엇이 발생할 때이다." – 피터 드러커

머리로만 아는 지식은 우리가 시험 볼 때, 말할 때, 글을 쓸 때 쓰이는 거죠. 이와는 달리 지혜는 삶 속에서 가슴과 몸으로 체득되는 것입니다. 지혜는 단지 머릿속에 기억된 채로 있는 앎이 아니라 실제로 사용되고 효과를 발휘하는 능력입니다. 우리가 흔히 '그 사람은 아는 게 많은 사람이야'라고 말할 때와 '그 사람은 지혜로운 사람이야'라고 말할 때의 의미는 다릅니다. 전자에 대해서는 머릿속에 지식이 많고 말을 잘한다는 의미이고 후자는 실질적으로 지혜롭게 사는 사람임을 말하는 것입니다. 머리로만 아는 것은 아직 불충분한 앎이고 반쪽의 앎입니다. 예를 들어봅시다. 우리나라 학생들은 영어공부를 열심히 합니다. 하지만 시험을 보면 성적이 좋은 학생들도 정작 외국인을 만나면 간단한 회화조차 하지 못합니다. 왜 그런가요? 우리의 영어교육은 영어를 익히는 게 아니라 영어에 대한 지식을 배우는 것이기 때문에 그렇습니다. 그 결과 언어가 몸에 체득되지 않습니다. 언어라는 것은 몸에 체득되면 즉각적으로 말을 하게 되어 있습니다. 지혜는 바로 이런 체득된 앎의 성격을 지닌 고차원적 앎입니다. 그래서 어떤 의미에서는 우리가 흔히 말하는 앎이라기보다는 몸의 감각과 유사한 것입니다.

지혜가 가슴과 몸으로 체득된 앎이라면, 지혜는 책 속에 있는 것이 아니라 살아 있는 사람의 마음속에 존재하는 것입니다. 말하자면 책을 통해 지혜에 대한 지식을 얻었다고 해서 그 사람이 곧바로 지혜로워지는 것은 아니라는 말입니다. 드러커의 말처럼 지식은 정보로서의 가치는 있지만 그것은 지혜가 아닙니다. 지혜는 정보를 자신의 것으로 만든 사람의 내면에만 존재합니다. 정보를 이해하고 그것을 살아 있는 것으로 만드는 과정이 삶 속에서 앎을 몸으로 체득하는 과정입니다. 정작 어려운 것은 이것, 즉 정보나 지식을 자신의 것 즉 지혜로 만드는 과정입니다. 이것은 진지한 노력과 오랜 시간이 걸리는 힘든 과정이며 자신 이외의 누구도 대신해줄 수 없는 일입니다.

피아노를 잘 치기 위해서 우리에게 필요한 것은 피아노에 관한 많은 지식이 아닙니다. 올바른 원리를 알고 매일매일 꾸준하게 연습하는 것입니다. 이런 과정을 통해 지혜는 인간의 내면에서 성장하고 진화합니다. 철학은 학문이라기보다는 피아노를 배우는 것과 유사한 종류의 활동입니다. 그래서 저는 철학을 지혜를 추구하고 그것의 주인이 되는 과정이며 활동이라고 정의합니다. 온몸으로 그리고 삶 속에서 이루어지는 활동이 아니라면 그것은 언어의 유희나 지적 놀음에 지나지 않습니다. 지혜는 이론이나 학문이 아닙니다. 그것은 내면과 일상 그리고 일 속에서 살아 움직이는 인간 정신의 능력입니다.

지혜에 대해서는 여기까지 하겠습니다. 다음은 진실에 관한 이야기입니다.

3. 진실의 가격

1-23. 삶의 진실을 알고자 하는 열망이 없다면 진실은 결코 자기의 모습을 드러내지 않을 것이다.

1-24. 진실을 찾기 위해서는 사람들이 몰려 사는 도시를 떠나 '아무도' 오지 않는 사막으로 가야 한다.

삶의 진실을 알고자 하는 순수한 노력이 철학입니다. 철학은 누구에게나 필요한 것이지만 철학에 실제로 입문하는 사람들은 많지 않습니다. 왜냐하면 철학은 지식을 쌓는 종목이 아니기 때문입니다. 책을 읽고 생각하는 것은 마음만 먹으면 누구나 할 수 있지만, 철학은 그 이상의 것을 요구합니다. 절실한 마음이 없으면 철학은 계속 하기가 어렵습니다. 삶에서 겪는 혼돈과 두려움, 무의미와 허무함을 더 이상 견딜 수 없을 때야말로 철학이 가장 필요한 때이고 철학을 시작하기에 가장 적절한 때입니다. 정말 삶은 이런 것인가? 계속 이렇게 살아야 하는가? 원래 세상은 이토록 무질서하고 위험한 곳인가? 이게 다인가? 나는 어떻게 살아야 하는가? 과연 삶의 진실은 무엇인가? 철학은 이러한 실존적 물음에 대한 답을 찾으려는 순수한 열망에서 시작되는 것입니다. 그리고 끝까지 이 물음을 놓지 않는 것입니다. 그러므로 철학을 한다는 것은 지금까지와는 전혀 다른 삶의 방식을 선택하는 것이기도 합니다. 진실을 추구하고 진실되게 사는 것, 그것이 철학입니다.

1-25. 진실이 아닌 것에 의지하기는 쉽다. 하지만 그것은 반드시 배신한다.

마음이 고통스럽고 사는 것이 두렵다면 그것은 아직 삶의 진실이 무엇인지 모르기 때문이라고 생각합니다. 진정한 행복은 무엇이고 어떻게 해야 그것에 도달할 수 있는지 그 방법을 알고 있다면 우리는 희망을 가질 수 있습니다. 비록 그 과정은 힘이 들겠지만 매일매일 새로운 것을 경험할 수 있다고 생각합니다. 진실이 아닌 어떤 것도 우리를 행복으로 이끌지 못합니다. 편법과 거짓으로 참된 행복을 얻은 사람을 저는 아직 보지 못했습니다. 진실만이 우리를 행복으로 이끈다는 것이야말로 우리가 믿어야 할 첫 번째 진실입니다.

1-26. "철학의 목적은 사람들이 어떻게 생각해왔는가를 아는 것에 있는 것이 아니라 있는 그대로가 무엇이냐를 아는 데 있다."

— 토마스 아퀴나스

1-27. "우리 자신이 진실을 따르지 않고는 진실을 알 수 없다. 우리는 우리의 외부에 있는 진실을 알기 전에 먼저 내면에 진실하고 우리 자신에게 진실해야 한다. (…) 진실함은 진실하고자 하는 의지에 의해 보존되는 영혼의 소박함이다."

— 토머스 머튼

1-28. "진인眞人이 있은 연후에 진지眞知가 있다."

— 장자

1-29. 진실의 가격은 얼마인가? 그것이 내가 가진 모든 것을 요구한다 하더라도, 그래도 나는 그 거래를 할 것인가?

1-30. "항해자가 여행을 떠날 수 있게 하라. 배가 뒤집혀 물에 빠지고 익사할지도 모른다. 하지만 저 옛날 바다 밑바닥에 있는 수초를 따려고 바다에 뛰어든 길가메시 신화처럼 저 밑에는 하나뿐인 목숨과 맞바꿀 정도로 가치 있는 무언가가 있다. 그것을 빼앗지 말고 밑바닥까지 갈 수 있도록 도와주어라."

— 조지프 캠벨

철학적 탐구의 출발점은 삶의 문제입니다. 삶의 문제에 대한 올바른 해결책에 관한 정보는 인류 최고의 정신적 스승들의 책 속에 담겨 있습니다. 또한 세상에는 진실로 향하는 여행에 도움이 되는 정보가 생각보다 많습니다. 하지만 그것들을 읽는 것만으로는 문제가 해결되지 않습니다. 책에 쓰여 있는 것들은 단지 정보일 뿐입니다. 그것들은 마치 등산객을 위한 안내판과 같은 것입니다. 안내판을 보고 산에 대해 안다고 말하는 것은 메뉴판만 보고 음식 맛을 안다고 하는 것만큼이나 어리석은 것입니다. 진실을 알아내기 위해서는 자신이 직접 산을 올라야 합니다. 삶은 실전입니다. '자신의 마음을 들여다보아야 한다'라고 쓰여 있으면 그것을 실행에 옮겨야 합니다. '자신의 마음을 들여다보아야 한다'라는 말은 한 문장에 불과하고 이해하기 어려운 말이 아닙니다. 하지만 문제는 그다음부터입니다. 자신의 마음을 실제로 들여다보는 작업은 한평생 지속되는 작업입니다. 자신의 헛된 욕심과 망상, 부정적 감정들을 지켜보고 그것들로부터 자유로워지는 일은 누구도 대신해줄 수 없는 일이고 힘든 작업입니다. 사실 자신에게 적용하여 직접 체험해보기 전에는 그 말의 참뜻과 가치를 알 수 없습니다.

지금 우리 사회는 예전에는 경험해보지 못한 엄청난 문화적 위기 속에 있습니다. 위기가 닥칠 것이다가 아니라 지금이 바로 위기입니다. 앞으로 이것이 재난으로 바뀔 수도 있습니다. 그렇다면 왜 이런 황당한 일이 벌어졌는가? 여러 가지 이유가 있겠지만 저는 인문학적인 삶의 태도, 즉 인문학적 삶의 실종이 그 근본 원인이라고 생각합니다. 거짓말하지 않고, 남 속이지 않고, 약속한 것 제대로 지키고, 편법 쓰지 않고, 뭘 하나를 해도 제대로 하는 삶의 문화가 인문학에서 지향하는 것입니다. 그런데 얼핏 보면 이런 인문학적 삶의 태도가 돈이 안 되고 출세에 도움이 안 되는 것처럼 보입니다. 그래서 사람들이 이것을 무시하고 갖다 버렸습니다. 지금도 인문학, 인문학 말은 많이 하지만 말뿐인 경우가 너무 많습니다. 하지만 그 결과는 참혹할 것입니다. 개인의 삶에서도 그렇고 사회 전체 차원에서도 엄청난 대가를 치르게 될 것입니다. 우리 사회가 이것을 회복하는 데 얼마나 많은 시간과 고통이 뒤따를지 도무지 상상이 안 될 정도입니다.

어떻게 보면 인문학은 실천, 실행이 전부라고 해도 과언이 아닙니다. 인문학에 대해서 어렵게 생각할 필요가 없습니다. 왜냐하면 그 내용은 여러분이 이미 다 알고 있는 것이기 때문에 그렇습니다. 남에 대한 존중, 자신과 남을 속이지 않는 것, 욕심내지 않고 성실하고 착실하게 사는 것, 편법이 아니라 정도正道를 지키면서 사는 것 등등. 이런 것을 모르는 분 있습니까? 아마도 모르는 분은 안 계실 겁니다. 어려움은 이런 인문학의 가르침대로 사는 것, 즉 그것들을 삶에서 실행에 옮기는 것에 있습니다. 그것들은 실행에 옮겨질 때만이 가치 있는 것이 됩니다. 삶에 대한 원리나 교훈들은 이미 다 나와 있습니다. 제가 새로 만들어내는 건 없습니다. 저는 다만 여러분이 이런 원칙들을 자신의 것으로 만드는 데 필요한 정보를 제공하는 정도입니다. 그것을 실제로 해야 하는 사람은 여러분 자신입니다. 누구도 대신해줄 수 없습니다.

'제비 한 마리가 왔다고 해서 여름이 온 것은 아니다'라는 말이 있습니다. 철학에도 똑같이 적용되는 말입니다. 한두 번의 체험으로 진실이 체득되는 것은 아닙니다. 흔히 말하는 내공이 쌓이기까지는 많은 세월과 훈련, 실전의 경험이 필요합니다. 때론 진실을 깨닫고 끝까지 그것을 지키기 위해서 자신이 가지고 있는 모든 것을 포기해야 할 경우도 있습니다. 하지만 우리가 도중에 포기하지만 않는다면 진실은 항상 우리가 잃었던 것과는 비교할 수 없을 만큼의 값진 것을 보상한다고 저는 믿고 있습니다.

이에 덧붙여 한 가지만 더 말씀드리자면 우리의 내면에는 이 여행에서 나침반 역할을 하는 특별한 것이 존재합니다. 저는 그것을 '내면의 진리센서'라고 부릅니다. 이것이 모든 사람에게 보편적으로 존재한다는 것을 증명하지는 못합니다. 단지 저의 경험에서 알게 된 것입니다. 우리가 판단과 선택의 기로에서 무엇이 올바른 것인지, 어디로 가야 할지 혼란스러울 때, 그때 감각과 생각을 멈추고 내면의 느낌과 소리에 귀 기울이면 이 진리센서는 반드시 우리에게 응답한다는 것입니다. 저의 경우에 내면의 소리를 따르지 않았을 때 반드시 문제가 생긴다는 것을 너무도 여러 번 경험했습니다. 이에 관해서는 나중에 다시 한 번 자세히 다룰 것입니다.

이제 마지막으로 한 가지만 더 이야기하고 오늘 이야기는 끝맺겠습니다. 그것은 '철학자'에 관한 이야기입니다.

4. 누가 철학자인가?

대부분의 학자들은 이 물음을 묻지 않습니다만, 저는 철학자의 정체성이 밝혀져야 철학의 정의가 더욱 완전해질 수 있다고 생각합니다. 보통 사람들이 생각하는 철학자는 대학의 교수이거나 철학을 학문적으로 연구하는 학자입니다. 하지만 저는 이 생각에 동의하지 않습니다. 물론 그분들 중에 철학자가 있을 수 있겠지만, 단지 대학의 철학과 교수이거나 철학자들의 책이나 사상을 연구하는 학자라는 이유만으로 그 사람을 철학자라고 할 수는 없습니다. 앞에서도 말했듯이 철학적 지식을 많이 알고 논문이나 책을 썼다는 이유로 철학자일 수는 없기 때문입니다. 그것은 단지 철학과 철학사에 대한 지식이 많다는 것 이외에 말해주는 것이 없기 때문입니다. 물론 철학을 학문적으로 연구하고 정리하는 '철학 학자'들도 필요하고 그분들이 철학에 나름의 공헌을 하는 것도 사실입니다. 하지만 그것은 마치 문학 평론가가 문학에 공헌하는 것과 같습니다. 문학이론을 연구하는 문학자나 평론가가 시인과 소설가 같은 예술가가 아니듯이 철학 학자와 철학자는 다른 것입니다.

제가 생각하는 철학자의 첫 번째 정의는 **'지혜를 사랑하고 진실을 추구하는 자'**입니다. 그런 사람들 중에 정말 지혜롭고 진실한 사람이 최고의 철학자입니다. 하지만 그러한 현인賢人의 경지에 이르지는 못했더라도 최소한 철학자는 다른 무엇보다 먼저 지혜를 사랑하고 그것을 자신의 것으로 만들려고 노력하는 사람이어야 합니다.

철학자에 대한 두 번째 정의는 철학자는 **'지혜라는 능력으로 문제를 해결하는 사람이다'**입니다. 흔히 철학자라고 하면 거대하고 체계적인 이론 체계를 만드는 사상가나 이론가라고 생각합니다. 하지만 제가 생각하는 철학자는 그런 학자들이 아닙니다. 물론 그런 이론들 안에는 우리에게 유용한 지식도 많이 있다는 것을 인정하지만, 이론 체계라고 하는 것은 항상 부분적이며 잠정적 가치만을 가질 뿐입니다. 실재가 이론에 통째로 담기질 않습니다. 이론을 위한 이론 추구, 이론을 절대화하는 사고방식은 철학자의 그것과는 다릅니다. 철학자에게 지식과 이론은 도구와 수단일 뿐입니다.

지혜가 필요한 이유는 무엇입니까? 그것은 우리가 가진 문제를 해결하는 데 필요한 것 아닙니까? 만약 삶에 어떤 문제도 없다면 지혜를 얻으려고 노력할 필요도 없습니다. 살다 보면 여러 가지 문제가 생깁니다. 어떤 문제는 너무도 절실해서 그것을 해결하지 않고는 사는 것이 너무 고통스러운 그런 문제들도 있습니다. 하지만 인간에게 속한 문제들 중에는 그냥 열심히 노력하는 것만으로는 풀리지 않는 문제들이 뜻밖에 많습니다. 올바른 방법을 알지 못하면 절대 풀리지 않고 오히려 열심히 할수록 문제가 더 악화되기도 합니다. 이럴 때 필요한 것이 지혜입니다. 물리적 힘이나 권력, 금권으로 문제를 해결하는 것이 아니라 지혜로서 문제를 해결하는 사람이 철학자입니다.

흔히 말하는 지식인은 자기 분야의 지식을 습득하고 그 분야에서 전문가가 된 사람을 의미합니다. 하지만 철학자는 어떤 전문분야에 대한 전문가는 아닙니다. 이런 의미에서 그에게 전공은 없습니다. 그는 지식 자체의 본성에 대해 올바르게 이해하고, 살면서 발생하는 모든 문제, 즉 자신의 내면에서 발견되는 문제, 가족 간의 문제, 인간관계에서의 문제, 일과 관련된 문제 등에 지식을 적용하고 활용해서 문제를 해결하는 일에 통달한 자라고 할 수 있습니다. 말하자면 문제를 해결하는 데 필요한 지식을 찾아내어 그것을 적용하고 응용해서 문제를 창조적으로 해결하는 사람입니다. 이런 관점에서 철학자는 삶을 창조하는 인문 예술가입니다.

하지만 철학자는 자신이 습득한 지식을 소중히 여기지만 또한 그것에 집착하지도 않는 사람입니다. 오히려 그에게 가장 중요한 것은 마음을 비우는 일입니다. 도가道家 철학의 시조라고 할 수 있는 노자

老子는 "학學은 하면 할수록 늘어나고 도道는 닦으면 닦을수록 줄어든다."爲學日益 爲道日損라는 말을 했습니다. 저는 이 말을 '학문을 하면 지식이 늘어나고 생각이 많아지지만 도는 닦으면 닦을수록 마음이 비워지고 고요해진다.'라고 해석합니다. 지혜는 마음에 무엇을 쌓음으로써 생기는 것이 아니라 오히려 마음이 정화되어 맑고 텅 빈 마음, 고요하고 평화로운 마음이 되었을 때 내면에서 작동하기 시작하는 능력입니다.

또한 문제 해결이라는 관점에서 보자면 철학자는 직업이 아니라 어떤 속성, 성향, 또는 능력입니다. 그러므로 경영자이면서 철학자일 수 있으며, 농부, 주부, 형사, 교사, 군인 등등 누구나 철학자가 될 수 있습니다. 그래서 저는 철학자라는 직업이 별도로 따로 있는 것이 아니라고 생각합니다. 앞에서 제가 말씀드린 철학이라는 활동을 하는 사람은 누구나 다 철학자입니다. 철학자는 어디에도 속하지 않지만 어디에도 속할 수 있는 사람입니다.

철학자에 대한 세 번째 정의는 철학자는 **'자신에게 일어나는 모든 문제의 원인을 자기 안에서 찾는 사람'**이라는 것입니다. 대개 사람들은 문제가 생기면 그 원인을 외부에 돌립니다. 한마디로 하면 남 탓을 한다는 겁니다. 부모 탓, 환경 탓, 조상 탓, 사회 탓 등등. 하지만 철학자는 그 반대입니다. 그는 남 탓을 하지 않고 문제의 원인을 자기에게서 찾는 사람입니다. 문제의 원인을 자기 안에서 찾는다는 것은 자신을 자기 삶의 결정권자로 생각하는 것입니다. 즉 철학자는 자신이 누구인가라는 물음에 대해 '나는 내 삶의 주인이며 스스로 자유인이기를 선택한 사람'이라고 답하는 사람입니다. 이에 비해 원인을 밖에서 찾고 세상 탓을 하는 사람은 자기 삶의 주도권을 타인에게 양도하고 자신은 타인에게 종속된 존재라는 인식을 선택하는 사람입니다. 문제의 원인을 자기 밖에서 찾는 것은 이미 의존적, 예속적, 노예적 삶을 살아가고 있다는 증거입니다. 이 차이는 하늘과 땅의 차이입니다. 문제의 원인을 어디에서 찾는 사람인가에 따라 우리는 그가 자유인 즉 철학자인지 아닌지를 알 수 있습니다. 이 부분에 관해서는 앞으로 강의를 진행하면서 더 구체적으로 말씀드릴 것입니다. 오늘 제가 준비한 말은 여기까지입니다. 이제부터는 여러분의 질문이나 의견을 듣겠습니다.

묻고 답하기

1. 제가 알고 있기는 철학자들은 대학에서 철학을 연구하고 가르치는 철학과 교수님들인데, 선생님께서는 그런 분들이 철학자가 아니라고 말씀하시는 것으로 들었습니다. 선생님이 말씀하시는 철학과 그분들이 하고 있는 철학이 어떻게 다른 것인가요? 구분이 잘 가질 않습니다.

제가 대학에서 철학을 학문적으로 연구하는 학자 분들을 무조건 철학자가 아니라고 말하는 것은 아닙니다. 단지 저는 과거 철학자들의 철학을 연구하고, 철학자들에 대한 지식이 많다는 것만으로 철학자라고 할 수는 없다는 것입니다. 저는 그런 분들을 지식인이나 철학 학자라고 부릅니다. 철학자와 철학 학자는 두 가지 측면, 즉 철학 공부의 목적과 철학함의 방법에서 전혀 다른 태도를 갖고 있습니다. 저는 한마디로 종種이 다르다고 봅니다.

대학의 학자들은 과거의 위대한 철학자들의 사상을 연구하고 그 결과를 논문이나 책으로 정리하는 사람들입니다. 그런 일도 가치가 있고 사회적으로 필요한 일입니다. 그것은 지식을 추구하는 학문 활동입니다. 하지만 그것 자체를 철학이라고 할 수는 없습니다. 왜냐하면 철학은 지혜이기 때문입니다.

지혜로서의 철학의 목적은 삶의 문제들을 해결하는 데 있습니다.

자신의 안팎에서 인간을 속박하는 그런 문제들을 해결하기 위해 철학을 하는 것입니다. 세상에 대한 이론적 탐구 그 자체는 철학자들의 주된 관심사가 아닙니다. 물론 이들도 정보를 얻기 위해서 철학책만이 아니라 다양한 영역의 책을 읽고 사람들도 만납니다. 하지만 그것은 방대한 양의 지식을 축적하고 이론을 만들기 위해서가 아니라 그것들로부터 도움을 받아 문제를 해결하기 위함입니다. 그들의 작품은 지식이나 사상이 아니라 그들의 삶 자체이고 살면서 이루어낸 일들입니다.

또한 방법의 측면에서 볼 때 철학자에게 지식과 정보는 전체 과정의 일부분에 불과합니다. 가장 중요한 것은 실행에 있습니다. 자신의 내면을 치료하고 자유로워지는 것 그리고 자신을 둘러싼 문제들을 해결하는 것은 그저 지식을 많이 아는 것만으로 되는 일이 아닙니다. 삶의 문제는 자신과의 끊임없는 싸움과 결단, 기존의 고정관념과 낡은 사회적 관습에 맞서는 도전정신과 용기가 없으면 결코 헤쳐 나갈 수 없습니다. 내면의 고정관념과 강박관념, 과거의 상처로 인해 생긴 억눌리고 변질된 부정적 정서, 무분별한 탐욕과 충동, 잘못된 생활습관들로부터 해방되어 자유인이 되는 것은 자신과의 고독한 싸움이라는 치열한 실존적인 노력이 없으면 불가능한 일입니다. 내면의 자유를 얻고 자신만의 삶을 창조하는 것, 저는 이런 노력과 활동을 철학함이라고 말합니다. 이것은 단지 책을 읽고 생각하는 수준의 노력이 아닙니다. 전혀 다른 차원의 일입니다. 저는 철학을 가장 근원적인 의미에서 예술이라고 생각합니다. 음악이나 그림이 아닌 '삶 자체를 창조하는 예술'이 제가 생각하는 철학입니다.

2. 선생님께서 말씀하신 원칙이 중요하다는 건 알겠지만 원칙에 충실한 사람들은 때론 너무 힘들고 어렵습니다. 그래서 그 원칙이 정말 우리 삶에 도움이 되는지 저는 의문이 듭니다. 그것을 여쭤보고 싶었습니다.

물론 원칙을 지킨다는 것은 매우 힘든 일입니다. 그렇기 때문에 가치 있는 일입니다. 저는 도덕을 이야기하는 것이 아닙니다. 그것은 자신을 지키는 것이고, 가족을 지키는 일입니다. 제가 아는 한 원칙을 지키지 않으면 누구나 다 실패자가 됩니다. 마음속의 의문이랄까 혼란함은 '나는 원칙을 지켰는데도 잘 안 되고 다른 사람들은 안 지켰는데 성공하더라'는 생각을 하게 되니까 생기는 겁니다. 사실 그런 것은 없습니다. 내가 실패했다면, 그것은 내가 원칙을 제대로 지키지 못해서입니다. 원칙을 지키지 않으면 누구나 다 패자가 됩니다. 저는 사회적 실패가 아니라 인간다운 삶에 대해서 말하는 것입니다. 비록 원칙을 지키지 않으면서 편법으로 돈을 많이 벌고 높은 지위에 올라갈 수는 있겠지만 총체적인 삶을 봤을 때 그 사람은 실패자가 됩니다. 저는 원칙을 지키지 않는 것은 자해 행위와 유사하다고 생각하는 사람입니다. 나쁜 짓을 해서 돈을 벌 수는 있습니다. 하지만 그로 인해 잃는 것이 더 큽니다. 세상에 공짜는 절대 없습니다. 사람들은 얻는 것만 생각하지 그로 인해 자신이 잃는 것은 잘 모릅니다. 만약에 팔 하나 자르는 대가로 1억 주겠다고 하면 그렇게 하겠습니까? 돈은 생기지만 자신의 신체 일부분을 잃습니다. 아마도 그 거래를 하지 않겠죠. 이와 유사하게 남을 속이고 해치면서 돈을 버는 사람은 자신의 정신과 영혼이 파괴되는 대가, 정신적 불구가 되는 대가를 치를 수밖에 없습니다.

저도 선생님 말씀에 공감하는데요. 그렇게 살려고 노력해왔는데 그렇게 사는 것이 정말 어렵고 갈등이 생기더라고요.

원칙을 지키면서 사는 것은 결코 쉽지 않습니다. 특히 우리 사회에서는 더욱 그렇습니다. 어떤 때는 모든 것을 잃어버릴지도 모른다는 두려움도 밀려옵니다. 하지만 그때 원칙을 지켜야 합니다. 그렇지 않으면 똑같아지는 겁니다. 그러면 원칙을 지키지 않았던 사람보다 더 힘들어져요. 원칙은 그냥 지켜지지 않습니다. 원칙을 지키려면 내면의 힘이 있어야 합니다. 그래서 원칙을 지키는 것이 그렇지 않은 것에 비해 월등히 좋은 것임을 스스로 깨달아야 합니다. 자신의 힘을 길러야 합니다.

3. 선생님은 철학자는 세상 탓을 하지 않는다고 하셨는데요. 행복이 자기 자신한테 달려 있다면 어떤 상황에 닥쳤을 때 생기는 감정들도 자기가 선택할 수 있는 것 아닙니까?

처음에는 힘들지만 노력하면 가능하다고 생각합니다.

그런데 원래 '감정'이라는 게 그렇게 선택하는 것이 아니고 정말 불쾌한 상황이면 불쾌한 감정도 들고, 기분 좋은 상황이면 기분 좋은 감정도 들고, 본능적이고 자동적인 일들인데, 그런 것들을 어떻게 해서 선택하고 조절할 수 있다는 건가요?

예를 들어 설명해보겠습니다. 눈앞에서 큰불이 막 타오르면 두려움을 느낍니다. 그러면 도망가야죠. 이런 상황에서 두려움을 느끼는 것은 자연스러운 것이고 바꿀 필요가 없는 것입니다. 불쌍한 사람을 보면 측은한 마음이 들고 돕고 싶은 감정이 생깁니다. 이것 또한 자연스러운 것입니다. 그런데 예를 들어 자기 망상이나 성격적인 문제로 화를 낼 상황이 아닌데도 화를 내고 싸우는 사람이 있죠? 그런 사람은 정말 옆에 있기 너무 힘들죠. 그게 자연스러운 걸까요? 바꿀 수 없는 걸까요? 아니죠. 그런 감정이 문제입니다. 이처럼 비정상적인 감정들이 있거든요. 일차적으로는 그런 문제는 '바꿀 수 있다', '가능하다'고 말씀드리겠습니다. 물론 시간도 많이 걸리고, 감정을 처리하고 부정적인 감정을 긍정적인 감정으로 변화시키는 방법에 대한 많은 정보와 본인의 진지한 노력이 필요합니다. 이런 문제에 대해 앞으로 강의에서 다룹니다. 그때 더 자세한 이야기를 하도록 하겠습니다.

4. 문제가 많은 아이들은 대개 문제가 많은 부모 때문에 그렇게 되는데요. 근본적으로 따지고 보면 그 부모도 그 위에 부모, 그러니까 할아버지, 할머니 밑에서 자랐기 때문에 그렇게 되는 것 아닌가요? 그건 자기 잘못이 아니지 않습니까? 그리고 또 인생은 '자기 자신에게 달려 있다'고 말하는 것이 구조적으로 도움을 받을 수밖에 없는 사람들에게 '그건 네 책임이야'라고 말할 수도 있는 빌미를 제공해줄 수 있는 것은 아닌지에 대해 궁금합니다.

이 질문에는 여러 가지 문제가 얽혀 있다고 봅니다. 함께 풀어봅시다.

질문에 답하기 전에 우선 말씀드리고 싶은 것은 '자신에게 일어난 일의 원인을 자기 안에서 찾는다'라는 말을 처음 들을 때는 많은 경우에 즉각적으로 거부하고 싶은 마음이 생긴다는 점입니다. 사람에 따라서는 화가 나고 매우 불쾌한 감정이 생길 수도 있습니다. 왜냐하면 그 말은 마치 나에게 고통과 상처를 준 사람들은 아무 잘못이 없고, 내가 못나고 바보여서 그런 일을 당한 것이라고 말하는 것처럼 들릴 수 있기 때문입니다. 억울하게 당한 것도 괴로운데 그게 다 내 잘못이라고 말한다면 화가 나는 것이 당연합니다. 하지만 절대 그런 뜻이 아닙니다. 이 말의 의미는 자기 탓을 하면서 자신이 얼마나 못나고 바보 같은 인간인가 하고 자책하라는 것이 아닙니다. 저에게 이 말은 인간에 대한 최대의 찬사입니다. 어떤 의미에서 제 강의 전체는 이 말에 담긴 의미를 설명하는 것이라고 할 수 있습니다. 그래서 지금은 마음이 좀 불편하시더라도 좀 더 제 이야기를 들어주시길 부탁드립니다. 모든 것을 한꺼번에 다 설명할 수는 없지 않겠습니까? 제 강의가 다 끝날 때쯤이면 아마도 이 말의 의미가 분명해질 것입니다.

이제 질문에 답하겠습니다. 질문이 두 개였습니다. 첫 번째 질문은 문제아가 되는 것은 부모의 책임이고, 그 부모도 할머니 할아버지의 잘못이지 자신의 잘못이 아니다. 그거였죠? 통계적으로 보면 그렇습니다. 문제가 많은 가정에서 태어난 아이들이 성인이 되었을 때 불량배나 범죄자가 될 확률이 높습니다. 이것이 일반적인 경우입니다. 하지만 모든 경우에 그런 것은 아닙니다. 사람들 중에는 말도 안 되게 어려운 가정환경에서 자랐지만 그것을 극복하고 자신의 인생을 개척한 사람들이 있습니다. 그런 경우를 설명해야만 합니다.

그 이유가 무엇이겠습니까? 그것은 인간에게는 의지라는 것이 있기 때문입니다. 만약 인간에게 자유의지라는 것이 없다면 인간은 유전자와 환경에 지배당하는 기계와 같은 존재에 불과합니다. 그렇다면 자신의 책임은 없습니다. 하지만 자유의지가 있기 때문에 그런 예외적인 경우가 발생하는 것입니다. 물론 환경을 극복하는 것은 쉬운 일도 아니고, 그것을 극복하지 못했다고 탓하는 것도 아닙니다. 충분히 이해할 수 있습니다. 그렇다고 해도 자기에게 기회가 있었다는 점까지 부정될 수는 없습니다. 그 부분만큼은 자신의 책임이라는 것입니다.

사람의 생각이라고 하는 것이 참 무서운 것인데요. 모든 것이 부모와 환경 탓이라고 하면 사람은 자신의 인생을 개척할 수가 없게 됩니다. 내 인생은 없는 거죠. 나는 영원한 피해자이고 영원히 끌려다니는 사람이 되는 겁니다. 나에게 상처와 고통을 준 사람들에게 멋지게 복수하는 길은 내가 행복해지는 것입니다. 그래서 내 안에서 원인을 찾는다는 말은 스스로 나를 어떤 존재로 생각하느냐와 관련된 것입니다. 나는 외부 환경에 종속될 수밖에 없는 그런 존재인가, 아니면 내 삶을 만들어갈 수 있는 의지를 지닌 자유인인가? 그 차이입니다.

두 번째 문제를 생각해봅시다. 두 번째 문제는 구조의 문제였습니다. 제가 구조나 외부 환경에 문제가 없다고 말하는 것은 아닙니다. 우리 사회에는 그런 일들이 널려 있습니다. 잘못된 사회제도의 문제들을 해결하기 위해서 노력해야 하는 것은 당연한 일입니다. 하지만 구조의 문제를 제대로 해결하기 위해서도 나의 문제와 구조의 문제를 잘 구분해야 합니다. 이것이 뒤섞이면 대단한 혼란이 일어납니다. 이러한 구별이 된 후에야 구조의 문제를 제대로 인식할 수 있고, 그 문제에 대해 올바르게 대응할 수 있는 것입니다. 이것 못지않게 중요한 것은 비록 불합리한 구조 때문에 일정 부분 불이익을 당할 수는 있지만 그것 때문에 내 인생이 불행해졌다든지, 그것이 바뀌기 전에는 나는 행복해질 수 없을 것이라고 생각하지 말아야 한다는 점입니다. 왜냐하면 그렇게 되면 삶이 빠져나올 수 없는 함정에 갇히게 되기 때문입니다. 자칫하면 삶 전체를 잃을 수도 있습니다. 이 문제에 관해서는 나중에 더 자세히 설명할 것입니다.

하나 더 말씀드리자면 구조의 문제 자체입니다. 가정이나 회사, 국가 등 그 어떤 조직이든지 그 공동체가 안고 있는 진정한 문제를 진단한다는 것은 쉽지 않습니다. 사람들은 저마다 자신의 방식으로 문제를 진단합니다. 대개는 목소리 큰 사람이 주도권을 잡게 됩니다. 하지만 문제는 그렇게 해서 문제가 해결되느냐 하는 점입니다. 왜 일을 그르치느냐 하면 문제를 제대로 진단하지 못하고, 해결방법을 잘못 선택했기 때문입니다. 그렇다면 원인은 어디에 있습니까? 그것은 사람들의 마음 안에 있습니다. 스스로 존재하는 구조라는 것은 없습니다. 결국 구조의 문제 역시 그 구조와 관계된 사람들의 문제입니다. 왕양명이라는 중국의 철학자는 "마음 밖에는 아무것도 없고, 마음에는 안과 밖이 없다."心外無物 心無內外라는 말을 합니다. 이 말을 쉽게 풀어서 이야기하면 인간의 문제는 인간의 마음을 떠나서는 존재하지 않는다는 뜻입니다. 마음이 근원입니다. 결국 밖의 문제가 아니라는 것이지요.

5. 선생님은 "철학자는 문제의 원인을 자기 안에서 찾는다"라고 하셨는데, 그 말은 결국 세상의 모든 일을 개인의 책임으로만 돌려서 사회의 변화를 가로막게 되는 것은 아닌가요? 사회 속의 개인의 위치와 역할은 없는 건가요? 말하자면 '각자에게 각자의 몫이 주어져야 하는' 정의가 실현되지 않고 불의가 존재할 때 "문제의 원인을 자기 안에서 찾는" 철학자는 어떻게 이 문제를 해결하는 것인가요?

좋은 질문입니다. 아마 다른 분들도 이런 의문을 갖고 계실 것입니다. 제가 강의를 해보면 이 질문이 거의 매번 나옵니다. 사람들이 이런 질문을 하는 이유는 개인과 사회를 분리해서 생각하기 때문입니다. 이것 역시 고정관념입니다. 사회와 나는 분리되어 있는 것이 아닙니다. 나의 모든 말과 행위는 다른 사람들에게 영향을 미치는 것입니다. 개인들이 모여 있는 것이 사회입니다. 개인들과 동떨어진 사회 자체라는 것은 존재하지 않습니다. 말하자면 세상에 나와 연관되지 않은 문제는 없다는 것입니다. 직접적이냐 간접적이냐의 차이가 있지만 어쨌든 세상의 문제들은 모두 나와 관련이 있습니다. 세상 사람들 하나하나가 올바르게 산다면 이 세상에 불의는 존재하지 않을 것입니다. 이런 관점에서 볼 때 사회 문제는 곧 나의 문제이기도 합니다. 말하자면 내가 그 원인의 일부를 제공했던지, 또는 내가 했어야 할 일을 하지 않은 것입니다. 많은 사람들이 올바르게 말하고 행동해야 할 때 하지 않은 것들이 쌓여서 결국은 사회의 문제로 떠오르는 것입니다. 남의 일일 때는 눈감고 있다가 자신의 일이 되었을 때는 정의를 부르짖습니다. 그 사람이 과연 정의로운 사람이고 정의를 실현할 수 있을까요? 질문하신 분의 생각과는 반대로 개인들이 변하는 것 자체가 사회의 변화입니다.

또한 질문하신 분이 말한 것처럼 정의는 “각자의 것을 각자에게 돌려주는 것”입니다. 하지만 정의라는 것이 그렇게 거창한 것은 아닙니다. 예를 들면 부모가 아이를 혼내고 야단칠 경우를 생각해봅시다. 그때 부모가 자신의 감정으로 아이를 혼내는 것인지 아니면, 진정 아이를 위해서 아이에게 적절하다고 판단해서 하는 것인지를 구별해야 합니다. 만약 부모가 감정으로 아이를 혼냈다면 그것이 불의입니다. 아이의 잘못은 아이의 것이지만 부모의 감정은 부모의 것입니다. 이것이 정의입니다. 만약 내가 나를 속였다면 그것도 불의입니다. 다른 사람을 존중하지 않았다면 그것도 불의인 것입니다. 이처럼 정의의 문제는 매일매일 부딪치는 삶의 문제입니다. 그래서 사회의 문제는 자신의 내면에서 출발해서 가정, 직장 등 모든 곳에 있는 것이지 국회의원이나 대통령을 뽑는 정치행위라든지 소득분배의 문제에만 있는 것이 아닙니다.

내가 변하지 않으면 세상은 변화되지 않습니다. 내가 변화하는 만큼 세상도 변하는 것입니다. 모든 사람들이 자신은 아무것도 하지 않으면서 세상이 바뀌기만 바란다면 세상은 바뀌기는커녕 더욱더 나빠질 것입니다. 세상이 바뀌기를 바란다면 먼저 나를 바로잡아야 합니다. 그 출발점은 자신을 들여다보는 것입니다. 사회를 바꾸려고 하기 이전에 자기 자신이 얼마나 사회에 물들어 있는가를 들여다보아야 합니다. 자신이 미워하고 바꾸려고 하는 그것이 이미 자신 안에 있습니다. 자기 안에 있는 사회로부터 자유로워졌을 때 전혀 다른 인식을 갖게 됩니다. 자신이 올바로 섰을 때만이 다른 사람과 세상을 도울 수 있습니다. 아니 그 사람의 존재 자체가 곧 빛이 되는 것입니다. 저는 이런 방식으로만 세상의 정의가 실현될 수 있다고 생각합니다. 외적 상황이 혼란스럽고 심각할수록 그것을 해결해야 하는 사람의 내면은 고요하고 자유로워야 합니다. 그렇지 않다면 혼란을 더욱 가중시킬 것입니다. 그렇기 때문에 철학자의 삶의 방식이야말로 사회 문제에 가장 적극적으로 대처하고 영향을 미치는 방식입니다.

이런 관점에서 보았을 때 현재 우리 사회의 핵심 문제는 '정의'가 아니라 '치료'입니다. 정의로운 사회는 그 구성원들이 정서적, 정신적으로 건강했을 때 가능한 것입니다. 하지만 우리 사회는 지금 병리적 상태에 빠져 있습니다. 사람들의 심성 자체가 병들어가고 있습니다. 그래서 현재 우리 사회는 불의의 문제보다 더 심각한 수준의 문제에 봉착해 있습니다. 그것은 사회갈등이라는 문제입니다. 지역, 계층, 세대, 교육, 노사, 이념 등등 모든 영역에서 분열과 갈등이 일어나고 있고 서로 극단적으로 대립하고 있습니다. 그것만이 아닙니다. 자살률은 세계 1위입니다. 이것은 개인들의 내면에 심각한 문제가 생겼음을 의미하는 것입니다. 이런 상태가 악화되면 재난이 올 수도 있습니다. 아니 지금이 재난의 초기 단계인지도 모르겠습니다. 그래서 저는 화두가 바뀌어야 한다고 봅니다. 우리에게 더 근원적이고 포괄적이며 시급한 문제는 사회정의가 아니라 병들어가고 있는 사회의 '치료'입니다. 문제를 진단하는 관점이 바뀌지 않으면 사태는 더욱 나빠질 것입니다. 새로운 패러다임으로 문제를 분석하고 대처해야만 이 문제를 해결할 수 있습니다. 왜냐하면 이 문제는 우리 사회가 예전에 겪어보지 못한 완전히 새로운 문제이기 때문입니다.

6. 진실이란 진짜 있는 건가요? 각자의 입장에 따라 다른 진실들을 어떻게 판단해야 하나요? 내 눈으로 본 사실도 왜곡이 있는 것 같은데 세상에 진실이 있다는 것이 믿기지 않습니다.

진실은 있습니다. 문제는 진실을 알아내는 것이 쉽지 않다는 점입니다. 여러 가지 이유가 있겠지만 가장 주요한 이유는 이미 다른 것이 마음을 점유하고 있기 때문입니다. 가정과 사회 그리고 문화가 주입한 왜곡된 관념과 신념들이 그것들입니다. 사람들은 그것을 올바른 앎이라고 믿고 있기 때문에 진실을 보지 못하는 것입니다.

진실을 발견하는 것이 어려운 이유는 이처럼 이미 우리의 마음을 지배하고 있는 것들이 있고 그것으로부터 자유로워지는 것이 쉽지 않기 때문입니다. 대부분의 경우 이러한 왜곡된 고정관념과 신념들은 무의식의 차원에 자리 잡고 있으며, 더 중요한 사실은 두려움이라는 정서가 그것들을 성찰하지 못하도록 가로막고 있다는 점입니다. 다른 사람과 다르게 생각한다는 것은 결코 쉽지 않은 일입니다. 그렇기 때문에 고정관념과 편견의 벽을 뚫고 진실을 발견하기 위해서는 굳센 의지와 용기, 도전정신이 있어야만 합니다. 진실을 알아내는 과정은 머리로 생각하는 정적인 것이 아니라 자신의 실존을 걸어야 하는 매우 역동적이고 드라마적인 과정입니다.

7. 현재 한국 사회의 교육은 지식만을 가르치고 평가하며, 그 지식은 진학과 사회진출의 기준이 됩니다. 하지만 선생님은 지식만으로는 행복해질 수 없다 하셨는데, 그러면 우리는 어디에서 지혜를 얻을 수 있으며 어떻게 훈련하고 나눌 수 있는 것인가요?

제가 생각하기에 한국 교육의 문제는 딱 하나입니다. 그 하나에 모든 것이 다 포함되어 있습니다. 한국 교육의 문제는 부모의 문제입니다. 부모들이 바뀌지 않으면 교육은 바뀌지 않습니다. 아이에게 부모의 영향력은 절대적입니다. 가장 중요한 것은 자녀를 올바르게 사랑하는 것입니다. 제대로 된 사랑을 받고 자란 아이는 결코 삶에서 길을 잃지 않습니다. 인생에서 배우고 체험해야 할 것이 딱 하나 있다면, 그것은 올바르게 사랑하는 일일 것입니다. 부모에게서 올바른 사랑을 배우지 못한 채 다른 이들에게 사랑을 배운다는 것은 거의 불가능에 가까운 일입니다. 그래서 부모의 올바른 사랑이 더욱 중요합니다.

부모들에게 아이를 사랑하는 마음이 없다는 것은 아닙니다. 하지만 사랑은 내면의 능력입니다. 자신이 가지고 있지 않은 것을 남에게 줄 수는 없습니다. 부모가 조건 없이 그리고 지혜롭게 자녀에게 사랑을 주는가 하는 점입니다. 또한 부모의 삶에 대한 가치기준과 삶의 방식은 말을 하지 않아도 그대로 아이에게 옮겨집니다. 부모가 제대로 잘 살지 못하면 아이는 그 영향을 고스란히 받게 되어 있습니다.

자녀를 양육하고 성장시킨다는 것은 매우 가치 있고 아름다운 일입니다. 하지만 그것은 매우 어려운 일입니다. 방금 말한 것처럼 자녀 교육의 문제는 입시와 성적의 문제가 아니라 부모의 삶과 존재의 문제이기 때문입니다. 부모가 공부하고 부모가 변해야 아이가 제대로 된 삶을 살 수 있는 것입니다. 탐욕과 거짓으로 물든 사회로부터 자식을 보호해야 할 사람은 부모밖에 없습니다. 하지만 현실은 어떻습니까? 부모들이 세속 사회가 주입하고 있는 가치기준을 그대로 아이에게 강요하고 있는 것이 우리의 현실 아닙니까? 자식에게 무조건 높은 점수만을 요구하는 부모는 참으로 폭력적인 부모입니다. 그 아이의 미래는 어떻게 되겠습니까? 부모들이 뼈아프게 반성하고 노력해야 합니다.

8. 학교와 사회, 집에서조차 더 많이 소유하고 남보다 높은 사회적 지위에 오르는 것을 성공이며, 성공해야 행복해질 수 있다고 가르칩니다. 그건 가난했던 우리 부모님 세대에서는 어느 정도 맞는 말인 것도 같습니다. 그러나 저희들은 이미 그것은 행복이 아니란 것을 알고 있습니다. 그렇다고 사회적인 부와 성공을 무시할 수도 없는 게 현실입니다. 그렇다면 우리는 어디에 초점을 맞추고 하루하루를 살아가야 하나요. 또 어떤 방향으로 살아가야 행복할 수 있고 진정한 성공을 이룰 수 있나요?

이 질문은 질문하신 분만이 아니라 많은 사람들이 혼란스러워 하는 문제입니다. 부와 소유가 행복이 아니라는 것을 알지만 그렇다고 그것을 무시한다는 것은 불안하고 겁이 나는 일입니다. 돈을 많이 벌면 행복해질 것이라고 생각해서 열심히 달려왔는데, 막상 그곳에 행복이 없다는 것을 알게 되었을 때 느끼는 당혹감과 가난해지는 것에 대한 불안감이 사람을 헷갈리게 만듭니다. 아무리 열심히 노력해도 목표가 잘못되어 있으면 아무 소용이 없는 것입니다.

그래서 사실 이 문제는 행복에 대한 문제입니다. 참 행복과 만족은 어디에서 오는 것일까? 그것입니다. 이 주제는 다음 장 강의의 주제이기 때문에 그때 자세히 다루겠습니다. 그래도 하나만 말씀드린다면 행복은 마음속에서 찾아야 한다는 것입니다. 거기에 길이 있습니다. 오늘은 이 말이 와 닿지 않을 수도 있지만, 앞으로 저와 함께 한 한기 동안 공부를 하시다 보면 무언가 새로운 삶의 길을 발견하실 수 있을 거라고 생각합니다.

9. 저는 한 번도 내 자신이 뭘 진정으로 좋아하는지, 누구를 사랑하는지, 나의 본심은 어디에 있는지를 알아차리지 못하고 당위와 목표에 이끌려 와서 이제는 그렇게 사는 것이 익숙하고 편해졌습니다. 성인이 돼서 여러 어려움에 부딪치면서 나를 찾아가기 시작했으나 그건 어두운 동굴을 헤매는 것과 같았습니다. 너무 겹겹으로 왜곡되게 포장된 것이 많아서 나를 알아가기가 어렵습니다. 나를 알아가기 위해서는 어떤 것부터 시작해야 하는지요. 또 어떤 노력을 해야 하며 중요한 것은 무엇인지요?

솔직함과 간절함이 배어 있는 질문 감사드립니다. 말씀하신대로라면 죄송하지만 지금까지는 밖에 의지하고 밖에서 찾는 삶을 사신 것입니다. 그렇게 되면 삶이 고통스러워집니다. 사실 우리의 문제는 하나입니다. 내면을 치료하고 마음의 건강을 되찾는 것, 바로 그것입니다. 삶을 바꾸길 원한다면 방향을 안으로 돌려야 합니다. 이제 모든 것을 내 안에서 찾아야 합니다. 그래서 결심이 중요합니다.

철학은 간절함이 없으면 오래하지 못합니다. 기존의 습관과 관성에 이끌려 다시 예전의 삶으로 돌아가버리기 때문입니다. 삶의 문제는 자신이 해결하는 것입니다. 그리고 그것은 자신의 의지에 달린 것입니다. 포기하지 않으면 문제는 반드시 해결됩니다. 앞으로 제가 그것에 도움이 되는 많은 정보를 드릴 것입니다. 하지만 그것들은 하나의 참고 사항입니다. 본인이 스스로 탐구하고 노력하는 것이 제일 중요합니다.

10. 철학 공부는 유물론적인 것과 관념론적인 것을 믹스해가면서 이해하면 되는 겁니까?

질문을 들어보니 서양철학 책을 많이 읽으신 분 같습니다. 하지만 우선 말부터 너무 어렵습니다. 저는 여러분이 그런 철학까지 굳이 공부할 필요가 없다고 봅니다. 저도 관념론이니 유물론이니 그런 것에 대해서 공부를 하긴 다 해보았습니다. 그런데 그게 삶의 문제를 해결하는 데 도움이 안 되고 오히려 머리만 더 아프게 했습니다. 서양철학은 지식 위주의 철학이고 상당히 난해하고 추상적이고 관념적입니다. 그래서 무슨 말을 하는지를 알아듣는 것 자체가 너무 어렵고 힘이 듭니다. 어렵게 말하기 대회에 나온 사람들 같습니다. 제가 아는 철학자 중에 수십 년 동안 헤겔이라는 서양 철학자를 연구하는 사람이 있습니다. 그래서 하루는 제가 이제 지겹지 않느냐고 물어보았습니다. 그런데 그 사람 말이, 아직도 이해 안 되는 부분들이 많다는 겁니다. 전공한 사람조차 이런데 학생들이나 일반인은 오죽하겠습니까?

삶에 필요한 진리들은 단순합니다. 지혜가 담긴 글들은 그 뜻을 이해하는 데는 전혀 문제가 없습니다. 정작 어려운 것은 그것들을 나에게 적용하고 내 것으로 만드는 것, 즉 실행하는 게 어렵습니다. 거기서 에너지가 쓰이는 겁니다. 철학은 전문적 지식을 많이 집어넣는 일이 아니라, 그 반대로 혼란하고 복잡해진 마음을 비우고 맑게 만드는 것입니다. 그때 모든 것이 있는 그대로 보이기 시작합니다. 진실을 알게 되는 것이죠.

철학에 대한 지식을 원하신다면 철학자들의 저서와 그들에 대한 연구 서적들을 읽으면 됩니다. 그리고 그것을 가지고 논리적, 비판적으로 생각하고 토론하는 일을 하면 됩니다. 시간이 지날수록 지식도 많아지고 생각도 많아지실 겁니다. 하지만 삶이 개선되기를 바라지는 마십시오. 오히려 마음속은 미로가 될 것입니다. 아마도 그 미로를 생각으로는 절대 빠져나오지 못할 것입니다. 대신에 마음이 편해지고 삶이 개선되길 바라신다면 마음을 비우고 자기 자신과 세상을 있는 그대로 들여다보시길 권합니다.

2

행복은 어디에 있는가?

"나는 모습을 바꾸어 동물들과 함께 살았으면 하고 생각한다.
그들은 평온하고 스스로 만족할 줄 안다.
나는 자리에 서서 오래도록 그들을 바라본다.
그들은 땀 흘려 손에 넣으려 하지 않으며 환경을 불평하지도 않는다.
그들은 밤늦도록 잠 못 이루지도 않고 죄를 용서해 달라고 빌지도 않는다.
그들은 하나님에 대한 의무 따위를 토론하느라 나를 괴롭히지도 않는다.
불만족해하는 자도 없고 소유욕에 눈이 먼 자도 없다.
다른 자에게, 또는 수천 년 전에 살았던 동료에게 무릎 꿇는 자도 없으며
세상 어디를 둘러봐도 잘난 체하거나 불행해하는 자도 없다."

월트 휘트먼의 「동물」

"가장 소중한 것은 눈에 보이지 않는다.
그렇기 때문에 사람들은 그것을 잃고도
자신이 무엇을 잃어버렸는지 알아채지 못한다."

제레미 피퍼

희망의 인문학 | 철학 강의 2

행복은 어디에 있는가?
—행복의 진짜 얼굴

안녕하세요? 수업 시작하겠습니다.

오늘의 주제는 행복입니다. 누구나 다 원하는 것이 행복입니다. 행복을 원하지 않는 사람은 없습니다. 하지만 신기하게도 행복한 사람은 그리 많지 않습니다. 왜 그런 것일까요? 저도 잘 모릅니다. 하지만 한 가지 그 원인으로 추측되는 것이 있습니다. 그것은 사람들이 행복이 없는 곳에서 행복을 찾는다는 점입니다. 집 안에서 잃어버린 물건을 집 밖에서 찾는다면 찾을 수 있을까요? 불가능합니다. 저는 행복의 문제도 이와 같다고 생각합니다. 어떻게 보면 이것이 오늘 제가 행복에 대해 이야기할 것의 요체라고도 할 수 있습니다.

1. 무엇이 행복인가?

'무엇이 행복인가? 행복은 어디에 있는가? 어떻게 하면 행복해질 수 있을까?' 이런 물음들이 오늘 우리가 다룰 문제들입니다. 오늘 받으신 글을 읽고 나서 계속하겠습니다.

2-1. 삶의 궁극적 목적은 행복이다. 사람이면 누구나 다 고통과 불행을 피하고자 하고 행복을 원한다. 그래서 행복의 추구는 선택 사항이 아니다. 이것은 인간의 본성이다.

2-2. 삶의 목표가 행복이라는 것은 이처럼 자명하다. 그렇지만 무엇이 행복인지에 대해서는 그렇지 않다. 사람들은 저마다 자신이 생각하는 행복의 개념을 가지고 있고, 그것에 의해 살아간다. 과연 이 물음에 정답이 있는 것일까? 아니면 각 개인의 취향에 따라 행복은 다른 것일까?

2-3. 삶에서 이 문제의 중요성은 다른 모든 것을 압도한다. 왜냐하면 자신이 생각하는 행복이 무엇인가에 따라 인생 전체의 방향이 결정되기 때문이다. 이것은 한 개인이 얼마나 열심히 노력하고 살았느냐는 문제와는 별개의 문제이다. 삶의 목적을 선택하는 것은 행위의 문제가 아니라 인식과 깨달음의 문제이기 때문이다.

대체로 사람들은 자신에게 '무엇이 행복인가'라는 물음을 묻지 않고 살아갑니다. 왜냐하면 이미 자신의 정답이 있기 때문입니다. 그들의 문제는 '어떻게'에 집중됩니다. 목적이나 목표가 정해지면 당연히 그다음은 방법이 중요해집니다. 하지만 목표가 잘못되어 있다면 그다음 순서가 아무리 완벽하다고 해도 결국엔 아무 의미가 없습니다. 그래서 이 문제는 삶에 대해서 진지하게 고민하는 사람들이나 삶을 새롭게 시작하려고 하는 사람들이 반드시 가장 먼저 해결해야 하는 과제입니다. 이런 의미에서 이것은 삶의 근본 문제입니다. 하지만 대부분은 이 문제에 대해 스스로 깊게 생각해보기도 전에 학습되거나 주입된 개념을 갖게 됩니다. 어린 시절에는 부모나 매스컴의 영향이 너무도 강력해서 불가피한 측면이 있습니다. 하지만 성인이 되면 삶의 책임은 모두 자신에게 돌아옵니다. 인간에게는 자유가 있습니다. 누구에게나 이 문제에 대해 반성할 만한 충분한 기회는 주어집니다. 물론 우리 사회에서 한 개인이 스스로 이 문제에 대해 성찰을 하고 새로운 시각을 갖는다는 것은 절대 쉽지 않습니다. 그렇다고 해도 결국 아무도 자신의 삶을 보상해주지는 않습니다. 자신의 행복을 만드는 사람은 자기 자신일 수밖에 없습니다.

그렇다면 요즘 사람들이 생각하는 행복은 무엇인가요? 그건 '돈이 곧 행복이다'라는 생각이 아닐까요? 제가 보기에 이것이 우리 사회의 압도적 다수가 공유하는 행복관입니다. 돈에 대한 갈망은 무의식의 깊은 곳에 뿌리내리고 있는 듯 보입니다.

2. 돈은 행복을 보장하는가?

2-4. 현재 우리는 자본주의 체제 안에서 살아가고 있다. 자본주의는 말 그대로 돈에 의해 움직이는 사회이다. 돈이면 안 되는 것이 없고, 돈이 없으면 그 어떤 것도 할 수 없는 세상이다. "돈은 곧 행복이다. 돈만이 살 길이다. 그러니 당신은 반드시 돈을 벌어야만 한다."라는 메시지는 온갖 매체를 통해 쉴 새 없이 흘러나오고, 사람들의 입을 통해 확대 재생산된다. 그것은 가히 사람들의 의식에 투하되는 융단폭격이라 할 수 있다. 모든 것이 돈을 향해 달려가고, 돈에 의해 굴러가는 시대, 우리는 지금 역사상 전례가 없는 돈 숭배의 현실을 경험하고 있다. 모든 가치가 돈으로 환원되는 이 시대의 신神은 돈이다. 이런 시대에 돈이 행복의 척도가 되는 것은 어쩌면 당연할지도 모른다.

2-5. 돈이 주는 평안함, 돈을 쓰는 즐거움, 부자이기 때문에 인정해주는 타인의 시선에서 느끼는 짜릿함, 이렇듯 돈의 유혹은 너무도 강렬하다. 사람들이 어찌 돈을 사랑하지 않을 수 있겠는가? 어찌 돈이 삶의 목적이 되지 않을 수 있겠는가?

2-6. 자본주의 세상에서 개인들을 움직이게 하는 키워드는 성공이라는 말이다. 어떤 힘든 일이 있어도 버텨내는 것은 성공이라는 꿈이 있기 때문이다. 이 시대의 성공은 궁극적으로는 부자가 되는 것을 의미한다. 성공을 가늠하는 최종 척도는 액수의 크기이다. 성공은 했지만 돈이 안 된다면 그건 꿈도 성공도 아니다. 이제 꿈의 미학은 없다.

2-7. 하지만 문제는 진실이 무엇인가 하는 점이다. 대다수가 옳다고 생각한다고 해도 그것이 반드시 진리는 아니다. 삶의 목적에 대한 성찰은 자기 삶에 대한 최소한의 예의이자 의무다. 그래서 돈이 자신에게 진정으로 행복을 가져다줄 수 있는 것인지에 대해 단 한 번만이라도 진지하게 생각해보아야 한다.

2-8. 돈을 부정하는 것은 위선僞善이다. 돈이 있다면 편리해지는 것이 많다. 하지만 그것뿐, 그 이상은 아니다. 그 이외의 것들은 돈으로 해결할 수가 없다.

2-9. 돈은 사람을 부자로 만들 수는 있지만 결코 행복한 사람으로 만들지는 못한다. 아니 돈이 많으면서 불행해지지 않는 것처럼 어려운 일도 없다.

2-10. 돈에 대한 환상이 우리를 지배하는 한, 우리는 더 많은 돈을 벌기 위해 삶을 낭비할 수밖에 없다. 이것은 왜곡된 관념이 만들어내는 이 시대의 비극이다.

2-11. "인간은 현대 문명을 창조했지만, 이 문명을 통해 어떻게 하면 행복해질 수 있는가에 대해서는 전혀 모르고 있다. 현대인은 광기에 사로잡혀 있기에 그 해결책은 더욱더 보이지 않는다. 왜냐하면 광기의 특징은 문제를 문제로 보지 않고 자기를 유지하고 더 강화하는 자기운동이기 때문이다."

– 에리히 프롬

돈 이야기가 나오면 사람들의 눈빛이 달라집니다. 그럴 수밖에 없겠죠. 돈에 관심이 없는 사람은 없으니까요. 하지만 잠시 기다리십시오. 그 전에 우리가 알아야 할 것이 있습니다. 우리가 다루는 모든 문제에 도움이 되는 매우 중요한 이야기이고, 오늘의 주제인 행복에도 그대로 적용되는 앎의 본성에 관한 이야기입니다.

지난 시간에 제가 지혜는 '앎에 대한 앎'이라고 말씀드리면서, 특히 자신이 잘못 알고 있는 것이 무엇인지를 아는 것이 매우 중요하다고 했던 것을 기억하실 것입니다. 사실 우리가 삶에서 겪는 큰 문제들은 대부분 자신이 잘 알고 있다고 또는 그렇다고 확신하는 것들에서 발생합니다. 기지既知의 것들, 즉 우리 마음을 이미 점유하고 있는 앎과 믿음의 위력은 놀랄 정도로 강력합니다. 그 힘이 어느 정도인지 하나의 예를 들어보겠습니다. 저도 누군가에게서 들은 코끼리에 관한 이야기입니다.

어떤 사람이 서커스 공연에 갔다가 우연히 코끼리의 발에 묶인 밧줄을 보았는데, 자신의 예상과는 달리 밧줄이 별로 두껍지 않았습니다. 그래서 코끼리 조련사에게 "저 정도 굵기면 코끼리가 충분히 끊을 수 있지 않느냐?"라고 물어보았습니다. 하지만 조련사는 "걱정하지 마라. 코끼리는 밧줄을 절대로 못 끊는다."라고 대답하는 것이었습니다. 하지만 그 구경꾼이 보기에는 코끼리가 충분히 끊을 수 있는 굵기였기 때문에 "내가 보기에는 저 정도면 코끼리가 끊고 도망갈 수 있을 것 같다. 당신은 왜 그렇게 절대 못 끊는다고 확신하느냐?"라고 그 이유를 물었습니다. 그랬더니 조련사가 말하기를 "저 밧줄은 코끼리가 어린 새끼 코끼리였을 때 묶어놓은 밧줄의 크기와 같다. 물론 코끼리가 어릴 때 밧줄을 끊으려고 발버둥을 쳤지만, 해도 해도 안 되니까 결국 포기했고 그 이후로는 아예 시도하지 않는다."라고 말하더라는 겁니다. 매우 재미있는 이야기입니다. 성인이 된 코끼리는 아예 시도를 하지 않습니다. 왜냐하면 이 코끼리의 뇌에는 그 밧줄은 자신이 끊을 수 없다고 정의되어 있기 때문입니다. 자신이 할 수 없는 것으로 믿고 있기 때문에 그 이후로는 아예 시도조차 할 수 없게 된 것입니다. 안 되는 것인데 왜 하려고 하겠습니까. 그 후로 코끼리는 그 기억에 갇히게 된 것입니다. 기지의 것, 흔히 하는 말로 고정관념이라는 것은 이러한 성격을 지니고 있습니다. '아는 만큼 보인다'는 말처럼 인간은 개념에 의해 사물을 인지합니다. 그리고 그러한 인지 정보에 따라 판단을 하고 행위를 하는 것입니다. 그래서 어떤 사물에 대한 개념이 존재하기 전에는 인식자에게 그것은 존재하지 않는 것이나 마찬가지입니다.

코끼리 이야기를 약간 다른 방법으로 설명해보겠습니다. 저의 분류법이지만, 제가 보기에 뇌에는 두 종류의 정보가 있습니다. 하나는 뇌에 새겨지는 정보가 있고, 다른 하나는 입력되는 정보입니다. 뇌에 새겨지는 정보는 생활 속에서 체험으로 힘겹게 체득하는 정보입니다. 우리가 우리말을 배울 때, 어떻게 배웠는지 기억이 잘 안 나지만, 그건 결국 생존과 연결된 문제 아니었을까요? '엄마 밥 줘'라고 말을 해야 밥을 먹을 수 있고, '춥다'고 이야기를 해야 얼어 죽지 않으니까요. 아마 이런 식으로 말을 배웠을 것 같습니다. 이것이 뇌에 새겨지는 정보의 학습형태입니다. 이와 달리 뇌에 입력되는 정보는 단순히 지식을 입력하는 형태입니다. 강의실에서 습득되는 정보는 대부분 이 방식입니다. 우리 교육의 불행한 이야기지만, 제가 영어를 중학교, 고등학교, 대학교, 대학원까지 굉장히 오랫동안 배웠습니다. 심지어 책도 번역했습니다. 이 정도로 공부를 오래했으면 영어를 잘해야 하는 것 아닙니까? 그런데 외국인을 만나면 말을 잘하질 못합니다. 물론 기본적인 의사소통은 겨우 하지만 그 이상은 안 됩니다. 말을 하려면 생각을 해야 해요. 머릿속으로 문장을 만들고 있습니다. 하지만 우리가 한국말을 할 때는 문장 자체를 미리 생각하고 말하진 않죠? 그냥 말하죠. 그런데 영어로 말할 때는 주어, 동사, 목적어를 생각해서 문장을 미리 머릿속으로 완성한 다음에야 입으로 말을 합니다. 스트레스가 이만저만이 아닙니다. 이런 것이 뇌에 입력된 정보입니다. 영어에 대한 지식을 입력한 것입니다. 시험 볼 때나 쓸 수 있지 현실적으로는 쓸 수가 없는 정보입니다. 그래서 우리가 마음을 바꾸려고 한다면 뇌에 새겨진 레벨에까지 가서 그 정보를 바꿔야 합니다. 뇌에 새겨진 정보는 교실에서 강의를 듣거나 책을 읽는 것만으로는 바꿀 수 없습니다. 그 이상의 절박한 어떤 것이 있어야만 합니다.

다시 코끼리 이야기로 돌아가 봅시다. 그 코끼리가 아주 어렸을 때 '이 밧줄은 내가 끊을 수 없는 것'이라는 정보가 코끼리의 뇌에 새겨진 거죠. 그래서 아예 시도를 안 하게 된 것입니다. 하지만 철학자의 입장에서 볼 때 그 코끼리가 그 밧줄을 끊을 수 있는 경우가 있다고 봅니다. 그게 어떤 경우일까요? 코끼리가 밧줄을 끊을 수 있는 때는 아마 서커스 공연장에 불이 났을 때가 아닐까 합니다. 그때 그 코끼리는 아마 밧줄을 끊을 겁니다. 살아야 하니까요. 살기 위해 온 힘을 다해 시도하겠죠. 그때는 개념의 벽을 넘을 수 있습니다. 왜냐하면 코끼리는 원래 힘이 세잖아요. 끊을 수 없었던 것이 아니라 단지 중도에 포기했을 뿐입니다. 못 끊은 것이 아니고 끊을 수 없다고 믿었기 때문입니다. 물리적인 문제가 아니라 인지적, 심리적 문제가 그 원인이기 때문에 그렇습니다. 물리적인 벽보다 훨씬 무서운 것은 개념의 벽입니다.

우리가 살고 있는 이 시대를 지식정보화 시대라고 말합니다. 이것은 간단히 말해, 물리적 힘이나 자본보다도 정보나 지식의 힘이 더 강력하고 중요한 역할을 하는 시대임을 말하는 것입니다. 이는 인간 정신의 능력에 대한 발견이고 자각이라고 할 수 있으며, 인류가 깨어나고 있다는 증거입니다. 우리는 새로운 지식과 정보에 의해 많은 것들이 혁신적으로 바뀌는 현실을 경험하고 있습니다. 이것은 단지 과학기술 영역에만 국한되는 이야기가 아니라, 우리 삶과 관련된 모든 것에 적용될 수 있는 것입니다. 과학기술은 물리적 현실을 지식과 정보를 통해 창조적으로 바꾸어놓은 작업이고, 철학은 인간 내면의 문제를 해결하려는 노력입니다. 하지만 우리 마음속을 차지하고 있는 기지의 개념과 관념들은 일반 휴대폰을 스마트폰으로 바꾸는 것과는 다르며 더 어렵다고 할 수 있습니다. 인문학과 심리학책들을 보면 삶에 도움이 되는 좋은 정보들이 매우 많습니다. 하지만 그 책들을 읽고 나서 삶이 변화하는 사람들은 별로 없습니다. 왜냐하면 그것은 뇌에 입력된 정보에서 그치기 때문입니다. 뇌에 입력된 정보는 뇌에 새겨진 정보의 힘을 감당할 수가 없습니다. 그래서 무언가 절박한 것이 없으면 자신이 갇혀 있는 개념과 관념의 감옥을 탈출하는 것은 거의 불가능합니다. '내가 이걸 안 바꾸면 죽는다. 혹은 엄청나게 불행해진다'는 자각이 생길 때에만 바뀔 수 있다는 겁니다. 여러분은 좀 지나친 이야기라고 생각하시겠지만, 저는 이것이 우리 뇌에 새겨진 수준의 정보를 바꿀 길이라고 생각합니다. 행복 개념 또한 뇌에 새겨진 정보가 중요합니다. 그래서 자신의 뇌에 새겨진 행복 개념이 무엇인지를 스스로 확인해보아야 하고, 만약 그것에 문제가 있다면 정말 진지하게 생각해보아야 합니다. 이제부터 이러한 인문학의 기본적인 원리를 전제로 해서 돈과 행복의 관계에 대해 살펴보도록 하겠습니다.

'돈이 곧 행복이다'라는 주술

제가 볼 때 현재 대한민국을 지배하는 자는 사람이 아니라 돈입니다. 사람들은 돈에 미쳐 있고 점점 더 미쳐갑니다. 무엇을 하든 그 근저에는 돈이 깔렸습니다. 연애, 결혼, 교육, 정치, 학문과 예술조차 결국은 돈입니다. 그것이 어떤 것이든 돈이 있어야만 할 수 있고, 또 돈이 그 목적입니다. 우리들의 마음은 돈 앞에 너무도 허약합니다. 그만큼 돈의 위력은 대단합니다. 정말로 희한한 일이 벌어지고 있습니다. 그리고 너무도 견디기 힘든 상황입니다. 광고, 영화, 드라마, TV토크쇼 등등에서 돈을 숭배하는 메시지들이 넘쳐나고 있습니다. 그 힘은 너무도 위력적이어서 사람들을 자신도 모르게 돈 왕국의 노예로 살아가게 합니다. 노예는 결코 행복할 수 없습니다. 가장 불행한 노예는 자신이 노예라는 것을 모른 채 주인에게 충성하는 노예일 것입니다.

제가 돈의 가치를 부정하는 것은 아닙니다. 돈을 부정하는 것은 위선僞善입니다. 돈 자체는 좋은 것입니다. 저도 돈을 좋아합니다. 그것은 마치 공기나 물과 같이 생활에 필수불가결한 수단입니다. 자본주의 체제에서 돈이 없으면 생존 자체가 불가능합니다. 돈은 필요한 것이고 벌어야 합니다. 하지만 아무리 그렇다 하더라도 돈은 수단의 지위 이상으로 올라갈 수는 없습니다. 돈은 결코 삶의 목적이 될 수는 없습니다. 돈이 목적이 되는 그 순간부터 역설적으로 삶은 불행해지기 시작합니다. 아주 이상한 일이지만 이것이 삶의 진실입니다. 돈이 삶의 목적이 되면 눈빛부터 바뀌기 시작해서 사람을 대하는 태도, 인간관계, 의사결정의 기준 그리고 내면까지도 몽땅 바뀌게 됩니다. 이제 마음의 염원과 갈망은 오직 돈을 많이 벌고 부자가 되는 것입니다. 왜냐하면 다른 것들은 돈을 벌면 자동으로 해결된다고 믿기 때문에 그렇습니다. 그렇게 되면 돈은 단지 여러 가지 삶의 구성요소 중의 하나가 아니게 됩니다. 그것은 다른 모든 것을 가능하게 하는 마법의 열쇠입니다. 이것이 현대의 '주술'입니다. 이러한 주술에 걸린 사람에게 남은 문제는 오직 하나 '어떻게 하면 더 많은 돈을 벌 것인가'뿐입니다. 삶은 아주 단순해집니다. 눈이 오나 비가 오나, 밤이나 낮이나, 치사하고 더러워도, 자존심과 인격을 팔아서라도 오로지 돈만 많이 벌면 되는 것입니다. 이것이 사람이 돈의 노예가 되는 프로세스입니다. 하지만 이 게임은 모두가 패배자가 되는 게임입니다. 행복해지기 위해서는 우선 '돈이 곧 행복이다'는 주술로부터 해방되어야 합니다.

행복을 연구하는 심리학자들에 의하면 사람은 기본적인 욕구만 충족되고 나면 단지 돈 때문에 크게 더 행복해지지는 않는다고 합니다. 기본적인 의식주를 해결할 만한 돈조차 없다면 행복은커녕 매우 고통스럽고 비참한 기분이 들겠지요. 그래서 의식주와 같은 기본적인 욕구를 해결할 수 있을 만큼의 돈은 반드시 필요합니다. 하지만 전문가들의 연구 결과에 의하면 사람들이 일반적으로 생각하는 것과는 달리 기본적인 욕구가 해결된 다음에는 돈이 그다지 행복에 영향을 미치지 않는다고 합니다. 미국의 경우, 매년 1,000만 달러 이상을 버는 미국 최고 소득층이 자신들이 고용한 사무직 사원이나 육체노동자들보다 그다지 더 행복하지 않다는 사실이 심리학자들의 연구를 통해 밝혀졌습니다. 믿기 어려운 일이고, 아마도 이런 사실을 받아들이기 어려우신 분이 많을 것입니다. 하지만 수많은 다른 과학적 연구 결과가 이런 주장이 사실이라는 것을 입증해주고 있습니다. 우리 사회가 공유하고 있는 일반적 통념과 삶의 진실은 꽤 거리가 있습니다. 그런데 돈의 역설은 여기서 끝나지 않습니다.

스위스 출신의 유명 작가인 알랭 드 보통은 돈을 어느 정도 벌 때까지는 돈과 소유에 비례해서 행복감도 함께 상승하지만 어느 수준에 도달하면 행복감이 더 이상 상승하지 않고, 만약 그보다 돈을 더 벌게 되면 오히려 행복감이 떨어진다고 주장합니다. 이 주장은 앞서서 이야기한 것보다 한 발 더 나아간 것입니다. 돈을 어떤 수준 이상으로 소유하게 되면 오히려 돈 때문에 삶이 불행해진다는 것입니다. 프랭크 로이드 라이트는 "많은 부자는 자기 소유물의 관리인에 지나지 않는다"라고 말합니다. 물론 모든 사람이 그렇다는 것은 아닙니다. 하지만 그렇지 않은 사람들의 수가 많지는 않을 것입니다. 이 현상은 간단히 말해 사람이 돈의 주인이 아니라 돈이 사람의 주인이 되는 역설적 현상입니다. 이러한 현상을 잘 보여주는 예가 바로 로또복권의 당첨자들입니다. 외국의 한 조사에 의하면 로또복권 1등에 당첨된 사람들은 한 명의 예외도 없이 모두 불행해졌으며, 일정 시간이 지나면 복권에 당첨되기 전보다 더 가난해졌다고 합니다. 이것 역시 믿기 어려운 일이지만, 사실입니다.

돈과 행복이 비례하지 않는다는 것을 증명하는 또 다른 예는 국가별 행복지수입니다. 이 행복지수 조사에 따르면 국가별 행복지수 상위권에 있는 나라는 소득수준이 낮은 코스타리카, 멕시코, 콜롬비아 등등의 중남미 국가와 방글라데시, 베트남, 필리핀과 같은 동남아 국가이고 경제 강국이라고 할 수 있는 미국과 유럽의 국가들은 중하위권에 속합니다. 우리가 잘 알다시피 방글라데시나 필리핀 같은 나라는 매일매일 먹고 사는 것조차 힘겨운 사람들이 너무나 많은 나라입니다. 그럼에도 이 나라에 사는 사람들이 왜 대한민국과 미국의 시민들보다 더 행복감을 느끼는 것일까요? 왜 이런 일이 벌어지는 것일까요? 우리가 돈에 대해서 뭔가 잘못 알고 있는 것은 아닐까요?

제가 생각하는 돈의 역설은 "부자가 되는 것도 어려운 일이지만 돈이 많으면서 불행해지지 않는 것처럼 어려운 일도 없다"입니다.

말하자면 '돈이 곧 행복이다'라는 생각에 사로잡히면 인간은 돈의 노예가 되고 결국은 불행해질 수밖에 없게 되어 있습니다. 그것이 인간입니다. 무슨 근거로 이런 말을 하는가? 왜 그런지에 대해 제가 생각하는 철학적 이유 몇 가지를 말씀드려보겠습니다.

첫째는 인간 욕망의 특수성 때문에 그렇습니다. 사람이 돈에 사로잡히게 되면 끊임없이 더욱더 많은 돈을 원하게 되는데, 그것은 끝이 없습니다. 왜냐하면 인간의 욕망은 돈만으로 충족될 수 있을 정도로 그렇게 작고 단순하지 않기 때문입니다. 인간의 욕망은 크고 깊습니다. 그렇기 때문에 돈이 아무리 많아도 만족이 오지 않는 것입니다. 하지만 이것을 모르면 아직 돈이 모자라서 행복하지 않다고 생각하게 되고, 채워지지 않은 갈증을 채우기 위해 더욱 많은 돈을 욕망하게 되는 것입니다. 그것은 헛된 노력으로서 반드시 실패할 수밖에 없습니다. 사실 돈으로 해결할 수 있는 욕망의 크기는 매우 작습니다. 문제는 돈으로 해결할 수 없는 욕망이 존재한다는 것이며, 그것이 돈으로 해결할 수 있는 욕망과는 비교할 수 없을 정도로 깊고 강하며 아름다운 것이라는 점입니다.

둘째, 삶에서 가족, 친구, 연인, 동료들과의 인간관계만큼 중요한 영역은 없을 것입니다. 가족들과 함께 사는 것이 고통스럽고 친구조차 없다면 삶이 즐거울 수는 없을 것입니다. 인간관계에서 실패하는 사람이 행복할 수는 없습니다. 하지만 인간관계의 문제는 돈으로 해결되지 않습니다. 오히려 이 문제는 돈으로 해결하려 할 때 실패하게 되어 있습니다. 인간관계 능력은 내면의 능력입니다. 이것은 다른 노력이 필요한 영역입니다. 돈이 없다고 해서 인간관계가 나빠지는 것도 아니며 돈이 많다고 해서 좋아지는 것도 아닙니다. 그것은 다른 영역입니다. 돈에 몰두하게 되면 십중팔구 인간관계도 돈이 그 잣대가 되고 해결책이 됩니다. 이것이 함정입니다.

셋째, 돈의 노예가 되면 인성이 파괴됩니다. 자신의 힘으로 문제를 해결하고 체험하는 능력이 사라지고, 돈에 의지해서 모든 일을 해결하려 합니다. 정성과 사랑으로 해야 할 자녀교육, 식사 준비나 집안 가꾸기 등의 일도 모두 남의 손에 맡기게 됩니다. 물론 편하게 살 수는 있지만 자기 자신은 점점 무감각해지고 무기력해집니다. 아무것도 안 하고 놀고먹는 것이 좋다고 생각하시는 분이 계실지 모르겠지만 그렇지 않습니다. 사실은 그것만큼 비인간적이고 왜곡된 삶도 없습니다. 그렇게 되면 반드시 정신에 문제가 생깁니다. 마음이 병들게 되면 아무리 돈이 많아도 아무 의미가 없습니다. 이것은 자신의 삶의 방식을 바꾸기 전에는 해결될 수 없는 문제입니다.

이렇듯 부자가 되어야만 행복할 수 있다는 생각은 전혀 근거가 없습니다. 그것은 환상이고 망상입니다. 물질적 풍요가 오히려 삶을 빈곤하게 만듭니다. 예수님이 '부자가 천국에 들어가는 것은 낙타가 바늘구멍을 통과하기보다 어렵다'고 하신 것은 이런 맥락에서 하신 말씀이었을 것이라고 생각합니다. 앞서 말한 것처럼 행복에서 돈이 차지하는 비중은 실은 매우 작습니다. 돈에 대한 저의 개인적인 철학은 '밥 세 끼만 먹어도 행복하게 살 수 있다'입니다. 저는 소박하고 단순하게 살면서도 얼마든지 행복하게 살 수 있다고 생각합니다. 물론 밥 세 끼 먹는다고 그냥 행복해진다는 것은 아닙니다. 행복해지기 위해서는 다른 노력이 필요합니다. 그것은 돈을 벌기 위한 노력, 아니 그보다 훨씬 더 많은 노력이 필요할지도 모릅니다. 하지만 문제는 돈이 행복을 가져다준다고 믿고 있으면 정작 행복에 필요한 노력을 하지 않는다는 점입니다. 그래서 돈에 대한 고정관념에서 해방되는 것이 우선 무엇보다 중요합니다. 그렇지 않다면 평생 관념의 감옥에 갇혀서 고통스럽게 살게 됩니다. 앞서 말한 것처럼 코끼리가 관념의 벽을 깨기 위해서는 밧줄을 끊지 않으면 죽게 된다는 것을 자각해야 합니다. 우리도 그와 마찬가지입니다. 돈의 노예로 살면 고통 속에서 불행하게 살게 된다는 것을 자각할 때, 새로운 삶의 가능성이 열리는 것입니다. 사실은 아이러니하게도 '돈이 행복이라는 생각'이 행복으로 가는 길의 첫 번째 장애물이었던 것입니다.

돈이 행복을 보장하지 않는다는 것을 머리로 이해한다 하더라도 사람들은 돈에 대한 애착을 잘 내려놓지 못합니다. 그것에는 충분한 이유가 있습니다. 그 첫 번째 이유는 다른 사람과 자신을 비교하는 마음 때문입니다. 부자는 성공한 사람이고 부자가 아니면 루저(낙오자/실패자)라고 생각하기 때문에 마음이 괴로운 것입니다. 자신의 가치를 돈과 소유물로 평가하는 마음의 습관이 마음을 혼란스럽게 해서 돈에 대한 집착을 내려놓기가 어렵습니다. 두 번째 이유는 미래에 대한 불안입니다. 미래에 대한 불확실성, 즉 미래가 어떻게 될지 모르기 때문에 될 수 있는 한 돈을 많이 벌어놓아야 한다고 생각하는 것입니다. 그렇습니다. 사람들은 돈이 꼭 행복을 보장하지는 않는다 하더라도, 자신의 자존감과 미래의 생존을 위해서 돈은 절대적이라고 생각하기 때문에 돈에 필사적으로 매달리는 것입니다. 하지만 엄밀히 말하면 자존감과 미래에 대한 불안이라는 문제는 돈과 관련된 문제가 아닙니다. 부자가 된다고 해서 자존감이 생기는 것도 아니며 미래에 대한 불안이 사라지는 것도 아니기 때문입니다. 그것은 전적으로 마음의 문제입니다. 이것들은 자아정체성과 시간관념에 관한 문제입니다. 이 문제들은 우리의 마음이 치유될 때 해결될 수 있는 것들입니다. 마음이 온전히 치료되기 전까지는 돈에 대한 걱정 근심으로 계속 시달릴 수밖에 없습니다. 하지만 시간 관계상 오늘 그 문제들을 다룰 수는 없습니다. 앞으로 이 문제들은 독립적인 주제(6장, 7장)로 탐구할 것이고, 그때 더 자세히 다룰 것입니다.

지금까지 돈과 행복의 관계에 대해서 알아보았습니다. 그 결과 우리 사회에 널리 퍼져 있는 관념, 즉 돈이 곧 행복이라는 생각은 근거가 없는 미신일 뿐이라는 것을 알 수 있었습니다. 돈에 대한 집착을 내려놓고 돈으로부터 자유로워져야, 즉 돈 때문에 행복해지는 것이 아니라는 것을 절실히 깨닫게 될 때, 우리는 행복에 관한 올바른 탐구를 시작할 수 있습니다.

지금껏 살펴본 것처럼 돈이 행복이 아니라면, 그렇다면 무엇이 행복일까요? 행복하기 위해서는 무엇이 필요한 것인가요? 행복의 조건은 무엇일까요?

3. 행복에 조건이 있는가?

2-12. "우리는 우리의 계획된 삶을 기꺼이 포기할 수 있어야 한다. 그래야만 삶이 우리를 기다리게 할 수 있다." – 조지프 캠벨

2-13. 과연 행복에 조건이 있는 것인가? 만약 어떤 조건이 충족되어야

만 행복하다면, 그 조건이 충족되기 전까지 우리는 행복할 수 없다.

2-14. 그렇다면 우리의 행복은 그 조건이 충족되는 미래의 어딘가에 있게 된다.

2-15. '만일 ~가 이루어진다면 행복해질 거야'라고 우리는 얼마나 많이 생각했었는가? 대학에 합격만 하면, 취직만 하면, 승진하기만 하면, 집을 사기만 하면, 돈이 좀 더 있기만 하면, 좀 더 멋진 내가 되면 등등. 얼마나 많은 시간을 가슴 졸이며 살았는가? 그러나 실제적으로는 어떤 일이 벌어졌는가? 과연 행복해졌는가? 맘 편한 날이 얼마나 있었던가? 아니 하루도 맘 편한 날이 없었던 것은 아닌가? 우리는 얼마나 많은 시간을 더 기다려야 하는가? 그 많은 시간이 지난 후에 그때 우리는 행복할 수 있을까?

2-16. 이렇듯 삶이 힘든 이유는 혹시 조건이 충족되지 못해서가 아니라 오히려 행복에 조건이 있기 때문은 아닌가?

2-17. 바다를 찾는 물고기
"실례합니다."
젊은 물고기는 나이 든 물고기에게 말했다.
"저보다 나이가 많으시고 경험이 많으시니, 저를 도와주실 수 있으시겠네요. 말씀해주세요. 사람들이 '바다'라고 부르는 그걸 어디 가면 찾을 수 있나요? 곳곳마다 그걸 찾아다녔지만 헛일이었어요."
"지금 네가 헤엄치고 다니는 바로 거기가 바다란다."
"여기가 바다라고요? 이건 그저 물이잖아요. 제가 찾고 있는 건 바다란 말이에요. 사람들이 말하는 바다는 이렇게 시시하지 않아요."
젊은 물고기는 사뭇 실망해서 또 다른 데로 바다를 찾아 헤엄쳐 갔다.
그러자 나이 든 물고기는 젊은 물고기를 향해 말했다.

"그만 찾아다니거라. 찾으러 가야 할 곳이란 아무 데도 없다. 그저 가만히 머물러 눈을 뜨고 바라보아라. 그러면 놓칠 리가 없다."

2-18. "내 눈앞에 놓여 있는 것을 내가 본다는 것이 얼마나 어려운 일인가!"

– 비트겐슈타인

일반적으로 사람들은 자신의 행복이 저 멀리 어딘가에 있다고 생각합니다. 그 반면에 현재의 자신의 삶은 행복하지 않거나 불행하다고 생각합니다. 그들에게 행복은 미래의 어느 땐가 사람들이 말하는 멋진 조건이 충족되었을 때에만 가능한 일입니다. 그러한 조건은 돈, 지위, 명예, 학벌, 외모, 가족의 번성, 넓은 평수의 아파트, 멋진 자동차 등등 다양합니다. 그들은 자신이 원하는 바가 성취되어야만 행복이 찾아올 것으로 생각합니다. 그래서 사람들은 변호사나 의사가 되기 위해, 넓은 아파트에 살기 위해, 자식을 명문대학에 입학시키기 위해, 아름다운 몸매를 만들기 위해 열심히 살아갑니다. 그러한 조건은 꿈이나 성공이란 이름으로 불리기도 합니다. 하지만 꿈을 이루거나 성공하는 사람의 숫자는 매우 소수입니다. 대다수가 실패할 수밖에 없다는 것을 모르는 사람은 없을 것입니다. 또한 그 과정에서 탈락한 사람들은 낙오자나 실패자로 간주되고 자신도 그렇게 생각하며 괴로워합니다.

그렇다면 과연 성공한 사람들은 행복한 것일까요? 대부분은 그렇지 않습니다. 왜냐하면 어떤 성취를 이루었을 때 사람들은 허무함을 느끼거나, 다시 더 높은 목표에 집착하거나, 그렇지 않을 경우 자신이 얻은 것을 잃을 수 있다는 것에 대한 염려와 불안 때문에 심리상태가 다시 과거의 상태로 돌아가버립니다. 그래서 성공 후에 잠깐의 기쁨은 있을 수 있지만 마음의 평화가 찾아오지는 않습니다. 이처럼 성공과 행복은 다른 것입니다. 여러분도 이번 일만 잘되면 그땐 행복해질 것으로 생각했지만, 정작 일이 잘되고 나서 그 효과가 그리 오래가지 않았다는 것을 여러 번 경험해보셨을 것입니다. 내 집만 마련하면 행복할 것으로 생각했는데 집을 장만하고 나니 그다음은 자식이 대학에만 합격하면, 졸업할 때쯤 되면 좋은 직장에 취직만 되면 등등 이 시리즈는 죽을 때까지 끝이 없습니다. 이러한 현상이 발생하는 근본적 이유는 행복에 조건을 걸어놓았기 때문입니다. 그 행복은 참 행복이 아니라 조건부 행복입니다. 그 조건에 연연하고 매달리는 한 마음의 불안은 사라지지 않습니다. 세상은 끊임없이 변하고 변하지 않는 것은 아무것도 없기 때문에 조건에 매달려 있는 마음은 바람 앞의 촛불과도 같이 항상 불안할 수밖에 없습니다.

우리가 읽은 우화는 이러한 삶의 진실을 보여주고 있습니다. 우화에서는 화려한 조건이 충족되는 삶에서 얻을 수 있다고 가정되는 행복을 '바다'라고 표현하고 있습니다. 대부분의 사람들은 평생 그 '바다'를 찾아다닙니다. 하지만 그러한 '바다'는 사실 세상 어디에도 없습니다. 그리고 그러한 어리석은 노력의 대가는 매우 참혹합니다. 자신의 어리석음 때문에 지금 자신의 눈앞에 펼쳐져 있는 행복을 알아보지 못하고 자신을 불행하다고 생각하는 불행한 삶이 그 대가입니다. 마음은 끊임없이 긴장, 스트레스, 불안, 좌절, 두려움, 공포에 시달릴 수밖에 없습니다. 그 이유는 행복에 조건을 걸어놓았기 때문입니다. 그래서 그 조건들이 이루어지지 않으면 어떻게 하나 애태우고, 다른 한편으로는 조건에 맞지 않는 것들, 즉 지금 자신의 현실을 시시하고 하찮게 여기는 것입니다. 그렇습니다. 사람들이 행복을 찾지 못하는 원인은 현실에 있는 것이 아니라 행복에 조건이 있다고 가정하는 그릇된 관념 또는 믿음에서 기인하는 것입니다. 삶이란 참으로 이상하고도 신비한 것이라는 생각이 들지 않습니까? 천국에 살면서도 불행하다고 생각하고, 절대 찾을 수 없는 천국을 찾아 떠나는 사람들의 이야기가 우리들의 삶이니까요.

4. 행복의 발견

2-19. 행복은 항상 지금의 행복이다. 과거의 행복은 지나갔고, 미래에 행복은 아직 오지 않았다. 만약 미래의 어느 때에 행복하다면 그때도 지금 행복한 것이다. 그렇다. 지금 행복할 수 없다면 영원히 행복할 수 없다.

2-20. 그렇다면 행복에는 조건이 없는 것이 아닌가? 조건이 있다면 지금 행복할 수가 없기 때문이다. 그 반대로 행복에 조건이 없다면 우리는 지금 있는 그대로 행복할 수 있다. 아니 지금 행복한 상태에 있는 것이다. 하지만 사람들의 머릿속에 있는 행복은 온통 미래의 행복뿐이다. 사람들은 행복에 조건을 부여하고, 행복을 미래의 것으로 만들어버렸다. 이것은 지금 느낄 수 있는 행복을 무한정 지연시키는 일이다. 조건화된 마음은 밖으로 나가 분주히 돌아다닐 뿐 지금 여기로 돌아오지 않는다.

2-21. 이제 우리가 풀어야 할 진짜 문제는 우리는 왜 지금 여기서 행복하지 않는가이다. 우리는 지금까지 풀리지 않는 문제를 풀었던 것이다.

2-22. 그것은 '행복에는 조건이 있고, 그것이 이루어져야만 행복할 수 있다'라는 가정 때문이다. 이게 사실이라면 행복은 참으로 이상하고 놀라운 것이다.

2-23. 행복에 조건이 없고 지금 행복할 수 있다는 것은, 우리가 있는 이곳이 천국이라는 말이 된다. 이것은 이상한 역설이다. 우리는 이미 우리의 목적지에 도착해 있기 때문이다. 단지 우리가 그 사실을 모를 뿐이다.

2-24. 지금 행복할 수 있고 내가 있는 이곳이 천국이라면, 삶은 고통스럽고 두려운 것이 아니라 축제이자 두려움 없는 즐거운 놀이가 된다.

2-25. 행복으로 가는 길은 밖을 바꾸려는 투쟁이 아니다. 그 이정표에는 '너의 마음속으로'라고 쓰여 있다.

2-26. 만약 문제의 원인이 내 안에 있다면 나 이외의 누구도 그 문제를 해결해줄 수는 없다. 그 문제를 풀 사람은 오직 나뿐이다. 이것은 나 이외에 누구도 나를 불행하게 하거나 행복하게 해줄 수 없다는 것을 의미한다. 행복은 오직 내 손에 달려 있다.

2-27. 철학이 중요한 이유는 바로 여기에 있다. 철학은 지금 이곳이 천국이며, 우리는 조건 없이 지금 행복할 수 있다는 것을 이해하고 체험하는 실제적인 활동이기 때문이다.

2-28. "마음을 평온하게 유지하고, 아무것도 억압하지 않고, 주의를 기울이고, 현실을 받아들임으로써, 그러니까 사물을 내가 원하는 대로가 아니라 있는 그대로 받아들임으로써, 이전에는 상상도 못하던 엄청난 힘과 엄청난 지식이 내게 생겼습니다. 나는 우리가 만물을 받아들이면 그것이 이런저런 식으로 우리를 억압할 거라고 늘 생각했습니다. 그런데 알고 보니 전혀 그렇지 않았습니다. 사람은 만물을 받아들일 때만 그

것에 대해 어떤 태도를 취할 수 있습니다. 그래서 이제 나는 나에게 오는 것은 좋은 것이든 나쁜 것이든 계속 바뀌는 태양이든 그림자든 뭐든 다 받아들이면서, 그리고 내 본성의 긍정적인 면과 부정적인 면을 함께 받아들이면서 인생의 게임을 하려고 합니다. 그럴 때 나는 모든 것에서 생명력을 느낄 테니까요. 나는 얼마나 어리석었던가요. 모든 것을 내가 생각한 방식에 맞추려고 얼마나 애를 썼던가요." – 칼 융

행복에는 조건이 있거나 아니면 없거나, 둘 중의 하나입니다. 하지만 우리가 살펴본 것처럼 행복에 조건이 있다면 인간에게 행복은 불가능합니다. 행복에 조건을 달아놓으면 잠시 잠깐의 기쁨을 누리기 위해 평생을 근심 걱정하면서 마음 졸이고 살아야만 합니다. 이 생각은 정신건강에 매우 해로운 것이어서 사람들의 심리상태를 늘 불안정하게 만들 뿐 아니라, 하루도 마음 편히 살아갈 수 없도록 괴롭히는 흡혈귀 같은 것입니다. 행복을 미래에 투사하는 심리의 무의식적 본질은 '지금 나는 불행하다'는 생각입니다. 현재 자신이 불행하다고 생각하기 때문에 미래의 행복에 매달리는 것입니다. 다른 식으로 말하면 미래에 주어질 행복이라는 환상으로 현재의 고통을 견뎌내고 있는 것입니다. 그러나 그 환상은 현재를 잊게 하는 진통제나 마약일 뿐입니다. 나는 불행하다는 생각이 바뀌지 않는 한 고통은 계속될 수밖에 없습니다. 자신이 불행하다고 생각하는 사람이 행복을 느낄 수는 없기 때문입니다.

우리에게 가능한 행복은 조건 없는 행복, 즉 지금 있는 그대로의 행복뿐입니다. 진정한 사랑에는 조건이 없듯이 참 행복에도 조건이 없습니다. 사실 우리의 존재 자체가 행복입니다. 그래서 우리는 모두 지금 행복합니다. 단지 그것을 알아채지 못할 뿐입니다. 그만큼 현재 우리 마음에 문제가 있는 것입니다. 그래서 지금 있는 그대로 행복할 수 있다는 말이 마음에 잘 와 닿지 않는 분들이 많으실 겁니다. 제가 강의를 해보면 많은 분이 이 말을 잘 이해하지 못합니다. 그 정도로 사람들이 왜곡된 행복 개념에 중독되어 있는 것입니다. 물론 이유 없는 행복, 존재 자체의 행복을 느끼기 위해서는 지속적이고 진지한 노력이 필요합니다. 우리 마음을 점유하고 있는 어둡고 왜곡된 관념들이 치유될 때 또는 치유되는 만큼만 우리는 행복을 자신의 것으로 받아들일 수가 있습니다. 그럼에도 지금 행복을 느끼는 것과 올바른 행복 개념을 이해하는 것은 좀 다른 일이기 때문에 우선은 머리로라도 이해해야 합니다. 그래야만 앞으로의 삶의 방향이 올바르게 설정될 수 있기 때문입니다. 우리의 삶을 불가능한 행복이 아니라 실현 가능한 행복에 투자하면 좋겠습니다.

행복을 밖에서 찾고, 밖을 바꾸려는 노력은 항상 실패할 수밖에 없습니다. 그것은 집에서 잃어버린 물건을 밖에 나가서 찾는 것처럼 어리석은 일입니다. 행복은 외부상황이나 환경에 의존하는 것이 아니기 때문입니다. 행복은 외부 현실이 아니라 그것을 바라보고 해석, 평가하는 우리의 마음에 달려 있습니다. 마음의 상태가 긍정적으로 바뀌면 자연스럽게 자신을 둘러싼 것들에 대한 인식과 관계가 건강하게 바뀝니다. 하지만 사람들은 이 순서를 거꾸로 생각합니다. 밖이 바뀌어야만 그만큼 마음도 좋아질 것으로 생각합니다. 이 생각은 매우 그럴듯해 보입니다. 하지만 이것이야말로 함정입니다. 많은 사람이 걸려들고, 또한 좀처럼 빠져나오지 못하는 고약한 함정입니다. 함정에 깊이 빠져들수록 더욱더 밖에 의존하고 그럴수록 삶은 더욱더 무질서해집니다. 이 함정에서 빠져나오기 위해서는 먼저 삶의 출발점과 근원이 마음이라는 것을 이해해야 합니다. 그러고 나면 문제의 원인이 밖에 있는 것이 아니라 내 안에 있다는 것을 깨닫게 됩니다. 인식의 전환, 이것이 올바른 순서입니다. 문제가 내 안에 있다면 나 이외의 어떤 누구도 그것을 풀 수 없습니다.

제가 여러분과 함께 가려는 길은 바로 이 내면으로의 길입니다. 물론 이 길이 쉽지는 않습니다. 왜냐하면 왜곡된 관념들이 강박관념과 경직된 신념의 형태로 마음에 뿌리내려 있고, 또한 강박관념은 항상 중독의 성격을 지니고 있기 때문입니다. 이 강박은 '~은 반드시 되어야만 한다.' '~가 되지 않으면 큰일 난다.'라고 끊임없이 나에게 명령을 합니다. 자신의 마음을 한번 잘 들여다보십시오. 내 마음에서 실제로 일어나고 있는 일은 이런 것들 아닙니까? 이것이 고통의 원인 아닌가요? 내가 삶의 주인이 되지 않는 한 나는 이 강박의 노예로 살아갈 수밖에 없습니다.

내가 나 자신의 삶의 주인이 아닌데 어떻게 행복할 수 있으며, 어떻게 자신을 자랑스럽게 생각할 수 있겠습니까? 나는 누구입니까? 나는 원래 내 삶의 주인이 아니었던가요? 내 삶을 찾아와야 하지 않겠습니까? 삶에서 이보다 중요하고 우선적인 일이 있겠습니까? 이것이 우리가 앞으로 해야 할 일입니다. 그것을 위해서 우리가 해야 할 일은 가정법 행복 즉 '만일 ~가 이루어진다면 행복해질 거야'라는 생각과 '~은 반드시 되어야만 한다'는 강박관념과 그 밑바탕에 깔려 있는 '나는 지금 불행하다'라는 무겁고 어두운 생각을 걷어내고, 마음속 깊은 곳에 잠들어 있는 '빛나는 나'를 발견하는 작업입니다. 그 나는 '행복한 나'로서, 자기에게 일어나는 일들을 긍정하며, 삶에 대한 두려움 없이 '존재'의 기쁨 속에서 지금을 즐기며 사는 '나' 입니다.

이제 마지막으로 제가 어디선가 읽은 이야기 하나를 소개하겠습니다. 이 이야기에 담긴 깊은 뜻을 저도 제대로 이해했는지 아닌지 잘 모르겠지만, 아마도 철학자의 행복은 이런 것이 아닐까 생각해서 가지고 왔습니다.

2-29. 보물 이야기

어떤 남자가 길에 앉아 탁발승이 마을을 지나가는 걸 지켜보고 있다가, 그가 지나가자 달려가 "그 돌을 주세요, 그 돌을 주세요. 그 보석을요" 하고 외쳤다. 그러자 탁발승이 말했다. "어떤 돌을 말하는 거요?" "어젯밤 꿈에 신이 나타나서 오늘 아침 11시경에 탁발승이 이 마을을 지나갈 텐데, 그가 가지고 있는 보석을 받으면 세상에서 제일가는 부자가 될 거라고 하셨어요." 그러자 탁발승이 자기 보따리를 뒤적거려 다이아몬드를 찾아내더니 "이걸 찾고 있소?" 하고 물었다. 그건 세상에서 제일 큰 다이아몬드였다. "네. 저에게 주실래요?" "물론이죠. 가지세요. 돌아다니다가 어디선가 주운 겁니다." 그 남자는 다이아몬드를 받아 집으로 가다가 문득 어떤 생각이 떠올랐다. 그래서 나무 밑에 앉아 온종일 생각에 잠겼다. 저녁때가 되자 그는 그 탁발승을 찾아가 말했다. "이 다이아몬드는 싫습니다. 이걸 다른 삶에게 선뜻 내줄 수 있는 그 부유함을 저에게 주십시오."

묻고
답하기

1. 한 가정을 책임지는 가장이 되고 나서는 돈을 버는 것이 제 인생의 의무이자 책임이 돼버렸고 돈이야말로 인생에서 가장 중요한 것이 되었습니다. 무능력한 남편, 무능력한 아버지가 돼서 가족을 불행하게 만들면 안 된다는 생각에 열심히 돈을 벌려고 애쓰면서 살아왔습니다. 하지만 돈 버는 일이 뜻대로 잘 안 되고, 사는 게 점점 더 힘들어집니다. 이런 상황에서 어떻게 돈이라는 현실적인 문제를 극복하고 가족 간에 사랑하고 행복해지는 길로 갈 수 있을까요?

행복에 대해서 올바로 알지 못하면 아무리 노력해도 소용이 없습니다. 그래서 지금까지 열심히 노력했어도 만약 행복해지지 않았다면, 행복에 대해 근본부터 다시 성찰해보아야 합니다. 이것이 오늘 강의의 주제이자 이유였습니다. 많은 사람이 행복에 대한 자신의 고정관념을 벗어나지 못하기 때문에 열심히 살았음에도 행복이라는 기쁨을 누리지 못합니다. 부처님 손바닥이라는 말이 있습니다. 고정관념을 벗어나지 못하면 항상 제자리걸음을 하는 것입니다. 행복이라는 개념은 인생의 목표나 목적지를 설정하는 것입니다. 그것이 잘못되면 그간의 모든 노력이 다 수포로 돌아가는 것입니다.

제가 말했던 것은 우리는 없는 행복을 만드는 것이 아니라 있는 행복을 발견하고, 지금 자신이 행복하다는 것을 깨닫는 것이었습니다. 우리는 존재론적으로 항상 행복하기 때문입니다. 이것은 바뀌는 것이 아닙니다. 단지 우리가 망각할 뿐입니다. 행복의 성질은 이런 것입니다.

요즘 심리학자들이 '행복은 주관적 웰빙이다'라는 말을 합니다. 이 말은 행복은 객관적 조건이나 숫자에 있는 것이 아니라는 것입니다. 행복은 자신이 스스로 어떻게 느끼느냐에 달려 있다는 것입니다. '주관적 웰빙'을 철학적으로 번역하면 '행복은 마음의 문제다'입니다. 소득 수준이나 객관적 조건이 행복을 결정하는 것이 아닙니다. 그래서 가난하게 살면서도 행복하게 사는 사람이 존재하는 것입니다. 행복을 가로막고 있는 것은 객관적 조건이 아니라 행복하기 위해서는 경제적, 사회적 조건이 충족되어야만 한다는 믿음, 바로 그것입니다. 그래서 지금 존재하는 행복을 발견하지 못하는 것입니다. 우리는 사회가 주입한 그 믿음에 속고 살아온 것입니다. 우선은 그 믿음이 허구라는 것을 뼈저리게 느껴야만 합니다.

행복은 철저하게 마음의 문제입니다. 마음이 건강한 사람은 돈으로부터 자유롭고, 적은 돈을 가지고도 행복할 수 있고, 돈도 잘 벌 수 있고, 돈도 잘 쓸 수 있습니다. 돈이 아무리 많다 하더라도 마음의 평화를 누리지 못한다면 그 돈이 무슨 소용이 있겠습니까? 우리는 최소한의 생존조건에서도 행복을 누릴 수 있는 존재들입니다. 왜냐하면 우리는 존재 자체가 행복이기 때문입니다.

2. 행복이란 도대체 무엇을 말하는 건가요? 어떤 마음의 상태인가요?

무엇이 행복인지는 사람마다 다르지만, 저는 행복이라면 기본적으로 마음의 평화와 자유를 누리면서 살아가는 것이어야 한다고 생각합니다. 그것을 바탕으로 사랑을 받으려고 하는 것이 아니라 조건 없이 사랑을 줄 수 있는 내면을 지니고, 삶에 대한 두려움 없이 매일매일 즐겁게 열심히 살아가는 것, 저는 이것을 행복이라고 생각합니다. 물론 항상 그렇다면 부처님이나 예수님 같은 성인이겠지요. 하지만 그렇게까지는 아니더라도 우리는 자신의 의지와 노력을 통해 그런 마음 상태를 순간순간 때로는 더 긴 시간 동안 누릴 수 있습니다. 참 행복을 위해 노력하는 과정뿐 아니라 그 결과로 행복한 시간이 더욱 많아질수록 삶은 점점 더 행복해질 것입니다. 하지만 행복까지는 아니더라도 최소한 사는 것이 좀 더 편해지려면 왜곡되고 강박적인 물질적 욕망과 미래에 대한 불안 같은 정서장애로부터 자유로워져야 합니다.

저는 역설적이게도 행복은 사회적으로 잘 나가는 사람이 아니라 극심한 혼란과 견디기 어려운 고통으로 세상과 삶에 절망해본 사람들에게 더욱 가까이 있다고 생각합니다. 자신이 추구했던 모든 것이 실패로 끝나고, 믿었던 사람에게 배신당하고, 자기 자신마저 자신을 속여 왔다는 것을 알았을 때, 이제 의지할 것이 모두 사라진 절망의 순간, 그때가 사실은 가장 중요한 순간입니다. 모든 것을 잃어버린 그 순간이 오히려 깨달음과 회심回心의 기회일 수 있습니다. 절망은 절망이 아니라 축복일 수 있습니다. 그래서 저는 절망을 경험해본 자만이 진정한 행복을 누릴 수 있다고 생각합니다. 행복은 매우

'철학적 사태'입니다.

3. 사람은 행복해지려고 살잖아요. 행복해지기 위해서 돈을 버는 거고 일을 하는 것으로 생각하는데, 실질적으로 살다 보면 하루 단위가 될지 한 달 단위가 될지 일 년 단위가 될지 모르겠지만, 가정을 이끌어가는 엄마의 입장에서 보면, 한 달에 써야 할 만큼 못 벌 때가 너무 많아요. 그런데 지금 선생님이 말씀하시는 걸 듣다 보면 '그 순간조차 행복하다고 느껴야 하는 건가?' 하는 의문이 듭니다.

그런 의문이 생기는 게 당연하다고 생각합니다. 돈이 없어서 힘들고 괴로운데 어떻게 행복하다고 생각할 수 있겠느냐는 거죠. 사실 이 문제는 아까 제가 말한 '지금 있는 그대로 행복하다'는 말에 대한 질문이라고 생각합니다. 제가 말한 행복의 의미를 충분히 이해하려면 우리의 남겨진 주제들에 대한 강의가 다 끝난 다음에야 가능할 것입니다. 하지만 질문이 나왔으니까 한번 같이 생각해봅시다. 우선은 남들하고 비교하지 않으셨으면 좋겠습니다. 남들은 부자라서 잘살고 잘난 사람들이고 나는 가난하니까 불행하고 못난 사람이라는 그런 생각은 하지 않으셨으면 합니다. 나 자신이 가난한 것이 아닙니다. 나는 단지 가난을 체험하고 있을 뿐입니다. 그 이상도 그 이하도 아닙니다. 돈이 없다고 불행한 것도 아니고 못난 사람도 아닙니다.

가난의 체험이라는 것은 이런 것입니다. 자, 이런 경우를 생각해 보세요. 가령 어떤 부잣집 아들이 있고요 또 가난한 집 아들이 있어요. 둘 다 고등학생입니다. 그런데 이 두 학생이 공교롭게도 여름방학 때 동해안으로 여행을 갔습니다. 부잣집 아들은 자기 가족들하고 같이 고급 승용차를 타고 갑니다. 그 가족은 에어컨 나오는 고급스러운 호텔방에서 자고 레스토랑에서 밥 먹고 그렇게 럭셔리하게 피서를 즐겼고, 가난한 고등학생은 자기 친구들하고 어렵게 돈을 모아서 청량리에서 기차 타고 노래 부르면서 바다에 도착해서 해변에 텐트치고 라면 끓여 먹고, 비 오면 비 맞으면서 놀고, 밤에는 모닥불 피워놓고 기타치고 놀았다고 합시다. 둘 중에 누가 더 행복한 걸까요?

정답은 없습니다. 사람에 따라 다르겠지요. 지금의 저라면 후자를 택하겠어요. 후자의 체험을요. 하지만 제가 그 가난한 고등학생이었다면 그때는 부잣집 애를 보면서 부러워했겠죠. 돈이 많아서 좋겠다. 편하게 지내고 맛있는 거 마음껏 먹고. 하지만 인생을 살고 나서 보면 '그때 참 행복했구나'라는 걸 안다고요. 인생이 그런 것 같아요. 답은 없어요. 단지 자기가 무엇을 더 가치 있게 생각하는가 하는 겁니다. 저에게는 행복이 뭐냐 하면 꼭 돈이 많고 이런 것이 행복이 아니라는 거죠. 자기 인생을 살아가는 것이 행복입니다. 그래서 내가 겪고 있는 모든 것을 사랑하는 겁니다. 의미가 다 있거든요. 그래서 있는 그대로 행복할 수 있어요. 자기가 어떻게 받아들이느냐 그게 문제죠.

4. 돈이 목적이 돼서 돈만을 추구하고 돈의 노예가 되어 살아가는 사람들은 분명 잘못된 것입니다. 그러나 우리 주변에는 돈이 너무 없어서, 돈을 벌기가 너무 어려워서 인생을 힘겹게 살아가는 사람들이 오히려 많습니다. 먹고

살 길이 막막하고, 겨울 난방비가 없어 추위에 떠는 사람들도 있고, 월세 걱정을 해야 하는 사람들도 있습니다. 그 사람들은 생존의 문제와 마주하고 있는 것입니다. 자존심을 팔아서라도 돈을 벌어야 하는 절박한 처지에 있는 사람들에게 돈만 좇아 돈의 노예로 살아서는 안 된다고 하는 말은 사치로밖에 들리지 않습니다. 그런 사람들에게 마음을 나누고 감사하는 것만으로도 충분히 행복하다고 말할 수 있나요? 오늘 한 끼를 해결하는 것이 더 행복함을 주는 것은 아닌가요.

말씀하신 대로 당장 먹을 것이 없어서 고통을 당하는 사람들이 행복할 수는 없습니다. 기본적인 생존은 어떤 것보다 중요합니다. 생존의 문제보다 앞서는 것은 없습니다. 그런 분들을 위해서는 그분들뿐 아니라 우리 모두가 온 힘을 다해서 그 문제를 해결해야 합니다.

제가 말하고자 하는 것은 기본적인 생존이 보장된다면 그다음의 문제는 마음의 문제라는 것입니다. 말하자면 돈이 없어서 겪는 고통이 꼭 마음의 고통과 연결되는 것은 아닙니다. 돈이 없어서 자신은 실패자이고 비참한 사람이라고 생각하거나, 남과 자신을 비교해서 스스로 자책하고, 미래에 대해 절망하는 것은 마음의 문제입니다. 정작 가난이 사람을 더욱 힘들게 하는 것은 이런 마음의 문제가 아닌가요? 하지만 이 문제는 돈이 없어도 자신이 노력하면 해결할 수 있는 문제입니다. 사실 우리가 당장 먹을 것이 없어서 고통을 받은 적이 얼마나 되나요? 아마 대부분의 사람들은 그런 극단적인 경험을 겪지 않았을 것입니다. 그러면 먹고살 만할 때 그때 행복했던가요?

가난하게 살면서도 행복한 사람들도 있습니다. 가난하면서도 행복하게 살아가는 사람들은 마음이 부자이기 때문입니다. 그런 사람들은 적은 물질에도 만족하기 때문에 굳이 아등바등 돈에 매달릴 필요가 없습니다. 우리는 마음의 부자가 되는 노력을 해야 합니다. 그것이 현재의 문화에 속지 않고 잡아먹히지 않는 길입니다.

5. 사람들에게 고통을 주었던 사람들이 당당하게 잘난 체하고 살아가고 있고, 부당한 제도들이 사람들의 행복을 가로막고 있는데 나 혼자 마음을 바꾼다고 행복해진다는 게 잘 이해되지 않습니다.

질문하신 분께서 말씀하신 상황들을 보면 화가 나는 건 사실입니다. 하지만 그렇다고 해서 그런 것들 때문에 내 행복마저 빼앗기면 안 된다고 생각합니다. 그것을 잘 구분해야 합니다. 이런 질문이 나오는 이유는 마음의 밑바탕에 "내가 원하는 대로 '밖'이 바뀌지 않는 한 나는 행복할 수 없다"는 신념이 있기 때문입니다. 말하자면 질문하신 분은 나의 행복은 밖에 달려 있다고 믿고 있는 것입니다. 이렇게 생각하면 당연히 밖을 바꾸려고 노력하거나 매달리게 됩니다. 이러한 신념이 바로, 제가 지난주에도 이야기했던, 이미 자신의 마음을 점유하고 있는 고정관념입니다. 그렇다면 이 신념의 문제점은 무엇일까요?

첫 번째 문제점은 이러한 생각이 바뀌지 않는 한 죽을 때까지 행복해지기는 불가능하다는 것입니다. 불합리하고 잘못된 제도가 언제쯤에야 사라질까요? 그것들이 완벽히 없어지는 것이 가능할까요? 아마도 우리가 죽기 전까지 사라지지 않을 것 같습니다. 더 나아가 제도를 바꾸고 대통령을 바꾼다고 사회가 바뀔까요? 우리가 지난 몇 십 년 동안 얼마나 많은 변화의 노력을 했습니까? 그 결과 경제 성장도 이루어냈고, 민주화도 이루었습니다. 또한 교육제도도 수없이 바꾸어보았습니다. 사람들은 경제가 성장하면 사는 것이 좋아질 거야, 민주화가 이뤄지면, 정권이 바뀌면 더 행복해지겠지 하고 생각했습니다. 사실 우리는 그 모든 것을 다 이루어냈습니다. 하지만 사람들이 주관적으로 느끼는 삶의 질은 오히려 나빠지면 나빠졌지 하나도 나아진 것이 없습니다. 수많은 사람이 온통 못살겠다, 살기 어렵다는 소리만 하고 있습니다. 앞으로 얼마나 많은 제도의 변화가 있어야 우리가 행복해질까요?

둘째로, 역사상 매우 불합리하고 잘못된 제도들은 항상 있었습니다. 과거에는 현재보다 더 말도 안 되는 제도들이나 관습들이 존재했었습니다. 그 신념이 옳다면 지금까지 행복한 사람은 한 명도 없어야 합니다. 하지만 아무리 양보를 해도 최소한 몇 명은 있었지 않겠습니까? 부처님이랄지 예수님, 공자, 장자와 같은 성인들은 행복하지 않았을까요? 제도와 환경에 관계없이 역사상 행복한 사람들이 존재했다는 것은 이 생각이 잘못된 것임을 증명하는 것 아닙니까?

셋째, 그 생각은 내 행복의 주도권은 내가 아니라 밖에서 가지고 있고, 밖이 나보다 더 힘센 강자이고 나는 약자라는 근본신념에서 파생되는 생각입니다. 약자라는 생각은 사람을 무기력하게 만들고 심하면 절망감에 빠지게 합니다. 그렇게 되면 당연히 삶에 대한 두려움을 갖게 되고, 자신이 원하는 대로 되지 않을 때 다른 사람이나 세상을 미워하고 원망하게 됩니다. 결론적으로 말하면 그 생각은 사람을 불행하게 만드는 매우 잘못된 생각입니다. 말하자면 밖의 제도나 환경이 아니라 이런 왜곡된 생각이 사람을 불행하게 만드는 것입니다.

그렇다면 이와 반대되는 신념은 무엇일까요? 행복은 밖과 관계없이 오직 내 손에 달렸다는 믿음입니다. 이렇게 생각하면 행복의 주도권이 자기에게 있게 되고, 삶에 대한 자신감을 갖게 됩니다. 설사 만약 잘 안 된다 하더라도 남을 원망하지 않습니다.

가장 현명한 사람은 행복에 조건이 없고, 있는 그대로 행복할 수 있다는 것을 믿는 사람입니다. 저는 그나마 사회가 이 정도인 것도 세상과 관계없이 스스로 행복했던 위대한 개인들이 존재했었고, 현재에도 존재하기 때문이라고 생각합니다.

6. 우리는 목표를 갖고 열심히 살아갑니다. 한 해의 목표도 있고 오늘의 목표도 있고 그렇습니다. 우리가 아무 목적도 갖지 않고 목표도 없이 지금의 삶을 그대로 나누고 느끼며 산다면 행복해질 수 있나요. 지금에만 만족하고 산다면 내일을 어떻게 되는 것인가요? 목표와 목적 없이 사는 것은 위험한 것 아닌가요?

지금 현재를 산다는 것이 어떤 목표나 꿈이 없이 사는 것을 말하는 것은 아닙니다. 목표는 방향설정입니다. 그것은 좋은 것입니다. 자신의 목표나 꿈을 가지는 것은 바람직합니다. 하지만 문제는 미래에 대해 근심 걱정하고 자신의 목표에 대해 강박적으로 집착하는 것입니다. 둘은 분명히 다른 것입니다.

미래에 대한 근심 걱정과 집착은 자신에게 아무 도움이 되지 않습니다. 마음만 힘들고 그만큼 현재를 외면하게 됩니다. 그것은 자신이 지금 해야 할 일을 제대로 하지 않고 있다는 증거입니다. 자신의 목표나 꿈을 이루는 사람은 현재에 충실한 사람입니다. 꿈을 이루기 위해서도 현재에 머물고 현재를 즐겨야 합니다. 한 가지 더 말씀드리자면 목표나 꿈을 설정할 때 자신을 잘 성찰해야 합니다. 왜냐하면 욕심과 허영으로 목표를 세우면 반드시 화를 불러오기 때문입니다. 목표설정이라는 문제는 매우 중요한 문제입니다. 많은 시간을 들여서 진지하게 고민하고 결정해야 합니다.

7. 주변에는 맛있는 거 먹고 좋은 거 갖고 좋은 차 타고 남에게 인정받으면서 잘 사는 사람들이 많습니다. 그런 사람들이 아무 문제없이 잘 살고 행복하게 사는 거 아닌가요?

그런 사람들이 행복한지 아닌지 알 수는 없습니다. 물론 그분들 중에는 행복한 사람도 있고 아닌 사람들도 있을 것입니다. 하지만 저는 부자이기 때문에 행복하다는 것은 믿지 않습니다. 저는 제 눈으로 부자이고 사회적 지위가 상당한 사람들임에도 불행하게 살고 있는 사람들을 많이 보았습니다. 그중에서 하나의 예만을 말씀드려보겠습니다. 아버지가 회사 사장이고 60평이 넘는 고급빌라에 살면서, 외제차를 포함해서 자동차를 3대나 소유한 집안을 알게 된 적이 있었습니다. 하지만 그 집안사람 중에 행복한 사람은 단 한 명도 없었습니다. 아니 행복한 것이 아니라 지옥 같은 삶을 살고 있었습니다. 제 생각이지만 아마도 가난했다면 그렇게까지 가족 관계가 망가지지는 않았을 것이라고 생각합니다. 그 집은 돈이 오히려 독이 된 사례로 보입니다.

이건 제 이야기지만, 제가 살면서 가장 맛있게 먹었던 생선회가 대학교 때 친구들하고 먹은 회입니다. 그때는 돈이 없어서 회를 먹는 것은 상상도 못할 때입니다. 그래서 연중행사로 친구 생일날 돈을 모아서 횟집이 아니라 시장의 생선가게에서 회를 떠서 친구 자취방에 모여 아껴서 먹던 그 회 맛을 잊을 수가 없습니다. 나중에 사회생활을 하면서 생선회를 많이 먹었지만 그때의 맛을 느낄 수는 없었습니다. 사람의 마음은 참 이상합니다. 우리는 돈이 없었을 때 더 행복했었습니다.

행복은 그 사람의 내면과 자질의 문제입니다. 행복에 조건이 있다면 바로 이것일 수는 있습니다. 내면의 조건과 품성이 갖춰진 사람은 돈이 없어도 잘 살고, 돈이 있어도 잘 삽니다. 한마디로 말하면 돈이 행복에 별 영향을 미치지 않는다는 것입니다.

8. 행복에 조건이 없는 거라면 대단한 것을 바라지 않는 우리 같은 평범한 사람들은 왜 다들 하나같이 불행하다고 느끼는 건가요? 굳이 뭘 얻어야 행복할 것으로 생각하지 않는데도, 늘 이해받지 못하고 사랑받지 못하는 이 슬픔은 어디에서 오는 건가요?

두 가지 질문이 섞여 있네요. 첫 번째는 행복에 조건이 없다고 하는데 그렇다면 왜 사람들은 행복하지 않은가? 입니다. 간단하게 대답하면 사람들이 행복하지 못한 이유는 내면에 문제가 있기 때문입니다. 행복은 외적인 조건에 있는 것이 아니라 마음의 문제이기 때문에, 마음이 건강할 때만 행복하게 살 수 있는 것입니다. 그래서 마음의 상처로 생긴 부정적 정서와 왜곡된 관념들이 우리의 내면을 지배하는 한 마음의 평화와 내적인 자유를 누리지 못합니다. 행복에 조건이 없다는 것을 온전히 이해하고 체험하기 위해서는 마음을 지배하고 있는 어둡고 무거운 정서와 왜곡된 관념들이 치유되어야 합니다. 이것이 앞으로 우리가 할 일입니다.

두 번째 문제는 사랑받지 못하는 것에 대한 슬픔은 어디에서 오는가? 입니다. 여러분도 다 경험해보셨겠지만 사랑받지 못한다는 느낌만큼 힘들고 괴로운 감정도 없을 것입니다. 사랑받는다고 생각할 때는 천국에 있는 느낌이지만 사랑받지 못한다고 느끼면 지옥을 경험하는 것이죠. 그래서 사람들은 사랑받기 위해서 애를 쓰며 살아갑니다. 하지만 사랑을 기대하는 것만큼 사람을 불안하게 하는 것도 없습니다. 왜냐하면 주도권이 나에게 없기 때문입니다. 나는 사랑을 받아야 하는 수동적 입장에 있기 때문에 사랑을 주던 사람의 마음이 바뀌어서 사랑을 주지 않으면 나로서는 어찌할 도리가 없습니다. 그때 나는 나락으로 떨어지는 경험을 하게 됩니다. 괴롭고, 슬프고 때로는 죽을 것만 같은 고통에 사로잡힙니다. 철학적인 관점에서 볼 때, 사랑받지 못할 때 느끼는 감정은 사실은 죽음의 공포입니다. 말하자면 그 순간 우리는 죽음을 경험하는 것입니다. 그래서 매우 강렬하고 그렇기 때문에 더욱더 타인의 사랑에 매달리게 됩니다. 저를 포함해서 대부분의 사람들이 이런 사랑에 중독되어 있습니다.

이것은 사랑을 '받는 것'이라고 생각할 때 벌어지는 현상입니다.

그리고 이 고정관념이 바뀌지 않는 한 똑같은 일이 계속해서 반복될 수밖에 없을 것이고, 인간관계에서 생겨나는 고통에서 영원히 빠져 나올 수 없을 것입니다. 하지만 이것은 본래의 사랑, 또는 참사랑이 아닙니다. 참사랑은 줄 때 즐거워하는 사랑입니다. 받으려고 매달리는 사랑은 사랑이 아니라 집착이나 애착입니다. 그래서 이러한 고통에서 벗어난다고 하는 것은 애착을 애착으로 알고 그것을 내려놓는 것을 의미합니다. 그래서 우리가 해결해야 할 진짜 문제는 '왜 사랑을 받지 못하는가?'가 아니라 '왜 사랑을 주지 못하는가?'입니다. 사실 인간은 조건 없이 사랑을 줄 때 가장 행복합니다. 시간 관계상 이 문제에 대한 자세한 설명을 오늘 할 수는 없습니다. 이 문제는 '자아정체성'이라는 주제를 다룰 때 더 자세히 설명하겠습니다.

3

왜 나는
듣지 못하는가?

"광기란 다른 사람과 소통하지 못하는 것이다."

파울로 코엘료

"미로에 갇힌 테세우스는 입구에 실타래의 끝을 걸어놓고
실타래를 풀면서 미로 속으로 들어갔다.
곧 미노타우로스와 만난 왕자는 숨기고 있던 단검으로
멋지게 괴물의 목을 베어낼 수 있었다.
그러고 나서 실을 따라 무사히 미궁에서 탈출한 왕자는
아리아드네 공주와 함께 섬에서 도망쳐 아테네로
돌아온 것으로 알려져 있다."

그리스 신화 중에서

희망의 인문학 | 철학 강의 3

왜 나는 듣지 못하는가?
—내 안의 미노타우로스

안녕하세요? 수업 시작하겠습니다.

지난주에 우리는 행복에 대해서 공부했습니다. 그 결론은, 행복은 아득히 먼 어딘가 우리의 손이 닿을 수 없는 어떤 곳에 있는 것이 아니라, 바로 지금 여기에 있다는 것이었습니다. 문제는 우리가 그것을 깨닫지 못하고 있다는 것이었습니다. 이러한 견해는 일반적인 행복론과는 매우 다르기 때문에 다소 낯설게 느껴지고 받아들이기 어려우신 분들도 있을 것입니다. 판단은 여러분에게 맡기겠습니다. 어쨌든 우리에게 남은 일은 내가 지금 행복하다는 것을 깨닫고 그것을 누리는 일입니다. 그래서 앞으로의 우리의 작업은 지금 존재하지 않는 행복을 만들어내는 것이 아니라 지금 존재하는 행복을 발견하는 것입니다. 그 반대가 아닙니다. 저는 이 생각을 할 때마다 마음이 편안해집니다. 여러분은 어떠십니까?

이것은 행복이 마음의 문제라는 것을 의미합니다. 마음의 눈이 왜곡되고 어두워지면 두려움과 공포에 사로잡혀서 삶을 고통과 투쟁으로 알고 살아갑니다. 그래서 행복에는 조건이 있다고 가정하고, 그 조건을 충족시키기 위한 생존경쟁에 자신의 삶을 소진하는 것입니다. 우리에게 필요한 것은 왜곡되고 허약해진 마음의 시력을 회복하기 위한 내적 치유입니다. 마음의 평화와 내적인 자유 없이 행복은 불가능합니다. 앞으로 여러분과 제가 함께할 작업은 바로 이것, 마음의 치유입니다. 하지만 이 작업은 나를 바꾸는 것이 아닙니다. 나를 바꿀 필요도 없고, 바꿀 수도 없습니다. 단지 마음의 습관, 즉 왜곡된 생각과 부정적인 정서를 올바르고 건강한 것들로 바꾸는 일입니다. 마음 상태가 바뀌면 나를 둘러싼 것들에 대한 인식과 관계가 건강하게 바뀌어갑니다. 저는 이러한 자연스런 과정을 통해 삶이 긍정적으로 변화되고 우리에게 다가와 있는 행복을 누릴 수 있게 된다고 생각합니다.

하지만 자신의 내면을 치유하고 성장시키는 노력의 주체는 여러분 자신입니다. 내면의 문제는 자신 이외의 어느 누구도 대신해서도 안 되고 대신할 수도 없는 일입니다. 저는 단지 여러분에게 일정 부분 도움을 드리는 것이지, 절대 제가 여러분을 바꾸거나 끌고 가는 것이 아닙니다. 저는 여러분에게 필요한 정보를 드리는 여러 도우미 중의 하나일 뿐입니다. 스스로 삶의 주체가 되는 마음을 가지면 모든 것을 통해서 배우게 될 뿐 아니라 자신의 방식대로 그것들을 활용할 수 있게 됩니다. 이 마음을 놓치지 마시기 바랍니다.

내면을 치유하기 위해서 우리는 마음에 대해 잘 알아야 합니다. 특히 자신의 마음을 잘 알아야 합니다. 심리학 박사라고 하더라도 자신의 마음을 모르면 아무 소용이 없습니다. 오늘의 주제는 바로 자신의 마음을 있는 그대로 알기 위해 선택된 주제입니다. 오늘 우리가 함께 생각해볼 문제는 '소통'입니다. 이 주제는 그 자체로 매우 중요하고 반드시 한번쯤은 생각해봐야 할 주제이면서 동시에 자신의 마음을 이해하는 데 있어 매우 훌륭한 소재이기도 합니다.

소통이라는 게 뭘 뜻하는지는 다 아시죠? 영어로 하면 커뮤니케이션communication이죠. 언론에서 소통이 안 된다, 소통을 해야 한다 등등 말들이 굉장히 많죠? 하지만 말만 무성하지 소통은 날이 갈수록 더 안 되는 것 같습니다.

그렇게 된 데는 여러 가지 이유가 있겠지만 제가 보는 관점에서 가장 중요한 이유는 많은 사람들이 소통을 테크닉과 시스템의 문제로만 바라보고 해결하려 한다는 점입니다. 제가 보기에 그런 해결책은 매우 피상적인 것입니다. 물론 그 접근 방법이 완전히 잘못된 것도 아니고 일정 부분 도움이 되긴 하지만 문제의 핵심과는 거리가 먼 해결책입니다.

결론부터 말하면 소통의 문제는 인문학적인 문제이며, 인문학적 바탕이 전제되지 않고서는 해결이 불가능한 문제입니다. 사람들에 대한 존중, 자신에게 솔직함, 진실되게 살려는 노력, 올바른 방법으로 문제를 해결하려는 자세 등등이 전제되지 않고는 제대로 된 소통은 불가능합니다. 이런 문제를 테크닉과 시스템만으로 해결할 수 있을까요? 사실 어떻게 보면 우리가 공부하고 있는 모든 주제가 다 소통과 관련된 것입니다. 우선 소통과 관련된 시 한 편을 읽어보겠습니다. 함께 감상해보시죠.

당신에게 무언가를 고백할 때,
그리고 곧바로 당신이 충고를 하기 시작할 때,

그것은 내가 원한 것이 아니었습니다.

당신에게 무언가를 고백할 때,
내가 그렇게 생각하면 안 되는 이유를
당신이 말하기 시작할 때,
그 순간 당신은 내 감정을 무시한 것입니다.

당신에게 무언가를 고백할 때,
내 문제를 해결하기 위해 당신이
진정으로 무언가를 해야겠다고 느낀다면
이상하겠지만,
그런 것은 아무런 도움도 되지 못합니다.

기도가 사람들에게 도움을 주는 것은
아마 이런 이유 때문이겠죠.
왜냐하면
하나님은 언제나 침묵하시고
어떤 충고도 하지 않으시며
일을 직접 해결해 주려고도 하지 않으시니까요.
하나님은 다만 우리의 기도를
말없이 듣고 계실 뿐,
우리 스스로 해결하기를 믿으실 뿐이죠.

그러니 부탁입니다.
침묵 속에서 내 말을 귀 기울여 들어 주세요.
말을 하고 싶다면,
당신의 차례가 올 때까지 기다려 주세요.

그러면 내가 당신의 말을
귀 기울여 들을 것을
약속합니다.

– 작자 미상, 「들어 주세요」

어떻습니까? 뭔가 느껴지거나 공감되는 것들이 있습니까? 저에게는 참으로 마음에 와 닿는 시이기도 하고, 저를 많이 돌아보게 한 시입니다. 이 시를 보면 소통이라는 것이 단순히 정보와 의견의 교환이 아니라는 것을 알 수 있습니다. 물론 그런 것도 소통은 소통입니다. 하지만 소통에는 그 이상의 무엇이 있습니다. 소통에도 분명히 품질이 있고 깊이가 있습니다.

저 개인적으로는 소통을 제대로 해보려고 노력한 지 대략 10년 정도는 된 것 같습니다. 특히 경청을 하려고 한 10년 전부터 노력을 했습니다. 들으려고요. 그래서 처음 시작할 때는 아침에 집을 나가면서 '오늘은 좀 열심히 듣자' 그렇게 생각하고 나가고 그랬는데, 그게 잘 안 되더라고요. 들으려고 하다가도 상대방이 이야기하는 도중에 내가 하고 싶은 이야기가 떠오르면 나도 모르게 자동적으로 제 이야기를 막 하는 거예요. 그러면 상대방 역시 내 이야기를 들어주지 않고 자기 이야기만 하려고 하죠. 나중에는 무슨 말을 했는지 기억도 나지 않습니다. 이런 시행착오를 10년 넘게 해오고 있지만 아직까지 잘 안 될 때가 많습니다. 아마 죽을 때까지 계속 노력해야 할 것 같습니다. 오늘 받으신 글을 보시기 바랍니다.

1. 소통이란 무엇인가?

3-1. 소통은 우리가 다른 사람들 그리고 세상과 만나는 접점이자 통로이다. 소통의 문을 통과하지 못하면 다른 사람과 만날 수 없을 뿐 아니라 세상으로 들어가지 못한다. 소통이 안 되면 고립되거나 갈등 상황에 빠지게 된다.

3-2. 하지만 많은 사람들은 자신의 소통능력을 점검하는 것이 아니라 다른 사람들과 세상에 그 원인을 돌린다. 그러니 소통능력이 개선될 리 만무하다. 이는 당연한 일이지만 사회에서의 소외라는 결과를 초래한다. 그는 눈에 보이지 않는 감옥에 갇혀 있는 수인囚人이다. 어떤 면에서는 실제 감옥에서 사는 것보다 더욱 힘들 수도 있다.

소통은 세상과 만나는 접점이자 문입니다. 그 문을 열지 못하면 세상으로 진입할 수 없습니다. 세상에는 수많은 사람들과 정보들이 존재하고, 무수한 기회와 가능성이 열려 있습니다. 사람을 사귀면서 기쁨을 얻고 함께 즐길 수 있으려면 소통능력이 있어야만 합니다. 또한 사람들에게서 정보를 얻는 모든 과정이 바로 소통 과정입니다. 게다가 소통은 그 자체로 매우 유익한 것입니다. 대화는 그 자체로 즐거운 것일 뿐 아니라 때로는 위로와 힘을 얻는 것입니다. 반면에 대화할 사람이 없다는 것처럼 힘들고 외로운 일도 없습니다. 자살하는 사람들의 공통점은 오랫동안 소통할 사람이 없었다는 점입니다.

소통에서 실패하게 되면 개인은 고립됩니다. 왜냐하면 소통능력에 문제가 있으면 사람들과의 소통이 갈등과 고통의 원인이 되고, 그 때문에 다른 사람들과의 만남을 피하게 됩니다. 소통하지 않는 것이 소통하는 것보다 편하기 때문에 소통을 포기하는 것입니다. 자기도 모르는 사이에 눈에 보이지 않는 벽에 둘러싸이게 되고 그 안에 갇히게 됩니다. 그 벽은 도저히 넘을 수 없는 벽으로 느껴지게 되고 점점 더 고립되어 가는 것입니다. 그렇게 되면 세상에 대한 적대감과 함께 두려움이 마음을 지배합니다. 당연한 결과이지만 사회로부터 소외될 수밖에 없습니다. 우선은 가족 간의 관계에서 문제가 생깁니다. 집에서 허구한 날 싸우는 것이 일입니다. 소통이 곧 고통입니다. 그 결과는 무엇입니까? 가정이 붕괴되고 아이들은 문제아가 되는 것입니다. 소통의 질이 삶의 질을 결정한다고도 해도 과언이 아닐 정도로 소통은 우리의 삶에서 중요한 것입니다.

하지만 소통능력이 부재한 사람들의 특징은 소통실패의 원인을 다른 사람들에게 돌린다는 점입니다. 원인을 모르는데 문제가 해결될 리 만무합니다. 배가 산으로 가는 꼴입니다. 삶이 얼마나 힘들겠습니까? 원인이 자기 안에 있다는 것을 깨닫지 못하는 한, 자신이 만들어 놓은 지옥에서 탈출하는 것은 불가능합니다.

3-3. 소통능력은 말하는 내용이 아니라 소통하는 방식과 양태, 태도에 그 초점이 있다. 말을 둘러싸고 있는 것이 말의 내용보다 훨씬 중요하다. 아무리 멋진 말과 화려한 논리로 사람들을 현혹시킬 수 있는 사람이라고 해도 경청능력이 없고 진실을 말하지 않는 사람이라면 그 사람은 소통하지 못하는 사람이다. 말을 잘하는 것과 소통능력이 있다는 것은 다른 것이다.

3-4. 말하려는 내용보다 내가 어떤 방식으로 소통하는가를 관찰해보아

야 한다. 그때에만 왜 내가 소통에서 실패했는가를 알 수 있다. 우리가 일차적으로 노력해야 하는 것은 바로 소통방식이다.

3-5. 소통방식은 내면을 정확히 반영한다. 말의 내용은 쉽게 꾸며댈 수 있지만 그 방식은 그렇지 않다. 그것은 삶 속에서 우러나오는 것이기 때문이다.

3-6. 그렇다. 소통은 테크닉의 문제가 아니다. 그것은 인문학적인 것 즉 내면의 능력에 관한 문제이다. 이를 배제한 어떠한 노력도 잠깐 동안의 효과는 볼지 모르지만 결과적으로는 실패로 끝날 것이다.

3-7. "의사소통은 사고와 언어뿐 아니라 깊은 내면의 반응과 감정을 포함하는 전체적인 인간에 관련된 것이다." – 칼 로저스

3-8. "(자기기만이라는) 상자 안에 있을 때, 내가 커뮤니케이션을 잘하는 사람인지 아닌지는 별로 상관이 없습니다. 결국 나는 내 상자를 가지고 커뮤니케이션 하게 되는 것입니다. 바로 그것이 문제입니다."

– 아빈저연구소, 『리더십과 자기기만』 중에서

소통이라고 하면 사람들이 일차적으로 생각하는 것이 말입니다. 그래서 사람들은 말에 주목하고 말을 잘하기 위해 노력합니다. 하지만 말을 잘한다는 것과 소통능력이 있다는 것은 전혀 다른 이야기입니다. 소통에서 말은 빙산의 일각에 불과합니다. 말을 둘러싸고 있는 것들이 훨씬 더 중요합니다. 소통은 상대방을 존중하는 마음에서 출발해야 합니다. 그 마음이 있어야 상대방의 말을 경청할 수 있습니다. 그렇지 않으면 소통이 아니라 오해와 갈등이 생깁니다. 존중과 경청이라는 바탕이 없는 상태에서 말을 멋지고 조리 있게 잘해봐

야 무슨 의미가 있겠습니까? 자신의 진심을 전하는 것이 아니라 상대를 속이거나 이용하는 마음을 가졌다면 그때의 말들은 도대체 무엇입니까? 존중하고 경청하는 마음과 거짓 없는 마음은 언어와 대화의 문제 이전에 한 개인의 내면과 인격의 문제입니다. 사람에 대한 존중과 진실의 바탕에서 나오는 말은 비록 어눌하다 하더라도 울림이 있고 아름답습니다. 소통은 말 잘하는 기술이 아닙니다. 그렇기 때문에 소통은 철학의 영역이지 테크닉의 문제가 아닌 것입니다.

요즘 소통에 관한 책들이 많이 출간되고 있습니다. 그 내용을 보면 대부분 다 맞는 이야기들입니다. 하지만 그 책들에서 제시하는 내용들은 인문학적 바탕이 없다면 제대로 온전하게 실천할 수 없는 것들입니다. 말하자면 내면과 인격이 받쳐주지 않는 소통 기술은 온전한 의미의 소통이 될 수 없습니다. 그럴 경우 소통은 진정성이 배제된 테크닉에 불과합니다. 인문학적 바탕을 무시한 채 소통의 기술만을 가르친다는 것은 과연 무엇이겠습니까? 그러한 소통 기술의 목적은 무엇이겠습니까? 돈을 벌기 위해, 출세를 하기 위해 남을 현혹하는 기술 아닙니까? 의도하지 않았지만 결과적으로 사람을 세련되게 속이는 방법을 전수하는 일이 되지는 않을까요? 제 이야기가 좀 과한 것인가요? 제가 이렇게 말하는 이유는 소통능력은 인격과 삶을 바탕으로 해서 형성되는 것이지, 책 몇 권과 단기간의 훈련으로 습득할 수 있는 기술이 아니기 때문입니다. 잘 생각해 보시기 바랍니다. 소통을 잘하고 싶어 하지 않는 사람은 없을 것입니다. 그럼에도 불구하고 소통을 잘하는 사람이 많지 않은 것이 현실입니다. 왜 그런 걸까요? 이제부터 그 이유를 알아보겠습니다.

2. 소통에 실패하는 네 가지 이유

3-9. 첫째, 상대방의 이야기를 듣지 않는다.

3-10. 남의 말을 듣는 경우가, 진정으로 귀를 기울여 듣는 경우가 얼마나 드문가!

3-11. 나의 말을 아무런 평가 없이 그저 묵묵히, 끝까지 들어주는 사람은 얼마나 반가운가?

3-12. "듣지도 않고, 관심도 없고, 이해하려 하지 않는 그런 병이 이리저리 돌아다니다가 남녀노소 누구나 병들게 한다." – 에른스트 라르센

3-13. "진실로 듣게 되면 모든 사람의 이야기 뒤에는 질서 정연한 심리적인 규칙들이 숨겨져 있다는 생각을 하게 된다. 그 규칙들은 우주에서 전반적으로 발견하게 되는 똑같은 질서의 양상을 띠고 있다. 그러므로 그 사람은 듣는다는 만족감과 자신이 우주적인 진리와 만나고 있다는 느낌에서 오는 만족감 모두를 얻게 된다.
내가 누군가의 마음을 듣는 것을 좋아한다고 말할 때, 그때 '듣는다는 것'은 물론 깊이 듣는 것을 의미한다. 단어, 생각, 감정의 색깔, 개인적인 의미, 심지어 말하는 사람의 의식적인 의도 밑에 깔려 있는 의미까지 듣는다는 뜻이다. 때로는 그냥 보기에는 그리 중요하지 않은 메시지 속에서 나는 그 사람의 겉모습 밑에 파묻혀 있는 인간적인 절규를 듣는다."

– 칼 로저스

다른 사람의 말을 제대로 듣지 않는 것이 소통에 실패하는 첫 번째 이유입니다. 남의 말을 듣지 않는데 어떻게 소통이 되겠습니까?

어떻게 보면 소통에서 들어야 한다는 것은 너무도 당연한 이야기입니다. 하지만 그 당연한 것이 잘 되지 않습니다. 일반적으로 사람들은 남의 이야기를 잘 듣지 않고, 겉으로 듣는 척은 하지만 사실은 제대로 듣지 않는 경우가 대부분입니다. 대화가 가능하려면 상대방이 무엇을 말하고자 하는지를 알아야만 합니다. 그렇지 않다면 그것은 대화가 아니라 독백이나 명령이 되어버립니다. 여러분들도 다 경험해 보셨겠지만, 내가 이야기를 하고 있는데 상대방이 제대로 듣지 않거나 듣는 척만 할 때는 기분이 상합니다. 왠지 내가 무시당한 느낌이 들기 때문에 그렇습니다. 그렇게 되면 우선 목소리가 커지고 당황하게 됩니다. 상대가 듣고 있는 것인가 아닌가에 계속 신경이 쓰이고 스트레스를 받게 됩니다.

원래 대화라는 것이 A라는 사람과 B라는 사람이 마주보고, A가 말을 하면 B는 듣고 있다가 A가 이야기를 끝냈을 때 B가 자기 이야기를 하고 이렇게 서로 주고받는 것 아닙니까? 이렇게 해야 되는데 A가 이야기하고 있는데 말이 끝나기 전에 B가 가로채서 자기 이야기를 하고, 또 B의 말이 끝나기 전에 다시 A가 자기 말을 합니다. 이렇게 둘 다 상대에게 자기 이야기만 하다가 나중에는 안 되니까 막 혼자 떠들게 됩니다. 그러다가 말실수도 하고, 상대방이 내 말을 안 들어주는 것 같으면 화가 나고, 내가 뭔가 동의를 구하거나 내 편이 되어달라고 하는데 안 해주면 더 강하게 큰소리로 말하고요. 여러분도 이런 경험을 해보셨을 겁니다. 저도 이런 실수를 말 그대로 수도 없이 많이 했습니다. 제대로 듣는다는 것이 정말 어렵더라고요. 여러분들도 자녀들하고 소통이 잘 안 될 겁니다. 애들 이야기를 들어야 소통이라고 할 수 있죠. 그런데 우리나라 부모들은 일방적으로 명령을 하고 혼내는 식으로 많이 하죠. 그러면서도 자신의 소통방식에 문제가 있다고 생각하는 부모들이 그리 많지는 않을 겁니다.

그래서 듣지 않으려면 소통할 생각을 하지 말아야 합니다. 소통의 반은 듣는 것에 있습니다. 소통은 결코 혼자 하는 행위가 아닙니다. 그것은 상대가 있어야만 가능한 공동 작업입니다. 상대에 대한 존중이라는 바탕이 없다면 그것은 소통이라고 할 수 없습니다. 말로는 상대를 존중한다고 해도 상대방의 말을 경청하지 않는다면 그건 거짓말이 분명합니다. 듣는다는 것은 상대를 존중하고 있다는 것을 말이 아닌 몸으로 입증하는 행위입니다. 그래서 관계에서 경청은 매우 중요한 의미를 지니는 것입니다. 경청능력이 결핍된 사람은 인간관계에서 반드시 문제가 생깁니다.

저의 경우, 어느 날인가 내가 남의 말을 안 듣는 것이 아니라 듣지 못한다는 것을 알게 되었습니다. 그때까지는 그러고 있다는 것을 몰랐습니다. 그래서 안 좋은 습관을 바로잡기 위해 경청훈련을 시작했습니다. 이 훈련을 통해서 깨닫게 된 것은 경청능력이 단순히 귀의 문제가 아니라 마음의 문제라는 것입니다. 그렇기 때문에 마음의 문제가 해결되지 않는 한 이 문제는 해결될 수 없는 것이죠. 제가 앞서 말한 것처럼 10년 넘게 경청훈련을 해오고 있지만 아직도 듣기에 많은 어려움을 겪고 있습니다. 이러한 제 경험에 비춰보면 경청하는 습관은 오랜 시간 지속적으로 노력하지 않으면 생기지 않는다는 것을 알 수 있습니다. 왜냐하면 내면의 성장 없이는 경청능력이 성장하지 않기 때문입니다. 이 훈련을 통해 경험한 또 다른 하나는, 내가 말하겠다는 생각을 버리고 남의 이야기를 가만히 들어 보니까 마음이 굉장히 편안해진다는 겁니다. 듣는 입장, 듣는 위치에 있을 때 굉장히 마음이 편합니다. 침묵의 힘이 이런 건데요. 가만히 듣고 있을 때 마음이 굉장히 안정됩니다. 그리고 한 가지만 더 말씀드리자면 듣기에도 깊이와 품질이 있다는 것입니다. 듣기의 품질이라는 말을 처음 들어보셨을 겁니다. 무슨 말인가 하면, 들을 때 귀로만 듣는 사람이 있고, 어떤 사람은 머리로만 듣는 사람이 있습니다. 이와는 달리 어떤 사람은 가슴으로 듣습니다. 최고의 경지는 사랑과 애정으로 듣는 사람입니다. 그렇게 되면 듣는다는 것이 예술의 경지에 이르게 됩니다. 우리가 방금 읽었던 글의 칼 로저스가 그런 사람이 아닌가 합니다.

제가 가끔씩 상담을 하는데요. 누가 상담하러 오면 제가 많이 이야기할 것 같죠? 그런데 그게 그렇지 않습니다. 상담 내내 대부분 그 사람이 이야기를 합니다. 저는 주로 듣습니다. 어떤 경우에는 말할 기회를 안 주는 사람도 있습니다. 제가 하는 일은 잘 들어주는 것입니다. 사실 그분들은 제 말을 들을 마음의 여유가 없습니다. 가슴 속에 쌓여 있는 응어리 때문에 고통스럽고 힘들어서 저를 찾아온 것입니다. 그래서 우선은 그러한 힘든 감정들을 내려놓을 수 있도록 도와주어야 합니다. 그럴 때 이성적이고 합리적인 충고는 무의미합니다. 제 말을 들을 수 있는 상황이 아니거든요. 우선은 그냥 들어주고 공감해 주는 것이 중요합니다. 이것이 치유효과가 있습니다. 우리가 앞에서 읽은 시의 내용처럼, 사람들은 조금 듣다가는 충고를 하기 시작하죠. 보통 그렇죠? 그러면 마음속으로 '충고를 들으려고 말하는 거 아니야. 네가 충고하는 거 나도 다 알아. 내가 필요한 것은 그냥 내 말에 귀 기울여 주고 나를 인정해주고 받아주는 거야.'라고 말합니다. 사실은 자기 이야기를 누군가에게 하고 싶고 공감을 받고 싶은 겁니다. 이처럼 사람들은 다른 사람의 이야기를 잘 듣지 않습니다. 인간관계에서 서로 상대방의 이야기를 잘 듣는 것만으로도 많은 문제가 해결되고, 사전에 문제를 예방할 수 있습니다.

만약에 여러분들도 부부 또는 부모 자식 간에 의사소통에 문제가 있다면 경청하는 노력을 해보십시오. 소통을 하기 위해서는 누구든 한 사람이 먼저 듣기를 시작해야 합니다. 상대방한테 요구하면 안 됩니다. 문제 해결을 나로부터 시작하자는 것이 우리의 원칙 아닙니까? 상대방이 어떻게 할지라도 내가 듣기 시작하면 일단 나는 구제 받거든요. 그리고 그 영향을 상대방도 받습니다. 들어주니까 기분 좋을 것 아닙니까? 돈이 드는 일도 아니고요. 사랑의 출발점은 상대방에 대한 존중이고, 존중의 시작은 남의 이야기를 진지하게 듣는 것입니다. 듣는다는 것은 그런 철학적 의미를 지닌 행위입니다. 자기가 사랑하는 사람일수록 먼저 듣기 위해 노력해야 합니다. 가르치려고 하기 전에, 바꾸려고 하기 전에 먼저 들어주어야 합니다. 들어주는 것 자체가 상대방을 존중하는 행위이고, 사랑의 첫 단계입니다. 듣는 것조차 하지 않으면서 사랑한다는 말을 하면 안 되겠죠? 마음의 결심을 한번 해보시고 시도해 보시기 바랍니다. 아마 처음에는 매우 힘들 것입니다. 그래도 포기하지 마시고 꾸준히 하십시오. '그래 네가 말 끝낼 때까지 끝까지 들을 거야'라고 결심을 하고 계속 시도하는 겁니다. 이게 나를 살리고 가족을 살리는 길입니다. 이제 소통이 안 되는 두 번째 이유로 넘어가겠습니다.

3-14. 둘째, 있는 그대로 진실을 이야기하지 않는다. 자신의 생각과 느낌, 사실을 있는 그대로 전달하지 않는다. 보다 엄밀히 말하면 전달하지 못한다. 어떤 의미에서 이것은 거짓말을 지어내는 것과 마찬가지다.

3-15. 당신이 진실을 감출 때, 그때마다 그만큼 당신의 존재도 소멸되어 간다. '나는 그때 그럴 수밖에 없었노라'고 말하지 말라. 그것은 그런 상황이 오면 또다시 거짓말을 하겠다는 말처럼 들릴 뿐이다. 그 대신 자기 자신에 대해 슬퍼하라.

3-16. 진실을 감추는 것은 무엇인가를 얻고자 하거나 또는 잃지 않으려고 하기 때문이다. 하지만 이것은 매우 무의미하고 지극히 사소한 것이다. 왜냐하면 그것은 이미 그런 것들과는 비교도 할 수 없을 만큼 크고 소중한 것을 잃었기 때문에 나타나는 증상들이기 때문이다.

소통은 경청이라는 바탕 위에 말이라는 재료로 집을 짓는 작업과도 같습니다. 말은 생각, 느낌, 정보, 지식 등을 담고 있는 소통의 도구입니다. 그러나 그때 오가는 말이 진실이 아니면 집이 지어지지 않거나 부실공사로 사고가 납니다. 그렇습니다. 소통이 안 되는 두 번째 이유는 사람들이 있는 그대로를 말하지 않기 때문입니다. 솔직하게 이야기해야 되는데, 내가 좀 잘한 일은 과장을 하거나 더 세게 말하고, 잘난 척을 하거나, 내가 잘못한 일은 이야기를 아예 안 하거나 말을 해도 축소해서 말합니다. 특히 감정은 더더욱 감추려고 합니다. 그런데 누가 그런 사실을 지적하면 사실인데도 화가 나고 인정하지 않으려고 합니다. 저도 이런 실수를 수도 없이 저질렀고, 지금도 그럴 때가 있습니다. 당황하거나 너무 창피한 경우에는 자동적으로 그렇게 되더라고요.

이처럼 사람들이 있는 그대로를 말하지 않고 축소, 은폐, 과장, 잘난 척하는 것이 꼭 어떤 나쁜 의도가 있어서 그러는 것은 아닙니다. 그런 사람들도 머리로는 그렇게 해서는 안 된다는 것은 다 알고 있습니다. 하지만 어떤 상황이 닥치면 무의식적으로, 습관적으로 자기도 모르게 그렇게 하는 것입니다. 가장 안 좋은 경우는 자신이 그렇다는 것을 모르는 경우입니다. 그렇게 되면 구제불능입니다. 어쨌든 어떤 경우든 진실하지 않은 말들은 오해를 낳고 갈등의 씨앗이 됩니다. 진실을 말하지 않는 것은 소통의 실패에서 끝나는 것이 아니라 갈등과 분쟁으로 이어지고 최종적으로는 관계에서 문제가 생깁니다. 안 좋은 관계로 변할 수도 있고, 사람을 잃을 수도 있습니다. 이 문제 역시 내면의 문제로부터 생겨납니다. 무의식에 깔려 있는 문제들에까지 내려가야만 문제의 원인을 알 수 있습니다. 문제의 원인에 대해서는 조금 있다 다루기로 하고요, 소통에서 실패하는 세 번째 이유를 알아보겠습니다.

3-17. 셋째, 다른 것을 다른 것으로 인정하지 않고 틀린 것으로 규정한다. 차이를 차이로 인정하지 않고 옳고 그름, 좋고 나쁨으로 본다.

3-18. 상대방이 나와 다르다는 것을 인정한다는 것은 그의 감정과 삶의 방식을 존중하는 행위이다. 물론 이것이 그의 방식이 옳고, 그래서 내가 그것을 수용한다는 것을 의미하지는 않는다. 그럼에도 불구하고 우리는

그것만으로도 좀 더 평화롭게 살 수 있을 것이다.

3-19. 차이를 인정하지 못하는 것은 신경증의 징후일 수 있다. 특히 감정적인 반응이 격렬하다면 그것은 신경증일 확률이 매우 높다.

3-20. "자기 신념을 그토록 위대하게 여긴 나머지 온갖 종류의 희생을 치르고 또 명예, 육체, 생명까지도 그 신념을 위해 아끼지 않았던 모든 사람들이, 만일 자신들이 어떤 정당성을 가지고 그토록 그 신념에 매달리는지, 자신들이 어떻게 해서 그 신념을 갖게 되었는지에 대한 분석에 그 힘의 절반이라도 바쳤더라면, 인류의 역사는 얼마나 평화로워질 수 있었을까?"

– 니체

이 문제는 앞의 두 가지와는 좀 양상이 다른 문제입니다. 서로가 가지고 있는 생각과 가치관의 차이 때문에 벌어지는 문제이기 때문입니다. 어찌 보면 이것이 모든 인간적 분쟁이 시작되는 이유이기도 합니다. 동물들은 생각의 차이로 싸우지 않습니다. 단지 먹이 때문에 싸울 뿐입니다. 하지만 인간에게는 먹이의 문제 이상으로 이 문제가 중요합니다. 인간에게는 신앙의 차이, 정치적 이념의 차이, 피부색의 차이, 성의 차이, 지역의 차이가 단지 차이로 끝나지 않기 때문에 서로 갈등하고 대립하는 것입니다. 세상에는 옳고 그름과 좋고 나쁨을 잘 판별해야 하는 문제들도 많이 있습니다. 하지만 제가 보기에는 그럴 필요가 없는 문제들이 사실상 훨씬 더 많습니다. 그럴 필요가 없는 것까지도 옳고 그름의 잣대로 논쟁하고 갈등한다면 참으로 안타까운 일이라 하지 않을 수 없습니다. 하지만 그것이 현실입니다.

남에게 피해를 주지 않고 범죄를 저지르지 않는 한 사람들에게는 자신의 삶의 방식을 자유롭게 선택할 자유가 있습니다. 그것은 취향과 취미의 문제일 뿐입니다. 저는 수업 시간에 정치와 종교에 대해서는 이야기하지 않습니다. 왜냐하면 그런 주제로 이야기를 하기 시작하면 대화가 생산적인 토론이 아니라 논쟁으로 바뀌고 감정적인 싸움으로 쉽게 변질되기 때문입니다. 왜냐하면 자신의 생각과 다를 때 그것을 단지 다름으로 인정하는 것이 아니라 틀렸다고 주장하기 때문입니다. 자신의 '의견'이 비판받거나 부정당하면 사람들은 '자신'을 부정하고 공격하는 것으로 받아들입니다. 당연히 감정이 발동하고 싸움으로 발전하게 됩니다. 인류의 가장 큰 불행들은 바로 정치와 종교적 갈등 때문에 생겨났습니다. 물론 정치와 종교는 매우 중요한 주제이고 진지하게 생각해 보아야 할 문제입니다. 하지만 주제넘은 것인지도 모르지만, 이 주제들에 대해 생산적으로 토론을 할 만한 사람들이 우리나라에는 그리 많지 않은 것 같습니다. 특히 유명 인사나 정치인들 중에는 입에서 독을 내뱉으며 사는 사람들이 있습니다. 그런 사람들의 말은 정말 폭력적이고 무섭습니다.

마치 이미 자신은 진리를 소유하고 있는 것처럼 주장하면서 자신을 반대하는 사람들을 악으로 규정하고 비난하는 것이야말로 올바른 태도가 아닙니다. 현실에서 일어나는 일들에 대해 합리적 판단과 올바른 의사결정을 하는 것은 매우 어려운 일입니다. 문제 해결을 위해서는 끊임없는 시행착오를 겪을 수밖에 없습니다. 우리는 시행착오의 존재이며, 실수로부터 배울 수밖에 없는 존재입니다. 현실은 서로 머리를 맞대고 진지하게 고민을 해도 해결할 수 없는 문제들로 넘쳐납니다. 저는 철학사를 공부하면서 인간의 생각이 얼마나 다양할 수 있는지를 알게 되었습니다. 철학의 역사에 등장하는 철학자들 중에 머리가 나쁜 사람은 한 명도 없습니다. 하지만 그들의 생각과 주장은 모두 다릅니다. 문제는 자기만 옳고 다른 사람은 틀렸다고 할 때 생겨나는 것입니다. 다른 관점과 다른 방식으로 생각하고 살아갈 수 있다는 것을 서로 존중하지 않으면 삶은 갈등과 투쟁이 되어버립니다.

저도 예전에는 논쟁을 많이 하고 살았고, 젊은 날을 토론과 논쟁으로 보낸 사람입니다. 그때 많은 실수를 했고, 좋은 결과를 얻은 적도 별로 없었습니다. 오히려 서로 감정만 상하게 되는 경우가 많았습니다. 지금 생각하면 후회되는 일이 한두 가지가 아닙니다. 제가 대학원 시절에 겪은 이야기인데요, 하루는 대학원 학생회에서 회의를 한다고 해서 참석하게 되었습니다. 석박사 과정의 학생들이 모여서 학생회에 관련된 안건을 토론하고 결정하는 자리였습니다. 하루 종일 안건을 놓고 토론을 했었는데 결국 하나도 합의된 것이 없었습니다. 서로 자기의 주장만 하는 바람에 그렇게 된 것입니다. TV에서도 요즘 토론 프로그램을 많이 볼 수 있습니다. 그런데 보고 있으면 토론이 아니라 서로 말로 싸우는 것입니다. 논쟁이라는 말도 아깝죠. 사실 감정싸움입니다. 그러니 보는 사람이 피곤할 수밖에 없습니다. 토론에 참여한 패널들이 일반인이 아니라 정치인이나 학자, 언론인들인데도 그렇습니다. 토론을 생산적으로 한다는 것은 참으로 어려운 일이라는 것을 알 수 있습니다.

의견 차이로 인해 다른 사람들과 반복적으로 언쟁을 하거나 부딪

침이 발생한다면 그것은 내 문제일 가능성이 높습니다. 직설적으로 말해서 그런 일들은 속이 좁기 때문에 벌어지는 것입니다. 누군가 나와 다른 의견을 주장할 때 내 마음 안에서 일어나는 반응을 보시기 바랍니다. 마음이 불편해지고 화가 나고 참을 수가 없어서 상대방의 의견을 부정하고 공격한다면 그것은 감정에 끌려가는 것이지 정상적인 소통은 아닙니다. 그 결과는 불 보듯 뻔합니다. 이런 말이 있습니다. '분노로 자비심을 잃은 자는 가는 곳마다 지옥을 만날 것이다.' 그래서 그럴 때는 오히려 아무 말도 안 하는 것이 더 낫습니다.

저는 차이를 인정하는 만큼 마음의 평수가 넓어지고, 또한 그만큼 소통에서 성공할 가능성이 높다고 생각합니다. 어떤 의미에서는 그만큼 스스로에게 편해진 것일 수 있습니다. 왜냐하면 그것은 그만큼 자신의 아집과 편협한 고정관념에서 해방되었다는 것을 의미하는 것이기 때문입니다. 차이를 인정한다는 것은 남을 포용하는 것이며 또한 다른 사람의 의견을 존중한다는 것을 의미합니다. 차이를 인정하고 포용하는 넓은 마음이 지혜로운 마음이 아닐까요? 이제 소통이 안 되는 마지막 이유를 알아보겠습니다.

3-21. 넷째, 의도가 순수하지 않다.

3-22. 말을 통해 다른 사람을 조정하거나 지배하려 하는 행위는 매우 잔인하고 사악한 짓이다. 하지만 많은 사람들이 아무런 거리낌 없이 이런 끔찍한 일들을 자행하고 있다.

마지막으로 우리가 생각해볼 문제는 소통의 의도입니다. 말하자면 어떤 목적으로 소통을 하는가의 문제입니다. 우리는 자신의 생각과 감정을 다른 이들과 나누기 위해서, 자신에게 필요한 정보를 얻기 위해서 또는 지식을 배우기 위해서 소통을 합니다. 이런 목적들은 정상적이고 건전한 것이라고 할 수 있습니다. 이에 반해 다른 사람에게 자신을 과시하거나 인정받기 위해 소통하는 경우 사람들을 피곤하게 하거나 오히려 역효과가 납니다. 최악의 경우는 다른 사람을 조종하거나 지배하고 이용하기 위한 목적으로 소통을 하는 경우입니다. 이것은 비록 소통의 형식을 갖추고 있다 하더라도 사실 소통이라고 할 수 없습니다. 그런 소통은 반드시 사고가 납니다. 전형적인 예가 상품광고나 정치선전입니다. 그들의 목적은 소통에 있지 않고, 오로지 자신들의 메시지를 전달해서 상품을 구매하게 하거나 표를 찍게 만드는 것에 있습니다. 그것들은 매우 세련되고 멋진 말로 다가옵니다. 하지만 그 말들은 대부분 과장광고이거나 거짓말인 경우도 있습니다. 나중에 속았다고 생각해도 이미 때는 늦습니다. 돈은 지불됐고, 선거는 끝났기 때문입니다. 그렇기 때문에 굉장히 불쾌해지는 것입니다.

하지만 이것이 남의 이야기만은 아닙니다. 부부 관계나 부모 자식 간에도 이런 일들은 흔히 일어납니다. 한두 번 아니 몇 번은 속일 수 있을지 모르지만 계속해서 사람을 속일 수는 없습니다. 결국에는 상대를 믿을 수 없게 되기 때문에 나중에는 소통 자체를 거부하게 됩니다. 인간관계에서 잃어버린 신뢰를 회복하는 것은 매우 어려운 일입니다. 가족의 경우가 아니라면 그 관계는 대개 끝났다고 보면 됩니다. 가족 간이라 할지라도 잃어버린 믿음을 회복하는 데는 많은 노력과 시간이 필요합니다. 왜냐하면 사람에게 배신감만큼이나 큰 상처를 주는 것이 없기 때문입니다. 이런 관점에서 보면 의도는 소통에서 다른 어떤 요인보다 중요하다고 할 수 있겠습니다. 살다보면 다른 이들을 조종하고자 하는 유혹을 느낄 때가 종종 있습니다. 그리 대수롭지 않은 것이라고 생각할 수도 있지만, 그렇지 않습니다. 그것은 결국 자기 자신에게 해로운 일이 됩니다. 왜냐하면 더 큰 것을 잃게 되기 때문입니다. 사람을 잃게 되는 것입니다.

지금까지 소통이 안 되는 이유를 알아보았습니다. 이것 이외에도 소통을 방해하는 것들이 있겠지만 우선은 이 정도로 충분할 것 같습니다. 소통에서 실패하는 경우 대개는 서로에게 상처 주는 말을 주고받으면서 끝나게 되는데 그것은 마음에 앙금으로 남게 됩니다. 강도의 차이는 있겠지만 상대에 대해 분노, 수치심, 적개심, 복수심 등의 안 좋은 감정을 갖게 됩니다. 그래서 그 후로 자기도 모르게 상대방이 자신을 무시하는지 아닌지에 민감해지고 긴장을 하게 됩니다. 의심과 오해의 관점에서 상대방의 말과 행동을 바라보게 되고 사소한 문제에도 날카롭게 대립하게 됩니다. 이런 일들이 반복되면 소통은 고통이 되기 때문에 결국 관계를 회피하게 되거나 대개는 좋지 않게 끝이 납니다.

3. 문제는 내면에 있다 미궁에 갇힌 테세우스

이처럼 사람들에게 소통은 어려운 일이 되어버렸습니다. 그런데 생각해보면 소통은 원래 간단한 일 아닙니까? 남이 이야기할 때 잘 듣고 그것에 대해 자신의 의견이나 느낌을 있는 그대로 말하면 되는 것 아닙니까? 이 자체는 굉장히 간단한 거잖아요. 그런데 이게 안 된다는 거죠. 참 이상합니다. 이게 뭘 의미하느냐 하면, 우리 마음이 그만큼 복잡하다는 겁니다. 복잡하고 혼란스럽고 내 마음대로 마음이 통제가 잘 안 된다는 거죠. 마음을 조금만 가만히 들여다보면, 마음속에서 이 생각 저 생각 이런 감정 저런 감정이 왔다 갔다 하고 있는 것을 알 수 있습니다. 그래서 이야기를 하다가 갑자기 다른 데로 빠지고, 다시 돌아오려다가 또 다른 데로 빠져버립니다. 그럼 나중에는 '내가 무슨 이야기를 하려고 했지?'라고 생각하게 되고요. 듣는 것도 마찬가지입니다. 듣고는 싶지만 마음이 말을 들어주지 않습니다. 정신이 다른 곳에 가 있습니다. 그것도 여기저기를 돌아다닙니다. 그러니 제대로 들을 수가 없는 것입니다. 그리고 이야기 주제도 보면 정말 나한테 필요하고 중요한 이야기를 주고받는 진지한 대화가 아니라 대부분은 잡담이죠. 텔레비전에 나오는 연예인 이야기들, 누구한테 들은 이야기들, '카더라' 통신 등등. 어떻게 보면 해도 그만 안 해도 그만인 이야기들로 시간을 소비하는 겁니다. 하여튼 우리 마음이 굉장히 복잡하고 무질서합니다. 사람들은 이러한 복잡한 마음으로 살아가는 겁니다. 그런 복잡하고 힘든 마음으로 많은 결정들을 합니다. 그러면 당연히 문제가 생기겠죠. 문제가 생기면 의사소통을 잘 해서 풀어야 하는데 의사소통 능력이 떨어지니까 또 얽히죠. 많은 부부들이 부부싸움 할 때 문제의 발단은 사소한 거였다고 합니다. 그런데 그 문제를 풀려고 대화를 하다가 거기서 문제가 더 커진다는 거예요. "이거 왜 이렇게 했어?" 라고 말하면, "내가 안 했어."라고 받아 치고, "당신이 안 하면 누가 했어?" "왜 사람을 의심하는 거야?" "맨날 그러니까 그렇지!" "너나 잘해" 이렇게 해서 문제가 커지는 거죠.

그런데 대부분의 사람들은 자신의 마음 상태가 이렇다는 사실조차 모릅니다. 왜냐하면 차분히 앉아서 자신의 마음을 관찰해 보지 않았기 때문입니다. 그만큼 우리의 의식이 밖에 나가 있고, 밖의 것들과 투쟁하고, 밖의 것에 매달려 있다는 증거입니다. 다른 말로 하면 우리가 자기 자신에 대해서 무지하다는 겁니다. 이렇듯 우리 마음 상태는 심각합니다. 어찌 보면 병이 든 것입니다. 그래서 살아도 사는 것이 아니고 하루도 마음 편할 날이 없습니다. 늘 근심과 걱정, 두려움과 불안에 시달리면서, 뭐가 잘못되는 것은 아닐까, 남이 날 어떻게 볼까, 나는 뭔가 잘못된 것 아닐까, 나라는 인간은 근본에서부터 문제가 있는 건 아닐까 등등의 생각들을 하면서 힘들게 하루하루를 살아가는 것입니다. 소설가 코엘료는 "광기란 다른 사람과 소통하지 못하는 것이다"라고 말합니다. 좀 지나친 말이라고 생각하실 분들도 있을 것입니다. 저도 처음에는 이 문장을 보았을 때 그렇게 생각했었습니다. 하지만 지금은 이 말에 동의하고 있습니다.

왜 우리의 마음이 이 지경이 되었을까요? 태어날 때부터 그런 걸까요? 아마도 그건 아니겠지요? 왜냐하면 어린 아이들의 마음은 그렇게 복잡하고 혼란스럽지 않으니까요. 그렇다면 살아가면서 무슨 일이 생긴 것이 분명합니다. 과연 무슨 일이 벌어진 것일까요? 대체 어떤 일이 있었기에 천진난만하고 순수했던 우리들의 마음이 이토록 이상하게 변한 것일까요? 궁금하지 않습니까? 저 또한 오랫동안 그 이유를 모르고 나만의 문제라고 생각하며 괴로워했습니다. 그러다 이 문제의 원인을 이해하고 나서야 삶에 대한 새로운 시각과 관점을 갖게 되었습니다. 저는 이것이 우리가 알아야 할 여러 문제 중의 하나가 아니라 가장 근원적인 문제라고 생각합니다. 왜냐하면 이 문제의 원인을 알아야만 내 삶이 이해되기 때문입니다. 내가 왜 이렇게 살게 되었는지, 내가 잃은 것은 무엇이고, 나는 누구인지, 나는 무엇을 해야 하는지를 알 수 있게 됩니다. 또한 이것은 개인의 문제임과 동시에 사회와 문화의 문제이기도 합니다. 왜냐하면 그 문제의 기원이 개인의 내부가 아니라 밖에 있는 것이라면 그것은 사회와 문화일 수밖에 없기 때문입니다. 그래서 우리가 우리 마음의 문제를 올바로 이해하기 위해서는 그 이상한 사건의 기원과 구조를 발생학적으로 그리고 구조적으로 이해해야 할 필요가 있습니다. 과연 우리에게 무슨 일이 벌어진 것일까요? 우선 이야기 한 편을 같이 보겠습니다.

3-23. 테세우스와 미노타우로스

크레타의 왕 미노스는 왕이 되기 전 형제들과 왕위를 놓고 투쟁하였다. 그는 바다의 신 포세이돈에게 자신이 왕위에 오를 수 있도록 도와달라고 기도하면서 눈처럼 하얀 황소를 증거로 보내달라고 했다. 포세이돈은 정말 잘생기고 눈처럼 하얀 황소를 크레타로 보내주었고 이를 본 사람들은 미노스를 왕으로 인정하였다. 미노스가 왕이 되자 황소를 포세이돈에게 희생물로 바쳐야 했는데 미노스는 너무나도 잘생긴 황소가 아까워 다른 황소를 바쳤다. 포세이돈은 자신을 속인 미노스에게 화가 나서 복수를 꾀한다. 미노스의 왕비 파시파에를 황소와 사랑에 빠지게 만

든 것이다. 파시파에는 너무나 잘생긴 황소를 사랑하여 상사병에 걸릴 지경이었다.

그 무렵 크레타에는 다이달로스라는 명장名匠이 있었는데 다이달로스는 파시파에에게 나무로 만든 암소를 만들어 주었다. 그 암소는 너무나 정교하게 만들어져 진짜 암소처럼 보였는데 파시아에는 그 속에 들어가 황소를 유혹했고 결국 포세이돈의 황소와 교접했다. 미노타우로스는 바로 황소와 파시파에가 교접한 결과로 태어났는데 몸은 인간이고 얼굴과 꼬리는 황소의 모습이었다.

미노타우로스가 아직 어렸을 때는 파시파에가 길렀는데 점차 커가면서 미노타우로스는 난폭하여 통제가 되질 않았다. 미노스 왕은 왕가의 수치이며 난폭하고 사나운 이 괴물을 처리하기 위해 다이달로스에게 아무도 들어갈 수도 나올 수도 없는 복잡한 성, 즉 미궁을 만들게 하였고 그 중앙에 미노타우로스를 가두어버렸다. 이 미궁은 깜깜하고, 휘어져 있으며, 꼬여 있는 통로가 있고 막다른 골목이나 가짜 벽 등, 즉 복잡하고 기괴한 지하실의 집합체라고 할 수 있는 것이었다. 한번 여기에 들어가면 이것으로 끝, 다시 지상에 나오는 것은 불가능하였다.

한편 미노스의 아들 안드로게오스는 아테네에서 열린 경기에 참가했다가 죽임을 당했다. 아들의 목숨에 대한 대가로 미노스는 아테네에 9년에 한 번씩 청년 7명, 처녀 7명을 각각 바치게 했다. 이 인신공물을 미궁으로 보내어 미노타우로스에게 주었다. 이렇게 두 번의 공물이 바쳐지고 세 번째 공물이 바쳐질 즈음, 아테네의 영웅 테세우스가 희생물로 자원하여 이 미궁 속으로 들어간다.

하지만 미노스 왕의 딸 아리아드네는 왕자를 첫눈에 좋아하게 되어 그에게 몰래 실타래와 검을 주었다. 미로에 갇힌 테세우스는 입구에 실타래의 끝을 걸어놓고 실타래를 풀면서 미로 속으로 들어갔다. 곧 미노타우로스와 만난 왕자는 숨기고 있던 단검으로 멋지게 괴물의 목을 베어

낼 수 있었다. 그러고 나서 실을 따라 무사히 미궁에서 탈출한 왕자는 아리아드네 공주와 함께 섬에서 도망쳐 아테네로 돌아온 것으로 알려져 있다.

이 이야기는 그리스 신화에 나오는 이야기입니다. 어떠셨어요? 이야기가 재미있지 않습니까? 재미도 있지만 뭔가 심상치 않은 느낌도 들지 않습니까? 그렇죠? 이 신화를 처음 보았을 때 저도 뭔지 모르지만 강렬한 느낌을 받았습니다. 아주 오래된 이야기임에도 불구하고 그 속에 우리 삶에 관한 이야기, 우리 자신에 대한 이야기를 담고 있기 때문에 그렇습니다.

이 이야기의 무대는 미궁입니다. 이 미로 궁전에서 주인공인 테세우스와 괴물인 미노타우로스가 만납니다. 이 미궁은 보통 복잡한 미궁이 아니죠. 어떻게 되어 있죠? "이 미궁은 깜깜하고, 휘어져 있으며, 꼬여 있는 통로가 있고 막다른 골목이나 가짜 벽 등, 즉 복잡하고 기괴한 지하실의 집합체라고 할 수 있는 것이었다."고 되어 있죠. 한마디로 하면 너무 복잡해서 한번 들어가면 아무도 나올 수 없는 미로입니다. 마치 공포 영화의 배경과도 같습니다. 이러한 미궁 안에 누가 살고 있습니까? 그렇습니다. 미노타우로스가 살고 있습니다. 미노타우로스는 반인반수半人半獸, 즉 몸은 사람이고 얼굴은 황소의 형상을 하고 있는 괴물입니다. 미궁 안에 살면서 제물로 바쳐진 사람들을 잡아먹는 존재입니다. 그(또는 그것)는 아버지의 거짓말과 어머니의 부정으로 인해서 태어났습니다. 왕이 신을 속였고 그 대가로 신의 저주를 받아 왕비인 어머니가 사람이 아닌 소와 사랑을 하게 돼서 태어난 괴물이 바로 미노타우로스입니다. 그런데 이 괴물이 커가면서 점차 난폭해져 통제할 수가 없게 되자, 미노스 왕은 가문의 수치인 괴물을 은폐하기 위해 미궁을 만들고 그곳에 괴물을 가두어버립니다. 그러던 중 주인공인 테세우스가 괴물에게 제물로 바쳐지게 되었습니다. 하지만 테세우스는 자신을 사랑한 아리아드네 공주의 도움을 받아 괴물을 죽이고 미궁을 탈출하는 해피엔딩의 드라마입니다.

이 이야기는 마치 미궁에서 펼쳐지는 한 편의 공포영화이면서 탈출액션영화와도 같습니다. 하지만 단지 재미만 있는 것이 아닙니다. 재미로 포장된 이 이야기 속에는 우리 삶의 진실에 관한 기가 막힌 메시지가 담겨 있습니다. 물론 상징과 은유로 써 있어서 그걸 해독解讀하지 않으면 그 의미를 알 수 없게 되어 있습니다. 그걸 모르면 그냥 누가 지어낸 재미있는 이야기일 뿐이죠. 토마스 머튼은 "진정한 상징은 단순히 어떤 숨겨진 대상을 지시하지 않는다. 그것은 그 안에 우리로 하여금 삶과 현실 자체의 내적 의미를 이해할 수 있게 하는 구조를 내포하고 있다. 참된 상징은 삶의 흐름에서 일어나는 한 사건이 아니라, 모든 존재의 바로 그 핵심을 가리킨다."고 말합니다. 또한 신화학의 대가인 조지프 캠벨은 "신화의 생명력은 그 상징들의 은유적 열정으로부터 나오며, 또한 거기에 의존한다. 은유와 상징은 단순한 지적 개념 이상을 전달한다. 왜냐하면 초월의 현실성에 실제적으로 참여한다는 느낌을 주는 것이 은유와 상징의 고유한 특성이기 때문이다."라고 말합니다.

철학의 언어는 개념이 아니라 '은유와 상징'이고, 이론이 아니라 '신화와 우화 그리고 시詩'입니다. 가슴이 열려 있는 사람은 신화나

시를 읽게 되면 거부할 수 없는 강렬한 무엇인가를 느끼게 됩니다. 하지만 대부분의 현대인은 상징에 대한 감각을 잃어버렸습니다. 왜냐하면 과학이 만들어낸 물질주의적 이론과 세계상 때문에 우주는 수학적 법칙이 지배하는 거대한 물질 덩어리에 불과하다는 관념을 갖게 됐고 이에 수반되는 야만적인 경제적 욕망으로 인해 인간의 영혼과 정신이 훼손되었기 때문입니다. 이런 관점에서 보면 진보라는 말처럼 허구적인 것도 없습니다.

조지프 캠벨은 "신화는 사람들에게 자신의 내면으로 가는 길을 가르쳐준다."고 합니다. 하지만 상징의 메시지가 삶 속에서 작동하지 않는 현대문명 안에 살고 있는 우리들로서는 신화에 등장하는 상징과 은유가 가진 의미를 해독하는 작업을 먼저 해야만 합니다. 그 의미를 알기 전에는 신화는 단지 재미있는 이야기에 지나지 않기 때문입니다. 하지만 의미가 분명해지면 상징은 단지 상징으로 끝나지 않습니다. 신화는 내 삶이 되고, 나는 신화를 살게 됩니다. 그렇게 되면 삶과 세상은 전혀 다르게 보입니다. 저 자신이 오랜 시간에 걸쳐 이런 작업을 해오고 있습니다. 비록 완전하지는 않겠지만 지금부터 제가 파악한 신화에 담긴 메시지를 여러분과 함께 나누도록 하겠습니다.

"우리는 사회를 우리 안에다 옮겨다 놓았다"

첫째로, 미궁은 무엇을 상징하는 걸까요? 저는 미궁을 우리의 마음이라고 해석합니다. 좀 더 정확히 말하면 우리의 무의식입니다. 왜냐하면 미궁은 지하에 있기 때문입니다. 사람들은 무의식에 지배되어 살아가면서도 자신의 무의식에 대해서는 거의 모릅니다. 지배당하지만 모른다는 것. 이게 참으로 기묘한 이야기지만, 사실입니다. 미궁이 지하에 있다는 것은 바로 우리의 무의식에 미궁이 존재한다는 것을 암시합니다. 또한 이 미궁은 미노스 왕 즉 아버지가 만든 것이죠. 자식들에게 아버지는 왕이고 동시에 사회를 상징합니다. 그러니까 사회가 대리자인 아버지를 통해 우리 마음속에 설치한 것이 바로 이 미궁입니다.

니체라는 철학자는 "우리는 사회를 우리 안에다 옮겨다 놓았다"고 말합니다. 저는 이것이 바로 우리 마음 안에 미궁이 만들어지는 과정이라고 생각합니다. 부모는 사회를 지배하는 정서와 관념들을 아이의 마음속에 강제로 집어넣습니다. 아이에게 부모의 말과 행위는 신의 그것과도 같습니다. 그래서 마치 컴퓨터에 소프트웨어들이 깔리듯이 아이의 내면에 사회의 프로그램들이 설치되는 것입니다. 시간이 지나면서 학교, 미디어 등을 통해 들어오는 관념들이 더해져서 미궁은 더욱 복잡해져만 갑니다. 이것이 니체의 말처럼 사회를 우리 안에다 옮기는 과정입니다.

문제는 그 미궁의 성격입니다. 왜곡된 권위와 낡은 관습의 굴레, 탐욕과 착취, 거짓과 폭력에 물들어 있는 무질서하고 혼란한 사회가 우리 내면에 옮겨졌기 때문에 사람들의 마음은 사회를 그대로 닮을 수밖에 없습니다. 삶에 대한 두려움과 왜곡된 욕망이 학습되고 끊임없이 비교당하면서 천사와 같던 아이들은 문제아가 되든지 아니면 사회의 속박에 사로잡혀 성공에 집착하는 야심가로 변해버립니다. 또한 자연과의 관계, 다른 사람들과의 관계, 자기 자신과의 관계 등 모든 자연적 관계들이 뒤틀리고 변질되면서 스스로를 우주에서 분리된 미아로 인식하게 됩니다. 삶에 대한 불안감에 지속적으로 시달리는 이유는 이것입니다. 마지막으로 자기 자신을 추하고 부끄럽고 본질적으로 결함이 있는 존재로 규정하게 되는 단계에 이르면 이 내면의 미궁이 완성됩니다. 이 미궁은 정상적인 방법으로는 도저히 빠져나올 수 없는 미로입니다.

신화에서는 "이 미궁은 깜깜하고, 휘어져 있으며, 꼬여 있는 통로가 있고 막다른 골목이나 가짜 벽 등, 즉 복잡하고 기괴한 지하실의 집합체라고 할 수 있는 것이었다. 한번 여기에 들어가면 이것으로 끝, 다시 지상에 나오는 것은 불가능하였다"고 되어 있습니다. 한번 들어가면 빠져나올 수 없는 아주 무시무시한 미궁입니다. 이것은 신화가 우리에게 보내는 메시지이자 경고입니다. 신화는 그런 미궁이 우리 마음 안에 존재하고 있고, 우리가 그 안에 갇혀 있다고 말하는 것입니다. 게다가 이 미궁은 단지 미궁으로 끝나는 것이 아니라 그 안에 사람을 잡아먹는 괴물이 살고 있다는 것입니다. 참으로 놀라운 이야기입니다.

그렇다면 신화에 등장하는 괴물인 미노타우로스는 무엇을 상징하는 것일까요? 미노타우로스의 정체는 과연 무엇일까요? 한마디로 말하면 미노타우로스는 우리 마음속에 있는 어두운 힘입니다. 어릴 때 가족과 환경에 의해 생긴 마음의 상처와 충격으로 생성된 변질되고 억눌린 감정과 어두운 이미지, 고통스런 기억 등의 복합체입니다. 이것의 성격을 한마디로 규정하는 것은 어렵습니다. 그렇지만 그 기본 성격은 정서적인 것이라고 보아야 할 것입니다. 신화에서도 알 수 있듯이 이것의 생성에 결정적인 역할을 하는 것은 부모입니다. 신화에서는 아버지인 미노스 왕의 거짓말과 어머니의 부정으로 인해 미노타우로스가 탄생하는 것으로 되어 있습니다. 그만큼 부모는 각 개인에게 고맙고 중요한 존재이면서도 동시에 무시무시한 존재입니다. 물론 부모가 의도적으로 그렇게 하는 것은 아닙니다. 부모도 과거를 극복하지 못했기 때문에 스스로도 모르게 자신들의 어둠을 전염시키는 것입니다.

이 어두운 힘은 자라면서 겪게 되는 또 다른 상처와 충격을 흡수하면서 점점 커지고 강해져서 잠복기가 지나면 본격적으로 한 개인의 삶을 지배하게 됩니다. 이것은 우리식으로 말하면 마음속의 응어리, 한恨이라고 할 수 있고, 서양의 정신분석학적 용어로 말하면 콤플렉스라고 할 수 있습니다. 이 어둠의 힘이 바로 우리 안에 내재하는 광기입니다. 삶이 힘든 것은 밖의 현실이 아니라 우리가 우리 안에 존재하는 이 괴물에게 끊임없이 괴롭힘을 당하기 때문입니다. 그렇다고 도망도 못 갑니다. 왜냐하면 미로에 갇혀 있기 때문입니다. 이 미로는 그냥은 절대 탈출할 수 없는 미로입니다. 어떤 사람들은 괴롭힘을 당하는 정도가 아니라 이미 괴물이 되어버린 사람들도 있습니다. 왜냐하면 괴물에게 잡아먹혔기 때문입니다. 이렇게 되면 자신도 모르게 괴물에게 삶을 송두리째 빼앗긴 채 괴물로서 살아갈 수밖에 없습니다. 미노타우로스에게 잡아먹히면 폭력적이고 무자비한 인간이 되거나 아니면 알콜이나 마약 중독에 빠지기도 하고 정신병에 걸리거나 자살을 하기도 합니다. 사이코패스라고 하는 연쇄살인범 같은 사람들을 보십시오. 겉모습은 분명 사람인데 하는 짓은 사람을 잡아먹는 괴수입니다. 또 어떤 사람들은 이런 괴물 같은 사람 밑에서 하수인으로 살아가는 사람들도 있고, 하수인까지는 되지 않았지만 끊임없이 고통을 당하면서 사는 사람도 있습니다.

예전 사람들은 이걸 귀신 들렸다고 했죠. 사람이 갑자기 폭력적이 되거나 미친 짓을 하니까요. 평소에는 그렇지 않다가 어느 순간에 사람이 돌변하는데 그건 사실 사람 자체가 미친 것이 아니라 그 순간 이 미노타우로스가 움직이기 시작한 거죠. 제가 TV에서 직접 본 살인사건 뉴스인데요. 어떤 사람이 지하철역에서 다른 사람과 시비가 붙었는데 주변 사람들이 말려서 싸움이 끝났습니다. 그래서 서로 자기 갈 길을 갔는데, 분이 풀리지 않은 범인이 피해자를 몰래 따라가서 피해자가 음식점에 들어가는 것을 확인하고는 자기 집에 가서 칼을 가지고 다시 와서 피해자가 나오길 기다렸다 피해자를 칼로 찔러 죽인 사건이 있었습니다. 범인이 잡힌 후에 기자가 인터뷰를 하면서 왜 범행을 저질렀느냐고 물었는데, 그 사람 대답이 "나도 그때 왜 그랬는지 모르겠다. 뭐에 씌어서 그런 것 같다."고 대답을 하는 것을 TV에서 직접 보았습니다. 길거리에서 시비 붙은 것 가지고 살인까지 한다는 것은 이해하기 힘든 일입니다. 본인도 왜 그랬는지 모르겠다고 하지만 제가 보면 그 사람 안에 잠재되어 있던 광기가 그 순간에 작동한 것입니다. 이 미노타우로스는 정도 차가 있을 뿐이지 대부분의 사람들이 다 가지고 있습니다.

여러분들도 살다가 갑자기 강한 정서적 혼란에 사로잡히는 경우를 경험해 보셨을 겁니다. 극단적인 분노나 두려움, 공포 등등. 그런데 사실 지나고 보면 별일도 아닌 일에 지나치게 반응을 했다고 생각한 그런 일들이 있을 것입니다. 스스로도 왜 그랬지 하면서요. 이런 극단적 경우가 아니더라도 삶에 대한 두려움과 근심, 걱정으로 늘 마음이 불편한 상태로 살아가는 것도 역시 미노타우로스의 영향입니다. 이렇듯 미노타우로스는 개인의 내면에 지속적으로 정서적인 문제를 일으켜서 삶을 고통스럽다고 느끼게 만드는 원인일 뿐 아니라, 세상에서 일어나는 수많은 폭력과 잔인하고 끔찍한 사건들 그리고 알려졌거나 알려지지 않은 비극들의 숨겨진 원인이기도 합니다. 상황이 이렇다면 이제 나는 어떻게 해야 하는가 하는 것이 궁금해집니다. 그것에 대한 이야기가 테세우스와 아리아드네에 대한 이야기입니다.

테세우스의 검, 아리아드네의 실

이 신화의 주인공은 테세우스입니다. 그래서 사실 이 이야기는 테세우스에 관한 이야기입니다. 그렇다면 우리의 영웅 테세우스는 누구일까요? 그는 바로 '나'입니다. 말하자면 여러분 각자가 바로 테세우스인 것입니다. 그래서 이 신화는 나와 내 삶에 대한 이야기입니다. 그러니까 내가 복잡한 미로 속에 빠져 있는 겁니다. 우리 삶이 그렇지 않나요? 복잡한 미로 속에 빠져 있는 느낌이 들지 않으셨나요? 이렇게도 해보고, 저렇게도 해봐도 행복해지기는커녕 힘들기만 하고 점점 더 꼬여만 가는 느낌이 들지 않습니까? 자신이 미로와 감옥 속에 갇혀 사는 수인囚人이라고 생각해본 적은 없습니까? 자유의 느낌을 느낀 적이 언제인가요? 자유를 원하지 않습니까? 그렇습니다. 우리는 누구나 자유와 행복을 간절히 원합니다. 하지만 자유는 그냥 주어지는 것이 아닙니다. "자유는 공짜가 아니다"라는 말이 있습니다. 자유를 얻기 위해서는 이 미로를 탈출해야만 합니다. 그렇지 않으면 고통과 죽음밖에 없습니다. 우리에게 주어진 상황은 이미 '죽느냐 사느냐'to be or not to be입니다. 그 중간은 사실 없습니다. 하지만 신화는 그것이 나만의 힘만으로는 불가능하다고 말하고 있습니다. 사실 우리는 그동안 미로를 탈출하기 위해서 노력을 안 한 것이 아닙니다. 그러나 계속 실패한 것입니다. 왜냐하면 이 미로는 머리와 발로만 탈출할 수 있는 미로가 아니기 때문입니다. 이 미로는 본질적으로 아리아드네의 도움 없이는 탈출 불가능한 미로입니다. 어쩌면 이 신화의 존재 이유는 바로 이것, 즉 이 미로는 아리아드네의 도움을 받지 않으면 그 누구도 탈출이 불가능한 미로라는 사실을 알리는 것에 있는지도 모릅니다.

그렇다면 내가 반드시 도움을 받아야 하는 아리아드네는 누구이고, 나는 어떤 도움을 받아야 하는 것일까요? 어찌 보면 이 부분이 여러분들이 가장 낯설게 느낄 수 있는 대목입니다. 제 견해를 말씀드리자면, 아리아드네는 우리 내면 가장 깊숙한 곳에 존재하는 '참자아'를 상징하는 것입니다. 그게 대체 무슨 말이냐고 하실 분도 계실 것 같은데요. 그래서 이 문제는 제가 좀 설명을 해야 할 것 같습니다.

대개의 사람들의 경우 자아는 사실상 분리 또는 분열되어 있습니다. 좀 쉬운 말로 하자면 자아를 잃고 살아가고 있습니다. 그래서 자아회복이라는 말을 쓰는 겁니다. 하지만 엄밀히 말해 자아를 잃었다는 말은 자아가 없어졌다는 뜻은 아닙니다. 자아 상실이라는 것은 자아의 독특한 성격 때문에 그 본래성本來性이 훼손되면 자아가 분리 또는 분열되어 스스로 자신을 왜곡해서 인지하는 현상입니다. 그래서 나타나는 증상이 자신을 믿지 못하고, 부끄럽고 가치 없는 존재로 생각하는 자기혐오입니다. 이렇게 되면 자신감과 자존감은 사라지고 대신에 열등감과 자존심이 그 자리를 차지하게 됩니다. 동시에 참자아를 잃은 공허함과 결핍감을 채우기 위해 밖으로부터 자기 존재를 확인받으려고 애를 씁니다. 왜냐하면 다른 사람의 인정과 사랑을 받지 못하면 죽을 것만 같은 고통을 느끼기 때문입니다. 의식이 밖으로 나가는 근본 이유는 바로 이것입니다. 역으로 말하면 참자아와의 연결이 끊어진 상태에서 느끼게 되는 고립감과 두려움 때문에 자아는 밖으로 나가 의지할 곳을 찾는 것입니다. 의식이 밖에 나가 있는 상태가 자아가 분열되어 있는 상태이고, 미로에 갇혀 있는 자아의 상황입니다. 이런 왜곡된 자아, 거짓자아를 일반적으로 에고라고 말합니다. 자신을 에고로 생각하는 것이 자아 상실입니다.

거짓자아는 참자아와의 연결이 끊어진 고독한 나입니다. 그래서 거짓자아는 항상 불안합니다. 그에게 삶은 외롭고 두려운 것입니다. 그는 자기 혼자 삶이라는 무거운 짐을 지고 가야 한다는 절망감에 사로잡혀 스스로 불행하다고 생각하는 존재인 것입니다. 하지만 그의 결정적인 그리고 단 하나의 문제는 자기가 참자아와 연결되어 있다는 것을 망각하고 있다는 점입니다. 미로에 갇혀 있지만 테세우스에게는 아리아드네가 준 검과 실타래가 있습니다. 그 사실을 다시 깨닫게 될 때 나는 참자아와 연결되어 본래성을 회복하는 여정을 시작할 수 있는 것입니다. 밖에 나가 있는 나는 그 자체로는 아무 힘이 없습니다. 밖에 있는 것들, 즉 돈, 권력, 지식, 사람들에 의지해 보았자 아무 소용이 없습니다. 내가 본래의 자리로 돌아오기 위해서는 참 나의 도움을 받아야만 합니다. 내가 의지할 것은 밖이 아니라 안에 있는 '참 나'입니다.

신화에서 아리아드네는 테세우스에게 검과 실타래를 주는데요. 테세우스는 그 검으로 미노타우로스의 목을 베어 죽이고, 실타래에 의지해서 미로를 빠져 나오게 됩니다. 검은 힘과 용기, 의지를 상징하고, 실타래는 정보 또는 지혜를 상징합니다. 그 말은 우리가 내면에서 나오는 힘과 의지로 우리를 괴롭히고 있는 마음속의 괴물과 싸워 이길 수 있다는 것과, 내면의 소리를 들음으로써 복잡한 마음이 치유되고 정화될 수 있다는 것을 의미합니다. 말하자면 자기 안에 있는 참 나로부터 힘과 용기와 지혜가 오는 것입니다. 장자는 "내가 말하는 귀 밝음이란 다른 사람의 소리를 듣는 것이 아니라 자신의 소리를 듣는 것을 말하는 것일 따름이다. 내가 말하는 눈 밝음이란 다른 사람을 보는 것이 아니라 자신을 돌이켜 보는 것이다."라고 말합니다. 장자의 말처럼 내면의 소리를 듣고 자신을 돌아보기 위해서는 밖으로 나가 있는 의식과 관심의 방향을 안으로 돌려야 합니다. 그 소리를 들어야 하고 그 느낌을 따라 살아야만 자유를 얻고 자유인으로 살 수 있는 것입니다. 저는 이것이 이 신화가 우리에게 전하는 철학적 메시지라고 생각합니다.

미로 탈출

저는 어떤 의미에서 인생이라고 하는 것이 재난영화, 탈출영화라고 생각합니다. 왜냐하면 사람들이 사회에 태어나서 사회화된다는 것은 이 신화의 관점에서 보면 미로에 갇히게 되고 괴물에 시달리는 것을 의미하기 때문입니다. 살려면 탈출해야 합니다. 감옥 안에서 성공이라는 것이 의미가 있습니까? 지금 집에 불이 났는데 돈이 무슨 의미가 있습니까? 우선은 살고 봐야죠. 재난영화나 탈출영화들이 인기가 많지 않습니까? 지금 생각나는 것만 해도 꽤 있습니다. 〈빠삐용〉 〈쇼생크 탈출〉 〈포세이돈 어드벤처〉 〈매트릭스〉 〈아일랜드〉가 그런 영화들이고, 〈타이타닉〉도 어떤 면에서는 그런 영화죠. 그것들이 왜 인기가 있는가? 그게 우리 인생에 대한 메타포, 우리 삶에 대한 은유이기 때문에 그렇습니다. 우리 인생을 보여주고 있는 겁니다.

또 하나의 장르인 공포영화도 사람들이 많이 보죠. 그것도 똑같습니다. 이 이야기이거든요. 공포영화 내용을 보면 아무 문제없는 평범한 사람이 친구들하고 놀러 가죠. 별장 같은 집에 갔는데 예기치 않게 갑자기 괴물이 튀어나오죠. 정체불명의 괴물이 튀어나와서 사람들을 괴롭히기도 하고 죽이기도 합니다. 그러다가 다른 사람들은 거의 다 죽고 주인공 혼자서 겨우 살아남지만 괴물을 죽이지는 못하죠. 그래서 속편으로 2편, 3편이 나오죠. 〈에일리언〉이라는 영화도 제가 보기에는 같은 주제를 다루고 있습니다. 그 영화는 4편까지 나왔죠. 대단한 흥행을 거둔 영화죠. 이런 영화의 무의식적 주제는 바로 미노타우로스에 대한 것입니다. 사실 공포영화가 우리들의 삶입니다. 우리 삶도 보면 그냥 평범한 일상을 살다가 갑자기 무슨 사건이 일어나지 않습니까? 돈 문제, 가족 문제, 인간관계의 문제 등등. 그러면 우리 마음이 어떻게 됩니까? 마음이 힘들어집니다. 때로는 밥도 못 먹고 잠도 잘 못 자고 한참 동안 고통을 당하죠. 시간이 지나고 당할 거 다 당하면 잠시 평온이 찾아오지요. 하지만 그게 오래 가나요. 또 무슨 일이 생기고 또 고통당하고, 계속 반복입니다. 우리 삶이 연속되는 공포영화 시리즈가 아니고 무엇이겠습니까?

이 문제를 요행에 맡기거나 남에게 의존하는 것은 결코 해결책이 아닙니다. 문제를 근본적으로 해결해야 합니다. 우리에게는 죽느냐 사느냐 두 가지 중 하나밖에 없습니다. 가만히 있으면 어차피 미로에서 헤매다가 괴물에게 잡아먹히는 신세가 됩니다. 그러느니 싸우다가, 뭔가 해보다가 죽는 것이 더 낫습니다. 내가 방향 전환을 할 때 삶이 달리 보이기 시작합니다. 비로소 나는 내 삶의 주인공이 되는 것입니다. 우리가 자신의 삶에 대해 진지하게 생각한다면 이 문제, 즉 미로탈출을 삶의 중심과제로 생각해야 합니다.

미로와 미로타우로스로 상징되는 광기가 모든 비극과 불행의 원천입니다. 이것이 우리의 마음을 지배하기 때문에 소통도 제대로 할 수 없을 뿐 아니라 하루도 맘 편히 살아갈 수가 없는 것입니다. 우리가 행복해지기 위해서는 아니 최소한 고통 없이 살기 위해서는 이 어둠을 마음으로부터 몰아내야 합니다. 그 과정을 마음의 치유라고 할 수도 있고, 영혼의 정화 과정이라고도 할 수도 있습니다. 또한 우리가 철학을 통해서 해결해야 할 핵심 문제이고, 앞으로 우리가 수업을 통해서 함께 해나갈 작업입니다.

묻고 답하기

1. 선생님, 그러면 그런 고통에서 벗어나기 위해서 어떻게 해야 하나요?

이 신화의 구조로 보면 아리아드네와 만나야 합니다. 그리고 아리아드네가 준 검과 실타래를 사용해야만 합니다. 검은 힘과 용기를, 실타래는 정보와 지혜를 상징합니다. 그것을 얻으려면 내 안으로 들어가야 합니다. 제가 자꾸 밖으로 나가지 마시라고 하는 이유는 죽기 때문에 그렇습니다. 밖으로 나가면 괴물한테 시달리다 결국 잡아먹힙니다.

저는 운명이려니 팔자겠지 생각하면서 그냥 당하고 살았는데, 알고 나니까 분하네요.

병원에서 일하는 분들이 그런 말을 하더라고요. 환자들 중에서도 화를 내는 사람들은 산다고 합니다. 그건 투병의 의지가 있다는 신호거든요. 어쨌든 우리는 올바로 알아야 합니다. 인지적인 것이 출발점입니다. 모르면 아무것도 못하는 겁니다. 그런데 문제는 모르면서도 알고 있다고 생각하는 것입니다. 그래서 지금 말씀하신 것처럼 '이게 운명이려니, 팔자려니' 그렇게 생각하는 겁니다. 제가 지혜는 앎에 대한 앎이라고 반복적으로 말하는 것은 그게 정말 중요하기 때문입니다. 무지를 무지로 알지 않고, 잘못 알고 있으면서 알고 있다고 착각하기 때문에 문제가 도무지 풀리지 않는 것입니다. 잘못된 방향으로 방향을 설정하면 어떻게 되겠습니까? 열심히 할수록 문제가 더 커지죠? 방향이 잘못되어 있으니까요.

2. 참자아만 찾으면 내 마음속의 어둠의 힘과 싸워 이기게 되나요? 내가 두려워하는 게 무엇인지 알고 그게 터무니없다는 것을 알아도 그 어둠의 힘에 제대로 맞서 이기지 못하는 것은 왜인가요?

중요한 질문입니다. 머리로 아는 것만 가지고는 문제가 해결되지 않기 때문입니다. 원인을 아는 것과 문제를 해결하는 과정은 다른 것입니다. 삶은 실전입니다. 실제적으로 괴물과 싸워서 이겨야 합니다. 앞으로 제가 이런 실전에 필요한 정보를 드릴 것입니다. 하지만 중요한 것은 자신의 의지입니다. 왜냐하면 이 과정이 쉽지 않고 시간도 많이 걸리기 때문입니다.

3. 저는 사춘기인 제 딸과 가끔 싸움이 생깁니다. 분명 서로를 사랑하고 아끼는 마음이 있긴 한데 그 아이의 태도나 말투를 보면 도저히 용납이 안 되기 때문입니다. 그런데 아이는 제 말투가 자기를 화나게 한다고 합니다. 제가 말하는 게 단정적이고, 명령조라는 거고, 결론은 꼭 저의 의도대로 만들어 간다는 게 아이의 지적입니다. 이러한 저의 말투와 태도를 고치고 싶습니다. 이게 오랜 습관일까요 아니면 제 마음에서 나오는 표현일까요?

아이에게 명령하고 지시하는 언어습관은 의식의 차원에서는 아이를 사랑하기 때문에 아이를 위해서 그렇게 하는 것이라고 정당화되어 있지만, 사실 무의식의 차원에서는 아이를 자신의 소유물이라고 생각하기 때문에 그렇습니다. 하지만 아이는 존중받고 싶은 것입니다. 아이를 사랑하고 아이가 잘되길 바란다면 아이를 존중하는 것에서 시작해야 합니다. 아이는 내 것이 아닙니다. 아이는 우리와 동등한 인격체입니다. 칼릴 지브란이라는 시인은 아이들을 '큰 생명'의 아들딸이라고 말합니다. 또한 그는 "아이들은 부모를 거쳐 왔으나 부모로부터 온 것이 아니고, 또 그들은 부모와 함께 있지만 부모의 소유가 아니라"고 말합니다. 그러니까 부모는 단지 큰 생명 또는 하나님을 대신해서 아이의 양육과 교육을 책임지고 있는 것입니다. 사랑은 존중에서 출발합니다. 상대를 존중하지 않으면서 사랑한다고 말하는 것은 새빨간 거짓말입니다. 진정으로 아이를 존중하는 마음을 갖게 되면 두 분 사이의 문제는 눈 녹듯이 사라질 것입니다.

이와 관련된 저의 경험담을 들려드리겠습니다. 저의 아버님은 매우 가부장적인 분이셨습니다. 아버님은 항상 명령만 하셨습니다. 대화라는 것이 없었습니다. 전 그게 항상 불만이었죠. 그러다가 제가 이십 대 후반에 어떤 모임에 참석하게 되었습니다. 연세 드신 부부들, 중년부부, 젊은 부부들, 그리고 청년들이 다 함께하는 모임이었습니다. 그 모임에서 저는 이탈리아에서 오신 육십 대 초반의 할머니 한 분을 알게 되었는데, 그분을 통해 평생 처음 존중이라는 것을 느껴봤습니다. 저를 완전히 자신과 동등하게 그리고 귀하게 대접해 주시더라고요. 지금껏 살면서 저보다 나이 많으신 분 중에서 나이차를 넘어 그렇게 자기 자신과 동등한 존재로 저를 인격적으로 존중해 주는 사람을 그분 말고는 만나본 적이 없습니다. 물론 저에게 잘해 주신 나이 많은 분들은 많습니다. 하지만 그분한테서 받은 느낌은 매우 다릅니다. 그분은 저를 자신과 완전히 동등하게, 아니 어떤 면에서는 더 고귀하게 대해 주셨습니다. 그것이 사랑이라고 생각합니다. 저는 그때 그분에게 사랑을 받았고, 사랑이 무엇인지를 알게 되었습니다. 그 경험이 지금까지도 굉장히 큰 힘이 되고 있습니다. 저에게는 잊지 못할 사건이고 감사한 일입니다.

4. 저는 제 생각이 너무 강해서 다른 사람이 나랑 똑같은 생각을 안 해주면 불안하고 잘못된 일이 일어날 거 같다고까지 생각합니다. 이게 문제라는 것은 알겠지만, 여전히 나와 다른 생각을 한 사람들이 잘못된 것이라는 생각도 있고 또 한편으로는 내가 너무 힘드니까 저를 바꿔야겠다는 생각도 있습니다. 저는 왜 제 주장이 이렇게 강한 것일까요. 그리고 어떻게 하면 짐을 내려놓고 편안히 살 수 있을까요. 다른 사람의 생각을 존중하는 마음은 어떻게 해야 가질 수 있을까요?

타인하고 소통이 안 되는 근본 이유는 자기와의 소통이 안 되기 때문입니다. 그렇기 때문에 소통의 출발점은 자기 자신과의 소통입니다. 말하자면 자기 내면의 문제가 타인과의 소통을 방해하고 있는 것입니다. 그것을 인지하지 못하면 소통이 안 되는 이유를 타인에게 돌리게 됩니다. 그 결과는 고립입니다. 강의에서 말한 것처럼 그것은 눈에 보이지 않는 감옥입니다. 감옥으로부터 해방되기 위해서 우리가 먼저 해야 할 일은 자기 내면을 치유하는 일인 자기와의 소통입니다.

다른 사람이 나의 의견에 동의를 안 하거나 비판적인 말을 할 때 불안하거나 잘못된 일이 일어날 것 같다고 생각하는 것은, 그럴 때 사실은 나의 의견이 아니라 내가 무시되고 부정당한다고 생각하기 때문에 그렇습니다. 그래서 사소한 말에도 강한 정서적 동요가 일어나는 것입니다. 이것은 질문하신 분만 그런 것이 아닙니다. 많은 사람들이 그렇게 생각합니다. 문제는 질문하신 분의 강도가 세다는 것입니다. 그렇기 때문에 첫 번째로 해야 할 일은 나와 나의 의견을 분리하는 훈련을 해야 합니다.

나의 의견은 내가 아닙니다. 나의 것입니다. 나의 가방은 내가 아니고 나의 것입니다. 나의 옷도, 신발도, 내가 한 일도, 모두 다 내가 아니라 나의 것입니다. 부모들이 아이들을 혼낼 때, 아이가 한 말과 행동을 문제 삼지 않고 아이 자체를 문제 삼는 경우가 많습니다. '너 왜 그렇게 했니?'라고 묻는 것이 아니라 '너는 왜 그 모양이니?'라고 아이를 몰아세웁니다. 이것은 아이의 행동을 문제 삼는 것이 아니라 아이 자체를 문제 삼는 것입니다. 아주 잘못된 일입니다. 사소한 차이인 것 같지만 이 둘은 엄청나게 다른 의미를 지니고 있습니다. 아이의 잘못된 말과 행동은 바꿀 수 있지만 아이 존재 자체를 문제로 규정해버리면 아이는 그것에서 좀처럼 빠져나오지 못합니다. 어떤 경우에는 평생 동안 빠져나오지 못하기도 합니다. 아이 자체는 문제가 없습니다. 문제가 있다면 아이가 했던 말과 행동뿐입니다. 그것만 바꾸면 되는 것입니다. 그렇기 때문에 그런 규정적인 말에 아이는 반드시 저항하게 됩니다. 왜냐하면 그것은 틀린 말이고 사실 무시무시한 말이기 때문입니다. 부모가 자식에게 절대 해서는 안 되는 말입니다.

두 번째로 해야 할 일은 차이와 다름을 인정하는 훈련입니다. 시비하는 마음처럼 사람을 힘들게 하는 것도 없습니다. 시비가 생기는 것은 자신이 옳다고 생각하기 때문입니다. 우선은 옳고 그름은 없고 단지 '다른 것'이라고 생각하시기 바랍니다. '오직 다를 뿐'이라고 생각하는 것입니다. 그냥 내 말을 믿어보시고 그렇게 해보시기를 바랍니다. 그렇게 하면 예전에는 보이지 않던 많은 것이 보입니다. 그리고 그것을 통해 자신에게 유익한 많은 것을 얻을 수 있습니다.

과거의 습관을 바꾸는 것은 결코 쉽지 않습니다. 자꾸 실패하게 되어 있습니다. 미리 말씀드리지만 아마도 수도 없이 실패할 것입니다. 원래 그렇습니다. 하지만 그렇다고 포기하면 안 됩니다. 이것은 돈 버는 일보다 훨씬 중요한 일이기 때문에 그렇습니다.

5. 저희 아이는 거짓말을 무척 잘합니다. 그래서 어디까지가 진실이고 어디서부터가 거짓인지 신경을 바짝 쓰면서 이야기를 듣습니다. 거짓말을 지적당하면 아이는 무지 화를 내고 역으로 공격을 합니다. 아이가 왜 거짓말을 하는지 의문이 많이 듭니다. 이유가 뭔가요?

아이가 거짓말을 하는 이유는 거짓말을 해서 얻어지는 것이 있기 때문입니다. 그것을 고민해 보셔야 합니다. 제가 아는 한 가장 강력한 동기는 사랑받고 인정받기 위함입니다. 과거에 솔직하게 이야기했을 때 야단을 맞거나 벌을 받은 기억 때문에 꾸지람이나 지적을 피하기 위해서, 또는 부모에게 잘 보이기 위해서 거짓말을 할 가능성이 높습니다. 아이가 무언가 잘못을 했을 때는 아이 자체를 문제 삼지 말고 잘못한 행위에 집중해서 다음에는 그렇게 하지 않도록 올바른 방법을 잘 가르쳐 주어야 합니다. 문제 해결에 집중해야 합니다. 아이를 윽박지르면 해결되기는커녕 더욱 악화됩니다.

6. 저는 어린 시절 복잡한 가정에서 자란 탓에 혼자 생각을 많이 했고 그로 인해 어둡고 독선적인 성격을 갖게 된 것 같습니다. 여러 가지 이유로 이혼을 하게 되었고 그 후유증으로 제 아이 또한 제가 어린 시절 겪은 것 같은 문제를 겪게 만들었습니다. 그래서 그런지 제가 보기에도 우리 애의 상태가 좀 문제가 있습니다. 지금 사춘기인데 너무 늦지는 않았나요. 지금이라도 노력하면 아이가 회복될 수 있을까요?

저는 늦지 않았다고 생각합니다. 아이들은 성인에 비해 회복 속도가 매우 빠릅니다. 저는 부모가 바뀌는 만큼 아이가 달라진다고 봅니다. 부모와 자식 간의 근본 문제는 사랑입니다. 질문하신 분도 사랑 때문에 문제가 생긴 것입니다. 당연히 받아야 할 사랑을 받지 못했기 때문에 내면에 문제가 생긴 것이죠. 저는 궁극적으로 인간의 문제는 이것 하나라고 생각합니다. 제대로 사랑받고 자란 아이는 설령 돈이 없어서 경제적으로 어려움을 겪을 수는 있어도 결코 불행하게 살지는 않습니다. 사실 그런 아이들 대부분은 자신을 둘러싸고 있는 환경적 어려움조차 슬기롭게 극복하면서 자신의 삶을 살아갑니다.

7. 저는 동창 모임에 가끔 나갑니다. 내면의 얘기도 좀 하고 마음도 나누고 싶어 나가지만 항상 실망하고 들어옵니다. 유머, 농담, 연예인 이야기 등으로 웃고 떠들다 노래방 가서 놀다 끝납니다. 사람들이 자기 얘기는 없고 온통 남의 얘기만 하는 이유는 무엇일까요. 대부분의 사람들이 이렇게 시간을 보내면서 끊임없이 모임에 참석하는 이유는 뭔지 궁금합니다.

사람들이 별 의미도 없는 모임임에도 불구하고 계속 나가는 이유는 마음이 허전하기도 하고 혹시 자신에게 이익이 될 만한 것이 없을까 하는 바람 때문입니다. 이런 사람들은 다른 사람들과 같이 있어도 사실은 고독합니다. 이것은 내면이 불안하기 때문에 벌어지는 일입니다. 자신들 스스로도 이런 행동이 도움이 되지 않는다는 것을 알고 있습니다. 하지만 내면에 힘이 없기 때문에 다시 그런 상황이 되면 반복해서 밖으로 끌려 나가게 됩니다. 마음 상태가 건전한 사람이라면 그 시간에 진정으로 마음을 열고 대화할 수 있는 친구를 만나거나, 아니면 휴식을 취하거나, 삶의 에너지를 충전할 시간을 가질 것입니다.

8. 소통하는 대상이 꼭 사람이어야 하나요. 저는 예술 작품을 보고 감동하고, 책을 읽고 공감하고, 자연을 즐기며 가끔 여행도 다닙니다. 살아가는데 별로 지장이 없고 혼자서도 충분히 행복할 수 있다고 생각합니다. 이렇게 사람과 소통 없이 자연이나 취미활동을 통해 즐기고 공감하는 것은 진정한 소통이 될 수 없는지요. 저에게 문제가 있는 건가요?

혼자만의 시간을 즐기는 능력은 삶의 필수적인 요소이고 건강하고 창조적인 삶의 바탕이라고 생각합니다. 대부분의 사람들은 혼자 그냥 가만히 있는 것을 견디지 못합니다. 비록 아무것도 하지 않더라도 혼자 있는 것을 즐길 수 있다면, 삶은 매우 풍성해질 것입니다. 사람들 중에는 평생 고독을 즐기며 사는 사람이 있습니다. 그것은 그 사람 성격의 특수성 때문에 그렇습니다. 예술가나 학자, 작가들 중에 이런 성격의 소유자들이 자주 발견됩니다. 그들에게는 사람보다 더 흥미롭고 끌리는 무엇인가가 있기 때문입니다.

하지만 자신의 소통능력의 부재로 남들과의 만남과 소통을 피한다면 이야기는 달라집니다. 이런 경우에는 사람들과의 만남이 고통스럽고 세상이 두렵기 때문에 도피하는 것입니다. 물론 우리가 모든 사람과 잘 어울리고 살 필요도 없고 그럴 수도 없습니다. 하지만 '관계'가 없다면 '나'도 없는 것입니다. '내가 누구인지 알고 싶다면, 자신의 관계를 보라'는 말이 있습니다. '관계'는 매우 철학적인 의미를 함축하고 있는 인간 현상입니다. 그 속에 '나의 문제'와 '내가 가야 할 길'이 있습니다. 그래서 자신이 왜 혼자 있는 것을 좋아하는지에 대한 진짜 원인을 스스로에게 물어보아야 합니다. 인간은 자기 자신을 기가 막히게 속이는 능력을 가지고 있기 때문에 자칫하면 거짓된 삶을 살 수 있기 때문입니다.

4

나는
감정의 주인인가,
노예인가?

"에이허브 선장은 생각 같은 거 안 해.
그분은 그저 느끼고 또 느끼고 느낄 뿐이야."

허먼 멜빌의 『모비 딕』 중에서

"일반심리학에 대해 중요한 의미가 있는 세세한 정신분석학적
발견들의 수는 너무 많아서 내가 여기서 일일이 열거할 수 없을 정도다.
나는 단지 두 가지 점만을 지적할 것이다.
첫 번째는 정신분석학이 정신생활에서의 우위優位를
정서적인 과정에 돌리는 데에 주저하지 않는다는 것이고,
두 번째는 정신분석이 환자들 못지않게 정상인들에서도 예상치 못할 정도의
정서적인 장애와 지성의 기만이 존재한다는 것을 폭로한다는 것이다."

프로이트의 『정신분석학 개요』 중에서

희망의 인문학 | 철학 강의 4

나는 감정의 주인인가, 노예인가?

—삶의 숨은 지배자

안녕하세요? 수업 시작하겠습니다.

우리는 지난 시간에 소통이라는 주제를 통해서 현대인의 마음 상태에 대해 알아보았습니다. 그 결과 미로에 갇혀 괴물에게 끊임없이 괴롭힘을 당하면서 고통스럽게 살아가는 것이 현대인의 삶이라는 것을 알 수 있었습니다. 물론 이것은 개인의 잘못으로 발생한 문제가 아니라 문명과 사회가 개인에게 옮겨놓은 문제입니다. 하지만 그럼에도 불구하고 그것을 해결해야 할 사람은 개인, 즉 나 자신입니다. 왜냐하면 그 모든 문제가 마음 안에서 일어나고 있고, 마음 안에서 일어나는 문제를 다른 사람이 해결해줄 수는 없기 때문입니다. 이것은 논리적인 마인드로는 이해하기 어려운 삶의 역설입니다. 저도 이것을 받아들이는 것이 힘들었고, 아직 그 이치도 잘 모르겠습니다. 단지 제 경험을 통해 이 길이 올바른 길이라는 것을 말할 수 있을 뿐입니다. 많은 사람들 아니 대다수가 그와는 반대의 길에 해결책이 있다고 생각합니다. 하지만 저는 아직까지 그것으로 문제가 해결된 것을 본 적이 없습니다. 오히려 문제를 더욱 악화시킬 뿐입니다. 우리의 길은 밖으로 나가는 길이 아니라 안으로 들어가는 길입니다.

나라는 사람이 원래 못나고 잘못된 인간이라서 사는 게 힘들었던 것이 아니라, 나도 모르게 미로에 갇히게 되었고 그것 때문에 사는 게 힘들었던 것을 깨닫게 되면 내가 할 일은 분명해집니다. 바로 미로를 탈출하는 것입니다. 이제 나는 영화의 주인공이 됩니다. 하지만 우리가 눈에 보이는 미로에 갇혀 있는 것은 아닙니다. 이 미로는 눈에는 보이지 않습니다. 제가 앞에서 말씀드린 것처럼, 이 모든 것은 마음 안에서 일어나는 일입니다. 그럼에도 불구하고 이것은 탈출이 맞습니다. 분명히 탈출입니다. 이제 해보시면 아시게 될 것입니다. 이 탈출 과정을 편의상 단순화해서 말한다면 미로 자체는 복잡해진 나의 마음을 상징하고, 괴물은 마음에 고통을 주는 어둡고 자기 파괴적인 정서를 상징한다고 할 수 있습니다. 그래서 미로를 탈출한다는 것은 마음에 내재되어 있는 이 두 문제를 해결하는 것을 의미합니다. 두 가지 문제는 서로 연결되어 있지만 그 성질이 매우 다릅니다. 그래서 따로따로 해결할 수밖에 없습니다.

우리가 우선적으로 해결해야 할 문제는 감정의 문제입니다. 저는 사람들이 머리가 나빠서 비합리적인 선택을 하거나, 태어날 때부터 문제가 있는 인간이어서 비도덕적인 일을 저지르는 게 아니라, 정서에 문제가 생겨서 그렇게 되는 것이라고 생각합니다. 사람이 부정적인 정서에 갇히게 되면 그것이 삶을 지배하게 됩니다. 말하자면 정서의 노예가 됩니다. 스스로는 선택의 자유가 있다고 생각하지만 그건 착각입니다. 지난주에 말씀드린 것처럼 괴물이 상징하는 것은 우리 마음 안에 자리 잡고 있는 어두운 힘입니다. 이것이 자극을 받게 되면 부정적 감정과 왜곡된 욕망, 통제되지 않는 충동 등으로 표출됩니다. 또한 평상시에도 먹구름처럼 마음을 어둡고 무기력하게 만듭니다. 실제적으로 우리가 고통으로써 직접 느끼는 것들은 바로 이런 정서적인 것들입니다. 정서 문제가 해결되지 않고는 삶에 어떤 변화나 개선이 이루어지지 않습니다. 그래서 삶의 문제 해결의 우선순위는 정서입니다. 정서의 문제를 다루고 나서 왜곡된 관념과 신념의 문제를 다룰 것입니다. 그래서 오늘의 공부 주제는 감정입니다.

1. 감정을 알아야 삶이 보인다

4-1. "나는 일상생활에서 흔히 발생하는 일들은 덧없고 허망하다는 것을 경험을 통해 배웠다. 또한 공포의 원인이나 대상이었던 모든 것들이 사실 그 자체로는 선善도 악惡도 아니라는 것도 깨닫게 되었다. 그것들은 다만 그것에 의해 우리의 마음이 '동요'되는 한에서만 선도 되고 악도 되는 것이다." – 스피노자

4-2. "정신 건강은 정서적 건전함에 의해 유지되는 것이고 정신적 문제들은 넓은 의미에서 정서적인 질서가 무너졌음을 반영한다. 정서는 유용한 결과를 낳을 수도, 병적인 결과를 초래할 수도 있다." – 조셉 루드

4-3. "느낌은 신체의 특정 상태에 대한 지각인 동시에 사고의 특정 방식, 그리고 특정 주제를 가진 생각에 대한 지각이다." – 안토니오 다마지오

4-4. 감정은 우리에게 매우 소중한 것이고 감정을 잘 느끼고 표현하게 되면 그 유익함은 이루 말할 수 없을 정도이다. 하지만 반대로 감정을

잘 느끼지 못하면 삶이 메마르고 정신건강뿐 아니라 대인 관계에서도 대단히 많은 문제가 발생한다. 감정을 자각하고 느끼지 못하면 결국엔 감정이 우리를 지배하게 된다. 그때 나는 감정의 노예로 살게 된다.

제가 아는 한 감정은 자기 자신과 가장 가까이 있는 것이면서 동시에 자기 자신이 가장 잘 모르는 대상이기도 합니다. 일반적으로 사람들은 놀랄 만큼 감정에 대해 무지합니다. 왜냐하면 늘 감정에 빠져 있기 때문입니다. 감정을 느낄 때에야 자신의 감정에 대해 알 수 있고, 감정에서 빠져 나와야 감정들을 바라볼 수가 있습니다. 하지만 사람들은 감정을 느끼는 것이 아니라 그 속에서 살아갑니다. 그래서 감정으로 채색된 현실을 실재라고 생각합니다. 분노, 적대감, 슬픔, 우울함, 절망감 등등 그 색깔들은 다양합니다. 사람들은 감정 속에서 살기 때문에 그것들에 익숙할 뿐이지 그 감정을 알고 있는 것은 아닙니다. 저는 이런 관점에서 사람들이 감정에 대해 매우 무지하다고 말하는 것입니다.

사람들이 감정에 대해 무지한 데는 여러 가지 이유가 있겠지만 그 중의 하나는 감정을 이해하고 다룬다는 것이 참으로 어렵다는 점입니다. 앞으로 여러분도 해보시면 아시겠지만, 제 경험상 이것만큼 어려운 것이 없다고 해도 과언이 아닙니다. 그래서 감정교육은 어릴 때부터 해야 합니다. 하지만 감정교육을 제대로 하고 있지 않은 것이 우리의 안타까운 현실입니다. 아니 감정에 대한 교육은 전무하다고 해도 틀린 말이 아닐 겁니다. 아무도 감정에 대해서 가르쳐 주지 않습니다. 저의 경우도 초등학교에서 대학원에 이르기까지 집에서건

학교에서건 감정에 대해 배워본 적이 없습니다. 굳이 배운 것이 있다고 한다면 감정을 누르고 숨기는 것을 배웠다고나 할까요. 사실 잘못된 것을 배운 거죠. 이 습관을 고치기 위해 오랫동안 노력했지만 지금도 꽤나 고생하고 있습니다. 만약 어린 시절에 감정을 다루는 법을 배웠더라면 그토록 많은 시간을 감정 때문에 힘들어하지 않았을 것입니다. 지금도 크게 나아졌다고 할 만큼은 아니지만, 예전에 특히 20대 때에는 사는 게 너무 힘들어서 죽고 싶다는 생각도 많이 할 정도였습니다. 감정에서 빠져나오기 위해 제가 했던 일은 생각을 하는 것이었습니다. 하지만 생각하면 할수록 더욱 감정으로 빠져들 뿐 감정 문제가 해결되지는 않았습니다. 감정이 그렇게 해서 사라지는 것이 아니라는 것은 아주 한참 지난 뒤에야 알게 되었습니다.

학교의 교육에서는 영어나 수학 같은 과목을 중요하게 생각합니다. 물론 대학에 가기 위해서는 이런 과목들을 잘해야 하겠죠. 하지만 내면의 문제 때문에 고통스런 삶을 산다면 명문 대학을 졸업하고 과학자, 교수, 변호사, 의사가 되어 봐야 무슨 의미가 있습니까? 현재의 학교 교육에서 가르치는 것들로는 심리적 갈등의 핵인 감정 문제를 해결할 수 없습니다. 성공하고 부자가 되는 것보다 중요한 것은 매일 매일을 마음 편하게 사는 것입니다. 그렇기 때문에 감정교육은 영어나 수학과는 그 차원이 다른 과목입니다. 어떤 의미에서는 훨씬 더 중요한 필수과목입니다. 하지만 현실은 감정교육이라는 말 자체가 낯설 정도입니다. 인생에서 가장 중요한 것에 대한 가르침을 받지 못하고 자란 아이들의 미래는 어떤 것일까요? 저로서는 잘 상상이 안 됩니다. 여러분이 제 수업에서 다른 것은 다 잊더라도 이 정서 문제의 중요성만큼은 꼭 기억해 주셨으면 합니다. 그럼 이제부터 본격적으로 감정에 대해서 공부를 해보겠습니다.

우선은 가장 알기 쉬운 방식으로 감정의 문제를 정의해 봅시다. 흔히 '골치 아프다'라는 말을 할 때는 머리가 아픈 것입니다. 말하자면 생각이 복잡해진 것입니다. 이에 비해 '마음이 힘들다'라고 말할 때는 흔히 말하는 가슴이 아픈 것입니다. 이때는 생각이 아닌 다른 어떤 것이 마음에 동요를 일으키고 마음을 불편하게 합니다. 이 둘은 문제의 성격이 다릅니다. 그렇죠? 이처럼 생각과는 다른 것이면서 마음의 평정을 깨는 어떤 것, 그것이 감정입니다. '슬프다, 화가 난다, 두렵다' 등등의 말들은 바로 감정을 지칭하는 것입니다. 평온했던 마음이 동요하기 시작했다면 그때 감정이 생성된 것이거나 억눌려 있던 감정이 활성화된 것입니다. 이 감정이 부정적인 감정이라면 사람들은 당연히 그것으로부터 벗어나려고 노력합니다. 왜냐하면 그 감정이 불편할뿐더러 마음을 혼란스럽게 하기 때문입니다. 우리가 해결하려고 하는 것은 바로 이 문제입니다. 말하자면 우리의 마음을 힘들게 하는 내면의 부정적 감정으로부터 어떻게 해방될 수 있을까 하는 것입니다.

2. 감성능력이란 무엇인가?

여러분들도 감성 또는 감성능력이란 말은 들어보셨을 겁니다. 대체 감성능력이란 무엇인가요? 가장 단순하게 정의하면 감성능력은 '느끼는 능력'입니다. 조금 더 살을 붙이면 '느끼고 표현하는 힘'이라고 할 수 있습니다. 감성의 일차적 대상은 감정입니다. 기쁨, 슬픔, 분노, 두려움, 쾌감, 불쾌감과 같은 마음의 현상이 감정입니다. 흔히 말하는 희로애락喜怒哀樂을 느끼는 것이 감성의 역할입니다. 가장 기본적이면서 그만큼 중요한 능력입니다. 하지만 저는 감성능력이 여기에서 그치는 것이 아니라고 생각합니다. 감성능력에는 인지능력도 포함됩니다. 심리학자들의 연구에 의하면 감성이 느낌을 통해 감각정보를 처리하는 데 걸리는 시간은 동일한 감각정보를 이성이 처리하는 것에 비해 5분의 1밖에 걸리지 않는다고 합니다. 또한 창조적인 작업을 하는 사람들에게 매우 중요한 직관이라고 하는 것도, 저는 감성능력에 속한다고 봅니다. 감각으로는 지각되지 않는 것을 지각하는 육감이나 예술적 영감의 통로도 역시 감성입니다. 서양에서는 이성적 사고 즉 추리에 의한 판단을 중요시 여깁니다. 그래서 상대적으로 이 기능을 무시합니다. 하지만 저는 감성에 의한 인지능력이 훨씬 더 우월한 능력이라고 생각합니다. 저는 살면서 중요한 선택을 할 때는 반드시 가슴에 물어 봅니다. 저의 경우에 가슴이 제시하는 길이 틀린 적은 없습니다. 문제는 머리가 자꾸 방해를 해서 가슴을 따르지 못하게 하는 겁니다. 하지만 가슴을 따르는 건 무척 어렵습니다. 왜 머리가 그것을 방해하는지는 나중에 설명하겠습니다.

또한 감성능력에는 이러한 수동적인 능력인 감정지각과 인지능력뿐 아니라 능동적인 능력이 있습니다. 그것은 창조능력, 즉 감정과 느낌을 표현하고 형상화하는 능력입니다. 이 두 가지 능력은 서로 분리된 것이 아닙니다. 지각과 인지능력에 문제가 생기면 창조능력도 그만큼 약해지고, 그 반대도 마찬가지입니다. 21세기를 '감성의 시대'라고 말하는 것은 이 시대가 창조적인 것을 필요로 하기 때문입니다. 과거에는 주어진 임무만을 성실하게 완수하면 되는 이성의 시대였습니다. 이성은 분석적이고 논리적입니다. 그것은 항상 과거의 것입니다. 이미 주어진 것들을 분석하고 논리적으로 따져보는 것입니다. 그래서 이성은 새로운 것을 창조할 수 없습니다. 분석적이라는 말 자체가 이미 그런 뜻을 품고 있습니다. 새로운 것을 창조하는 것은 감성입니다. 시인이 머리로 시를 쓴다는 말을 들어본 적이 있습니까? 과학자들도 새로운 것을 발견하거나 발명할 때는 생각이 아니라 직관이나 영감 등에 의지한다고 합니다. 감성은 예술가들에게만 필요한 것이 아닙니다. 감성은 학자나 과학자에게도 필요한 것이고 풍요로운 삶을 살기 위해서 우리 모두에게 필요한 능력입니다.

3. 가슴이 막히면 감정이 나를 먹는다

그렇다면 왜 이 기능에 문제가 생기는 것일까요? 한마디로 말하면 감정의 억압과 저항입니다. 오랜 기간에 걸쳐 가슴의 느낌을 억누르고 가슴이 제공하는 정보를 무시하면, 결국엔 감성기능에 문제가 생깁니다. 저는 그것을 가슴이 막혔다고 표현합니다. 가슴이 답답해지는 것입니다. 또한 밖으로 배출되어야 할 감정들이 나가지 못하고 마음에 쌓이게 돼서 감정의 정체 현상이 일어납니다. 이렇게 되면 감성에는 더 많은 부하가 걸리게 되고 그럴수록 더욱 감정을 억압하게 됩니다. 악순환입니다. 그래서 시간이 지나면 감성기능이 마비가 되어 하늘이 아름다워도, 꽃이 아름다워도 그것을 못 느끼게 되는 겁니다. 잔인한 짓을 하면서도 그게 잘못된 것임을 못 느끼고, 거짓말을 하면서도 죄책감을 못 느끼게 되는 겁니다. 예전에 깡패가 주인공인 어떤 영화를 봤는데, 그 주인공이 조직폭력단에 신입단원으로 들어갑니다. 신입생 훈련을 받는데 두목이 칼을 찌르는 방법을 가르치면서 하는 말이 "너 사람을 찌를 때는 절대 그 사람의 눈을 보면 안 된다." 그렇게 가르치는 겁니다. 왜 그러겠어요? 감정이 올라오잖아요. 보통 사람은 마음이 약해져서 못 하잖습니까? 그래서 감정을 죽이려고 마비시키려고 그러는 거죠. 사람을 괴물로 만드는 과정이죠. 사람을 괴물로 만들려면 우선은 감정을 마비시키고 가슴을 막아야 해요. 옛날에는 생각하는 존재가 인간이라고 정의했지만, 로봇이나 인조인간이 나온 다음에는 인간이냐 아니냐를 판단하는 기준은 생각을 할 줄 아느냐 아니냐가 아니라, 감정을 느끼느냐 못 느끼느냐로 바뀌었습니다. 어쨌든 기준은 그거에요. 내가 감정을 느끼는 정도가 어느 정도인가, 가슴이 막혔나 안 막혔냐가 굉장히 중요한 지표입니다.

4-5. 정서에 문제가 생기는 이유는 감성능력이 제 기능을 못하기 때문이다. 이것을 흔히 가슴이 막혔다고 말한다. 감성능력에 문제가 생겨서 감정을 제대로 느끼지 못하는 것이다. 감성능력을 계발하는 것은 가슴의 힘, 즉 감정을 느끼고 표현하는 힘을 키우는 것이다.

4-6. 감성능력에 장애가 생기면 감정에 쉽게 사로잡힌다. 즉 감정에 빠진다. 이것이 가슴이 막혔을 때 나타나는 첫 번째 부작용이다. 이것이 사람들이 감정을 느끼는 것이 아니라 그것 안에서 살아가게 되는 이유이다. 감정을 느끼는 것과 감정에 빠지는 것은 전혀 다른 일이다. 감정에 사로잡히면 감정이 만들어내는 생각을 한다. 감정에 빠져서 하는 생각

들은 부정적 상상이나 자기합리화, 근심 걱정과 같은 것들이다.

4-7. 감정에 빠져 아무리 많은 생각을 한다 해도 감정은 결코 없어지지 않는다. 오히려 증폭된다. 결국 감정을 억압하는 수밖에 없다. 이것이 두 번째 부작용이다. 잘못된 감정습관은 더욱 강화된다.

감성능력에 장애가 생기면 아주 희한한 일이 벌어집니다. 단지 감정을 못 느끼는 것에 그치지 않고 감정에 사로잡히는 현상이 발생합니다. 말하자면 내가 감정 속으로 빨려 들어가 버립니다. 감정이 나를 먹어버리는 것입니다. 마치 강가에 있던 사람이 폭우로 불어난 강물에 휩쓸려 들어가는 것처럼 감정이 나를 순식간에 그 안으로 빨아들입니다. 감정의 힘이 얼마나 강력한지는 여러분도 잘 아실 것입니다. 그런데 더욱더 이상한 것은 그다음부터입니다. 감정 속에서 나는 뭔가를 하기 시작합니다. 뭘 할까요? 감정의 구름 속에서 내가 하는 일은 다름 아닌 '생각'입니다. 감정과 생각은 이렇게 얽혀 있습니다. 감정과 이성은 분리된 것처럼 말하는 사람들이 많습니다. 하지만 제 경험상 그렇지가 않습니다. 저도 이것을 처음 알았을 때 깜짝 놀랐습니다. 제가 했던 수많은 생각들이 사실은 감정이 만들어낸 생각들이었습니다. 내가 이성적, 논리적으로 생각했다고 생각한 것은 착각이었습니다. 마치 노예처럼 감정이 지시하는 생각을 한 것이었습니다. 감정에 빠진 상태에서는 올바른 생각과 판단을 할 수 없습니다. 이 상태에서의 사고는 자기 파괴적이고 부정적인 생각과 상상들일뿐 아니라, 쉽게 자기기만과 합리화에 빠져들게 합니다. 정신분석학적으로는 전이 투사이고, 불교의 용어로 말하자면 망상입니다. 그리고 그런 생각들의 핵은 문제의 원인을 밖에서 찾는 외부 의존적 사고방식입니다.

예를 들어봅시다. 분노에 사로잡히면 나를 화나게 한 사건과 사람에 대해서 거듭 생각을 하게 됩니다. 상상 속에서 나를 화나게 한 사람에 대해 비난하면서 싸우거나, 왜 그 사람이 잘못됐고 나는 정당한지, 왜 나는 선한 피해자인지, 어떻게 공격하고 복수를 할지에 대해서 계속 생각을 합니다. 여러분들도 다 경험해 보셨을 것입니다. 하지만 그럴수록 화는 점점 더 증폭될 뿐입니다. 화가 없어지지 않습니다. 왜냐하면 이것은 생각 속에서 감정을 발생시킨 사건을 재현하는 일이기 때문에 그때마다 동일한 감정이 생성됩니다. 감정의 에너지가 크면 클수록 그때 느끼는 고통은 더욱 커집니다. 이럴 때 감정을 내려놓는 방법을 모른다면 감정이 시키는 말과 행동으로 더 큰 사고를 치게 됩니다. 그러면 상황은 더욱 악화되는 것입니다. 이런 경우뿐 아니라 과거의 가슴 아프고 힘들었던 일을 다시 떠올린다든지, 미래에 대한 부정적 생각을 하는 것들도 사실은 다 감정의 장난입니다.

이러한 일들이 반복되면 두 종류의 양상이 나타납니다. 하나는 완전히 감정에 지배되어 자기 파괴적인 삶을 살아가는 유형입니다. 물론 주변의 인간관계는 엉망이 되고 일상생활조차 제대로 할 수 없게 됩니다. 또 다른 하나는 감정을 없애버리기 위해 감정과 싸우는 유형입니다. 그러나 감정과 싸워서 이길 수 있는 사람은 아무도 없습니다. 왜냐하면 그것은 감정 안에서 생각을 하는 것이기 때문입니다. 감정 안에서 생각을 하는 것은 감정을 증폭시키는 일이지 그 반대가 아닙니다. 그래서 결국 마지막에는 감정을 억압하게 됩니다. 억압이란 자신의 감정을 억눌러 무의식이라는 마음의 지하창고에 밀어 넣는 현상입니다. 이런 과정들이 반복되면 억눌려진 감정들의 밀도는 점점 높아지고, 에너지는 압축되어 매우 다루기 힘든 정서의 덩어리가 되는 것입니다.

이런 응어리들이 많을수록 사는 것이 힘이 듭니다. 마치 물에 가라앉아 있는 침전물처럼 사소한 자극에도 그동안 쌓여 있던 감정들이 함께 올라와 자신을 감싸기 때문에 쉽게 감정에 사로잡히고 감정에 지배당하게 됩니다. 이럴 경우 흔히 말하는 '감정적' 말과 행동을 하게 됩니다. 사람들 중에는 사소한 일에도 강한 감정적 반응을 보이는 사람들이 있는데, 그 이유는 그 사람의 마음 안에 쌓여 있는 감정이 많기 때문입니다. 이런 감정적 반응은 자동적, 습관적으로 일어나는데, 왜냐하면 그것이 오랜 시간에 걸쳐 조건화, 무의식화 되어 있기 때문입니다. 이런 사람들은 대부분 감정의 노예 상태로 살아가게 되는 정서장애를 갖게 됩니다.

영어로 병을 disease라고 합니다. 이 말은 dis와 ease가 합성된 말입니다. dis-ease는 편하지 않다, 불편하다는 뜻입니다. 마음이 불편한 상태 그것이 병입니다. 또한 마음의 불편함은 마음에서 끝나지 않고 몸의 병으로 나타나게 되어 있습니다. 결국 몸도 불편하게 되는 것이지요. 프로이트는 모든 정신병은 억압된 정서가 배출되지 않기 때문에 생긴다고 말합니다. 집도 청소를 안 하면 쓰레기 먼지 등등이 쌓이잖습니까? 그러다가 시간이 지나면 이것들이 썩기 시작하죠. 그래도 청소를 안 하면 조만간 사람이 도저히 살 수 없는 집이 됩니다. 우리 마음도 이와 유사합니다. 억압된 감정 덩어리는 혼자 가만히 있을 때조차 나에게 영향을 미칩니다. 미래에 대한 불안, 삶에 대한 근심 걱정, 우울하고 무거운 마음으로 힘든 것은 바로 이것 때문입니다.

4-8. "우리가 혼돈 속에 있을 때 우리는 내부 갈등을 자신의 주위에 투사한다. 우리가 평온할 때 우리는 분명하고 보다 효과적인 행동을 할 수 있다. 정서적 위기를 지속적으로 제거하지 않는다면 우리는 보다 많은 시간을 자신과 자신을 둘러싼 사람들과 투쟁하는 일에 소모하게 될 것이다."

– 에리히 프롬

4-9. 우리가 삶이 고통스럽고 힘들다고 느끼게 되는 주된 이유는 이러한 정서적 혼란 때문이다. 자신을 지배하고 있는 정서적 혼란의 힘은 매우 엄청나다. 하지만 사람들은 그것을 제대로 인지하지 못한 채 살아간다.

4-10. 정서적 혼란 속에 있을 때 우리는 현실을 있는 그대로 보는 것이 아니라 왜곡하여 해석한다. 그로 인해 소통에서 문제가 발생하고 비합리적 선택과 행동을 하게 된다. 결국 이것은 현실을 더욱 악화시키고 그것은 또다시 정서적 혼란을 불러오는 악순환을 반복하게 된다.

4-11. 정서적 혼란으로부터 해방되지 않는다면, 우리는 감정의 감옥에 영원히 갇히게 된다.

프롬이 말한 것처럼 이 억눌린 감정의 덩어리는 내면의 불편함에서 끝나는 것이 아니라 외부 인식과 인간관계에도 문제를 일으킵니다. 내면의 정서적 혼란과 위기는 외부에 투사돼서 외부의 갈등을 만들어내는 것입니다. 말하자면 환상을 만들어내고 그것을 실재라고 생각합니다. 이제 문제는 안과 밖 모두에서 일어납니다. 또한 사건의 인과관계가 뒤바뀌고, 문제의 원인이 밖에 있다고 보는 피해의식에 사로잡히게 됩니다. 이 함정에 빠지면 문제는 해결될 길이 없습니다. 이렇게 되면 삶은 무질서와 혼돈 속으로 침몰해버립니다.

현재 우리 사회는 많은 사람들이 자신 내면의 정서적인 문제를 서로에게 투사해서 싸우고 있습니다. 그들의 부정적인 감정과 기운들이 만나고 부딪치면서 더 큰 문제, 더 큰 갈등이 빚어지고 있는 것입니다. 또한 많은 사람들이 실제적 근거가 없는 이런 갈등의 소용돌이에 끌려들어 가고 있습니다. 그런 소용돌이에는 아예 처음부터 발을 들여놓아서는 안 됩니다. 제가 보기에 현재 우리 사회의 가장 큰 문제는 먹고사는 문제가 아니라 이처럼 자신의 내면 문제를 서로 투사해서 생겨나는 갈등과 투쟁입니다. 물론 가슴이 건강해져서 힘이 생기면 가정이나 직장, 사회에 도움을 줄 수 있습니다. 하지만 그렇지 않은 사람이 자기 마음속의 분노와 탐욕을 감춘 채 도덕과 정의의 이름으로 사회를 바꿔보겠다고 뛰어들면 문제가 더 커지고 혼란만 가중됩니다.

감정을 연구하는 학자들에 따르면 우리 내면에 억눌려 있는 감정은 치유되고 해소되지 않으면 그 자체로 영원하다고 합니다. 감정은 자기의 갈 길을 가지 못하면 시간이 지난다고 없어지는 것이 아닙니다. 감정은 무서운 겁니다. 감정은 그냥은 절대로 없어지지 않습니다. 여러분도 경험해 보셨겠지만, 이를테면 자기가 미워하는 사람에 대한 미운 감정이 해소되지 않은 상태로 몇 년이 지났다고 하더라도 우연히 그 사람을 다시 보게 되면 옛날의 그 감정이 그대로 올라옵니다. 안 없어지죠? 이게 아주 이상한 일입니다. 감정이 자기 길을 따라서 나갈 수 있도록 해주어야 합니다. 어떻게 해야 감정이 자기 길을 갈 수 있을까요? 이제부터는 그것에 대해 알아보겠습니다.

4. 감성회복의 세 단계 자각, 느낌, 표현

감정의 문제를 해결하기 위해서는 두 가지 노력이 필요합니다. 하나는 감성능력을 회복시켜 억압된 감정을 치유하는 것이고, 또 다른 하나는 왜곡된 고정관념과 신념을 치유하는 것입니다. 우리에게는 이 두 가지 방법이 모두 필요합니다. 이 둘의 공통점은 정서장애의 원인을 자신의 내부에서 찾는다는 점입니다. 차이점은 감성을 회복하는 것이냐 아니면 올바른 신념과 생각을 갖는 것이냐에 있습니다.

서양의 전통은 후자, 즉 신념과 관념을 바꾸는 것에 집중되어 있습니다. 고대의 에픽테토스, 근대의 스피노자, 현대의 인지행동심리학은 모두 현상과 현실에 대한 해석을 바꿈으로써 부정적인 감정을 긍정적인 감정으로 바꿀 수 있다고 말합니다. 이 이론의 핵심은 인간은 현실이 아니라 현실에 대한 해석을 통해 감정을 느끼게 되어 있기 때문에, 만약 그 해석을 바꾸면 감정의 색깔이 바뀐다는 것입니다. 물론 맞는 말입니다. 하지만 이 방법을 처음부터 적용하여 효과를 본다는 것은 쉬운 일이 아닙니다. 감정에 휩싸여 사는 사람이 자신의 신념과 관념을 성찰하고 그것을 긍정적인 관념으로 바꾼다는 것은 매우 어려운 일입니다. 이 방법은 감정처리 능력이 어느 정도 수준에 이른 단계에서, 부정적 감정의 뿌리를 없애기 위해 사용할 수 있는 방법이라고 생각합니다. 그리고 이 방법은 이성을 이용해서 감정의 문제를 해결하는 것이지 감성능력을 회복시키는 방법은 아닙니다. 서양 문화와 전통에서는 이 방법이 더 보편적인 효과를 내는지도 모르겠습니다. 제가 서양인이 아니라 정확한 것은 모르지만, 그래도 저는 보편적으로 감성치료가 더 우선되어야 한다고 생각합니다. 그래서 우리는 먼저 감성능력을 회복할 수 있는 방법을 알아보고 그 후에 관념과 신념의 문제를 다룰 것입니다. 감성능력의 회복을 위한 첫 단계는 '감정의 자각'입니다.

4-12. 정서 문제의 해결은 자신의 감정에 대한 자각으로부터 시작된다. 말하자면 문제 해결은 '내가 힘든 것은 '나' 또는 '현실' 때문이 아니라, 감정이 나를 힘들게 하기 때문이다'는 사실을 자각했을 때 시작될 수 있다. '나는 지금 감정에 빠져 있다. 그것이 나를 힘들게 하는 것이다'는 것을 인정하는 것이다. 이것이 분기점이고 출발점이다. 처음에는 이것을 받아들이는 것이 매우 어렵다. 하지만 이것을 받아들이지 않고는 감정 문제에서 한 발자국도 나아갈 수가 없다. 감정을 자각한다는 것은 자신의 감정을 존중하는 것이며, 자신에게 정직해지는 길이다.

감정의 자각

감정에 빠지게 되면 거의 필연적으로 감정의 원인을 밖에서 찾고 그 대상에 대해 생각하거나 싸우게 됩니다. 감정의 자각이라고 하는 것은, 내 마음이 불편한 것은 내가 부정적 감정을 가지고 있기 때문이라는 것을 인정하고 받아들이는 것입니다. 이것은 사실 자신에게 정직해지는 노력이며 또한 자신의 감정에 대한 책임을 지는 행위입니다. 왜냐하면 내가 처한 상황에서 모두가 나와 같은 감정을 갖는 것이 아니기 때문입니다. 이 감정은 내 감정이고 내가 만들어낸 감정이라는 것을 인정하는 것이 감정을 자각하는 일입니다. 부정적 감정으로부터 해방되어야만 현실을 있는 그대로 보고 합리적으로 대응할 수 있다는 것을 인정하지 않으면 어떠한 생산적 노력도 할 수 없습니다. 물론 이것은 어려운 일입니다. 아니 매우, 매우 어려운 일입니다. 저도 누구보다 잘 압니다. 하지만 이 문을 열지 않으면 다음 단계로 나아갈 수가 없습니다. 만약 이해가 안 된다면 속는 셈치고 그냥 한번 시도해 보시기 바랍니다. 이 사실을 받아들이면 그 다음부터의 작업은 내 안에서 진행됩니다. 말하자면 내 안에 있는 감정을 다루는 일만 하면 되는 것입니다. 물론 습관과 관성에 의해 의식이 계속 밖으로 나가서 밖에 대해 생각하게 됩니다. 그럴 때마다 다시 의식을 안으로 되돌려야 합니다. '아니야. 문제는 내가 가지고 있는 감정이야'라고 속으로 되뇌면서 다시 안으로 돌아와야 합니다.

4-13. 일단 감정을 자각했다 하더라도 아직은 감정 속에 있기 때문에 자기도 모르게 생각을 하게 된다. 사실 마음이 감정 자체 때문에 고통스러운 것은 아니다. 고통의 원인은 감정에 대한 우리의 잘못된 습관이다. 그 양태는 두 가지인데, 하나는 감정에 사로잡혀 부정적인 생각을 하는 것이고, 다른 하나는 생각과 감정에 저항하고 그것들을 억압하는 것이다. 이 문제의 해결책은 '생각을 지켜봄'이다. 이것이 두 번째 단계이다.

'생각을 지켜봄'과 느낌

자신의 감정을 자각하자마자 곧바로 감정을 인정하고 느끼는 사람도 있겠지만 그런 사람들은 많지 않을 것입니다. 대부분의 경우에는 감정 때문에 마음이 불편하거나 부정적인 생각을 하게 됩니다. 그때의 생각은 감정이 시키는 생각이고, 투사와 망상입니다. 문제는 이때입니다. 그래서 그럴 경우에 어떻게 하느냐가 두 번째 단계입니다. 감정의 자각 후에, 의식의 눈을 안으로 돌려 마음을 들여다보면 그곳에 생각이 끊임없이 펼쳐지고 있다는 것을 알게 될 것입니다. 부정적 감정에 사로잡혀 있을 때는 부정적인 상상이나 근심 걱정을 하게 됩니다. 그러다가 마음이 힘들어지면 생각을 멈추려고 생각과 싸웁니다. 하지만 생각을 안 하려고 하는 것 또한 생각이기 때문에 사실 계속 생각을 하고 있는 것입니다. 실제적으로는 감정 때문이 아니라 이것, 즉 생각 그리고 그것에 대한 저항 때문에 고통스러운 것입니다. 하지만 생각을 하거나 생각과 싸우는 것이 아닌 제3의 길이 있습니다. 그것은 그냥 가만히 생각을 지켜보는 것입니다. '생각하는 것'과 '생각을 지켜보는 것'은 완전히 다릅니다. 생각을 지켜보는 것은 그저 관심을 가지고 생각을 지켜보는 것입니다. 또한 생각을 지켜본다는 것은 의식이 현재에 머문다는 것을 의미합니다. 'Let it be'라는 말이 있습니다. 비틀즈의 노래 제목이기도 합니다. 그냥 '놓아둔다'는 말입니다. 생각에 개입하지도 않고, 생각을 없애려고도 하지 않는 것입니다. 'Let it be' 즉 생각이 떠오르거나 흘러가는 것을 그냥 놔두는 것입니다. 마치 영화를 보듯이 지켜보는 것입니다.

생각하는 것과 생각을 보는 것, 이 차이를 체험해 보셔야 합니다.

생각을 지켜보는 일은 원래 힘이 드는 일이 아닙니다. 편안한 일입니다. 하지만 우리의 오랜 습관 때문에 관성적으로 다시 '생각하는 것'으로 돌아가게 됩니다. 즉 의식이 밖으로 나가려고 합니다. 이런 습관 때문에 생각을 지켜보는 일이 매우 어려운 일이 되어버린 것입니다. 하지만 그때마다 다시 생각을 지켜보는 차원으로 돌아와야 합니다. 특히 감정의 에너지가 강한 경우에는 자기도 모르게 자동적으로 감정을 일으킨 사건이나 사람에 대한 생각에 빠져, 비난하거나 싸우는 부정적 상상을 하게 됩니다. 하지만 이것이 매우 고통스럽기 때문에 이제는 반대로 생각을 안 하려고 생각과 싸우고 생각을 없애려고 합니다. 생각과 싸우는 일 또한 매우 힘들고 마음을 불편하게 합니다. 이때가 중요합니다. 그때 생각을 그냥 인정하고 바라보는 것입니다. 그래 너 거기 있어도 돼! 이렇게 생각들을 지속적으로 지켜보고 있으면 생각들 사이에 틈이 보이거나 생각이 마음에서 차지하는 부분이 줄어들기 시작합니다. 생각을 내려놓는다는 말이 있죠. 이것이 생각을 내려놓는 과정입니다.

마음속에서 생각의 힘이 약해지며 점차 사라지면, '내가 감정 속에 있다'는 답답하고 고통스러운 느낌이 아니라 '내가 감정을 가지고 있다'는 느낌 또는 '내 마음 일부에 감정이 있다'는 느낌을 갖게 됩니다. 그러고는 이어서 희미하지만 어느 정도 구체적인 내용을 가진 느낌이 지각되기 시작합니다. 그것이 바로 감정입니다. 그 느낌을 받아들이고 느낄 때, 감정 밖으로 빠져나와 감정을 느끼는 것입니다. 그것은 단순한 동요나 마음의 불편함일 수도 있고 슬픔일 수도 있고 억울함, 분노, 우울함일 수도 있습니다. 그것을 소중하게 받아들이고 느껴야 합니다. 그래서 그렇게 한참을 느끼고 나면 마음이 시원해지고 평온해집니다. 하늘에 끼어 있던 먹구름이 지나가면 맑은 하늘이 나타나듯이 이제 마음이 편안해지는 것입니다.

물론 한 번의 경험으로 감성능력이 온전히 회복되는 것도 아니고 감정의 문제에서 완전히 자유로워지는 것 또한 결코 아닙니다. 이것이 느낌의 전체 과정은 아니지만 부분적으로는 하나의 사이클이라고 할 수 있습니다. 이런 과정을 무수히 반복해야 할 거라고 생각합니다. 그래서 이런 과정에 익숙해지고 가슴에 힘이 생겼을 때 다음 단계로 넘어갈 수가 있습니다.

대부분의 사람들이 알고 있는 감정은 사실은 감정 자체가 아니라 감정에 사로잡혀 있거나 감정을 억압하는 상태에 대한 경험입니다. 그래서 감정을 부정적으로 생각하는 것입니다. 하지만 저는 감정 자체는 우리에게 소중한 것이라고 생각합니다. 감정을 느낀다는 것은 매우 인간적인 것이고, 그것을 통해 사람이 성숙해지는 것입니다. 그래서 비록 부정적인 감정들이라 할지라도 느낄 수만 있다면 그것들은 우리에게 고유한 의미와 가치가 있습니다. 왜냐하면 그것들로 우리의 삶이 채워지기 때문입니다.

참고로 하나만 더 말씀드리자면 2단계까지는 요가 수련의 과정과 매우 유사합니다. 보통 요가학원에서 하는 요가수업은 두 단계로 진행됩니다. 첫 단계는 체조동작과 유사한 자세(아사나)들을 취하는 것이고 두 번째가 명상입니다. 호흡을 하면서 강사가 제시하는 자세를 취함으로써 생각을 내려놓습니다. 사실 동작을 충실히 따라하면 몸의 통증 때문에 생각을 할 수가 없습니다. 그래서 그런 동작들을

30~40분 정도 하게 되면 몸과 마음이 이완되면서 자연스럽게 기운이 내려가고 생각이 사라지게 됩니다. 그러고 나서 명상을 하는 것인데, 그것은 자신의 호흡을 느끼는 것입니다. 이때 전 단계를 제대로 했다면 마음이 편안해지면서 어떤 느낌들을 느끼게 됩니다. 저의 경우에는 눈물이 나는 경우가 많았습니다. 그러고 나면 마음이 가벼워지면서 정화된 느낌을 받습니다. 마음이 본래의 상태로 돌아온 것입니다. 원래 요가는 다이어트나 몸매를 가꾸기 위해서 개발된 것이 아니고 수행 방법이었습니다. 우리나라에 와서는 그 본질이 완전히 변질되어 버렸습니다. 저도 요가를 제대로 배우기 위해 여러 학원들을 다녀보았지만 그 본래 목적에 따라 요가를 가르치는 곳을 발견하지는 못했습니다. 어쨌든 제가 보기에 그 과정은 제가 말한 감성회복의 과정과 본질적으로는 같다고 봅니다. 이제 세 번째 단계로 넘어가겠습니다.

4-14. "감정을 의식하고(느끼고) 있지만 그 감정이 무엇인지는 모른다. 그가 의식하고 있는 것(또는 느끼는 것)은 마음의 동요, 불안정(흥분)이 전부이며 그것의 실체에 대해서는 모른다. 이러한 상태에 있는 동안 그가 자기의 감정에 대해 말할 수 있는 것은 "나는 뭔가를 느낀다. 하지만 나는 내가 느끼는 것이 무엇인지 잘 모르겠다."뿐이다. 그는 우리가 그 자신을 표현하는 것이라고 부르는 어떤 일을 함으로써 이 무력하고 억압된 상태로부터 자신을 해방시킨다(이것은 우리가 언어라고 부르는 것과 연관된 활동이다). 그는 말을 함으로써 자기 자신을 표현한다.
(…) 표현된 감정은 그것을 느끼는 사람이 그 본성에 더 이상 무지한 상태로 있지 않은 감정이다. 표현되지 않은 상태에서는 감정을 무력하고 억

압된 방식으로 느낀다. 표현되었을 때 그는 이 압박감이 사라진 상태에서 그 감정을 느낀다. 그의 마음은 신기하게도 가벼워지고 편안해진다."

– 콜링우드

표현과 느낌

감성회복을 위한 3번째 단계는 '표현'입니다. 좀 더 정확히 말하면 표현을 통해 느끼는 것입니다. 철학자 콜링우드가 말하는 것이 정답인지 아닌지는 저도 명확히는 모르겠습니다. 하지만 이 글을 처음 보았을 때 사막에서 오아시스를 만난 느낌이었습니다. 감성 문제에 대해 뭔가 새로운 길이 열리는 것 같았습니다. 물론 그 전에도 표현이 감성에서 필요한 것임을 어렴풋이 알고 있었지만, 그게 철학적으로 어느 정도의 중요성인지는 잘 알지 못했었습니다. 콜링우드는 표현이라는 과정의 중요성을 저에게 올바르게 깨우쳐준 고마운 사람입니다. 콜링우드가 말하는 것을 정리해 보겠습니다.

첫째, 표현되지 않은 단계의 느낌은 아직 온전한 느낌이 아니라는 것입니다. 왜냐하면 그때의 느낌은 내 감정이 무엇인지에 대해 무지한 상태의 느낌이기 때문입니다. 물론 무엇인가를 느끼고는 있습니다. 하지만 그 명확한 실체를 모르는 상태의 불완전한 느낌입니다. 그렇기 때문에 마음속에 압박감과 무력감이 남아 있는, 말하자면 어느 정도 답답한 상태라는 것입니다. 이것이 표현이 필요한 이유입니다.

둘째, 표현을 함으로써 이러한 무력하고 억압된 상태로부터 해방이 되고, 자기감정의 실체에 대해 알게 된다는 것입니다. 말하자면 표현을 통해 감정의 속박으로부터의 해방됨과 동시에 자기감정의 실체에 대한 깨달음을 얻게 됩니다. 이로 인해 "마음은 신기하게도 가벼워지고 편안해진다"는 것입니다. 제가 특히 인상 깊었던 것은 바로 이 문장이었습니다. 느낌은 계속 남아 있지만 마음은 신기하게도 가벼워지고 편안해진다는 것입니다. 이게 매우 중요한 포인트입니다. 느낌이 완성됨으로써 '마음의 정화'와 함께 '표현된 감정'이라는 고귀한 선물을 얻게 되는 것입니다. 이것은 마치 엄마가 아이를 낳는 과정과도 같습니다. 칸트는 "감정이 아름다운 것이 아니라 표현된 감정이 아름다운 것이다"라는 말을 합니다. 표현이라는 것이 삶에서 얼마나 중요하고 인간적인 행위인지 알 수 있습니다.

셋째, 콜링우드는 우리가 읽은 인용문이 담겨 있는 책의 다른 부분에서, 느낌과 표현은 분리된 것이 아니라고 말합니다. 무슨 말이냐 하면, 느낀 것을 표현하는 것이 아니라 '표현함으로써 느끼게 된다'는 것입니다. 이 말은 표현하기 전까지는 자신도 그 감정에 대해서 모른다는 의미입니다. 그래서 표현이 곧 느낌 자체인 것입니다. 즉 표현은 가공하고 꾸미는 행위가 아니라 내면에서 나오는 것을 있는 그대로 표현하는 것입니다. 한마디로 말하면 진실입니다. 꾸미거나 조작하는 것이 아닌 진실된 행위가 표현이라는 것입니다. 그래서 그는 이렇게 말합니다. "예술가가 진실되어야 한다는 것은 잘못된 말이다. 왜냐하면 예술가는 진실된 한에서만 예술가이기 때문이다." 진실되지 않으면 예술가가 아닙니다. 그렇습니다. 표현은 진실입니다. 거짓이 없을 때만 표현입니다. 감성은 진실이 아니면 열리지 않습니다. 이것이 매우 중요한 점입니다. 그래서 감성을 회복한다는 것은 진실하게 산다는 것을 의미하는 것입니다. 역으로 말하면 감성에 문제가 생긴 것은 자기 자신에게 솔직하지 못했다는 것을 반증하는 것입니다. 물론 의도적으로 그런 것은 아니겠지만 결과적으로는 외부로부터 뇌에 입력된 명령에 굴복한 것이라고 할 수 있을 것입니다. 이렇게 해서 감성의 문제는 결국 삶의 문제로 귀착됩니다. 그래서 감정의 자각에서부터 표현에 이르기까지의 모든 과정은 사실은 자신에게 솔직해지고 진실해지는 과정이라고도 할 수 있습니다.

넷째, 콜링우드는 "감정의 표현이 예술이다"라고 말합니다. 그래서 그는 예술이 우리와 동떨어져 있는 별천지의 사람들, 즉 특별한 재능이 있고 오랜 기간 전문기관에서 교육받은 사람들만이 하는 것이 아니라고 말합니다. 그는 감정을 온전히 표현하는 사람은 누구나 다 예술가라고 말합니다. 앞에서 말했듯이 진실이 아니면 예술이 아닙니다. 예술은 기교와 기술이 아닙니다. 기교와 기술로 만들어진 것들은 상품입니다. 그것은 예술행위도 예술작품도 아닙니다. 진심으로 하는 것이 예술입니다. 이것이 우리가 예술작품에서 감동을 받는 이유인 것입니다.

지금까지 느낌의 전체 과정에 대해서 알아보았습니다. 제가 말한 것은 어떤 이론이나 원리에 근거한 것이 아닙니다. 느낌이 실제적으로 진행되는 과정을 현상학적으로 기술記述한 것입니다. 물론 제가 공부한 것들을 바탕으로 한 것이지만, 단지 책을 보고 정리한 것만은 아닙니다. 저의 체험이 동반된 것입니다. 이 과정을 잘 이해하면 내게 어떤 문제가 있고 어디서 막혀 있는 것인가에 대해 도움을 얻을 수 있을 것입니다.

제 경험에 비춰보면, 감성능력의 회복은 단기간에 쉽게 이루어지지 않습니다. '감정 공부는 죽을 때까지 하는 것이다.' 이렇게 생각하시는 게 좋을 것입니다. 감성회복은 오로지 자기 자신과의 싸움이며, 자기 자신만의 문제입니다. 이것은 누구도 대신해줄 수 없습니다. 처음에는 사소한 감정에서부터 시작해야 합니다. 처음부터 에너지 강도가 큰 감정은 다룰 수가 없습니다. 이것은 근육운동을 할 때 자기가 들 수 있는 무게부터 시작하는 것과 같은 이치입니다. 그래서 점차 강도가 센 감정들로 수준을 높여가는 것입니다. 이 세 단계 과정을 통해 여러 종류의 감정을 소화해내는 체험들이 쌓일 때 감성내공, 즉 가슴에 힘이 생기는 것입니다.

5. 느낌과 표현을 방해하는 습관들

이제 마지막으로 우리가 알아보고자 하는 것은 느낌과 표현을 가로막는 장애물입니다. 이것들은 문화적으로 주입된 오래된 습관들로, 자기도 모르게 무의식적으로 자신의 감성을 억압하는 습관들입니다.

4-15. 첫째, 감정에 대해 도덕적으로 평가하는 습관.

감정 자체에 대해서 도덕적으로 평가하는 것은 감정에 대한 오해로부터 기인한 잘못된 습관입니다. 감정 자체는 옳고 그른 것이 없습니다. 아니 옳고 그름으로 평가를 할 수 없는 성질의 것입니다. 그래서 감정에 대해 평가를 하면 오히려 문제가 생겨버립니다. 그 반면에 감정을 둘러싼 것들에 관해서는 옳고 그름을 평가할 수 있고, 해야만 합니다. 말하자면 감정을 감추거나 감정에 사로잡히는 것은 문제가 됩니다. 하지만 감정 자체는 그런 잣대로 평가할 수 없습니다. 저는 이것이 감정이 지닌 특수성이라고 봅니다.

예를 들어봅시다. "난 네가 죽도록 미워"라고 자기감정을 표현했을 경우에 어떻습니까. 이것이 도덕적 판단의 대상입니까? 이것이 도덕적 판단의 대상이라고 말하는 것은 무리한 이야기입니다. 이것은 무언가 문제가 발생했다는 신호일 수는 있습니다. 하지만 감정 자체에 대해 옳다 그르다고 말할 수는 없습니다. 반면에 그런 마음이 있음에도 불구하고 그것을 감추고 아닌 척하거나, 실제로 감정이 행위로 발전했을 경우에 그것은 도덕적, 법적 판단의 대상이 됩니다. 그것들에는 옳고 그름이 있습니다. 이 둘을 잘 구별해야 합니다. 감정 자체와 감정에 대한 태도를 구분하자는 것입니다. 제가 하고 싶은 말은 감정 자체에 대해 도덕적 평가를 하는 것은 일종의 '범주오류'라는 것입니다. 범주오류란 음식의 무게를 달아 그 무게로 음식 맛을 평가하는 것과 같은 오류를 말하는 것입니다. 부정적 감정이냐 긍정적 감정이냐 이런 분류는 가능하지만 옳은 감정 틀린 감정이라고 평가할 수는 없습니다. 왜냐하면 감정 자체는 옳고 그름으로 판단할 수 있는 대상이 아니기 때문입니다.

감정에 대해 도덕적으로 평가를 하는 습관 때문에 사람들은 자신이 감정을 가지고 있다는 것을 부끄럽게 여깁니다. 우리는 사실 어릴 때부터 감정을 가지고 있다는 것을 부끄럽게 여기도록 학습되어 왔습니다. 우리 문화가 특히 심합니다. 감정을 느낀다는 것에 대해 수치심과 죄책감을 갖도록 강요당했는데 감성이 억압되지 안 될 수가 없지요. 자기의 느낌을 부정해야만 살아갈 수가 있었던 것입니다. 결국 감성에 문제가 생기게 됩니다. 자기감정에 대해 스스로 판단하고 평가하면 사는 게 힘들어집니다. 자신의 감정을 인정해주세요. 그건 부끄럽고 잘못된 것이 아닙니다. 누군가에게 자신의 감정을 이야기할 때 상대방이 내 감정에 대해 평가를 하면 기분이 어떠세요? 화가 나서 화난다고 말하는데, 옆에서 너는 "속 좁게 왜 그러니?" 그러면 기분이 어떻습니까? 기분이 안 좋죠. 그 사람이 내 감정을 평가했기 때문에 그런 겁니다. 우리는 그냥 내 감정을 인정해주길 바라죠. 공감해주길 바라죠. 그렇게까지는 안 하더라도 그냥 가만히 들어주길 바라죠. 감정은 그런 것입니다. 감정을 공감해주고 나서, 왜 그런 감정이 생겼는지에 대해서 서로 이성적으로 이야기하고 생각해보는 것은 괜찮습니다. 하지만 아예 감정 자체를 무시해버리면 대화가 안 됩니다. 이것은 자기 자신에게도 마찬가지입니다. 자신의 감정을 존중해야 합니다. 감정은 느낌의 대상이지 평가의 대상이 아닙니다. 감정을 느끼는 것과 감정을 평가하는 것은 양립할 수가 없어요. 평가는 생각하는 겁니다. 그렇죠? 감정은 느낌이라는 능력과 연관이 되어 있는 겁니다. 평가는 머리하고 연관이 되는 겁니다.

감정을 평가해서는 감정 문제가 하나도 해결이 안 됩니다. '감정 이건 안 좋은 거야. 없애버려야 해', '화가 나는 건 잘못된 건데, 이걸 남이 알면 나를 어떻게 생각할까?' 이렇게 생각하기 때문에 감정을 감추고 없애버리려고 하는 겁니다. 그래서 감정을 억압하는 거죠.

그냥 가만히 앉아서 감정을 느끼고 나면 감정은 제 갈 길을 갑니다. 음식물을 소화하는 것과 같은 겁니다. 그런데 평가하고 감추고 누르고 그럴수록 더 단단해지고 변질돼서 감정의 성격이 더 안 좋아집니다. 감정을 평가하고 판단하기 때문에 반대로 느끼는 능력은 점점 오그라드는 것이고 그 결과 느끼지를 못하게 되는 겁니다. 무감각해지는 거죠. 그래서 우리는 일단 감정 자체는 옳고 그른 게 없다. 이렇게 이해해야 합니다. 다음으로 넘어갑시다.

4-16. 둘째, 자신의 감정을 의심하는 습관.

자기감정에 대한 의심은 감정을 평가하고 부끄럽게 생각하는 습관의 결과로 생겨나는 것입니다. 감정을 무시하다 보면 자연히 감성능력에 문제가 생깁니다. 그래서 나중에는 느껴야 할 감정마저 느끼기가 힘들어집니다. 좋은 감정마저 느끼지 못하게 되는 것입니다. 기뻐해야 할지 말아야 할지, 화를 내야 할지 말아야 할지 스스로 혼란에 빠져버린 것입니다. 이제 어떤 느낌도 확신하지 못합니다. 느낌과 억압이 반복되는 고통스러운 과정이 지나고 나면, 감정에 대한 의심 때문에 나는 이러지도 저러지도 못하게 됩니다. 말하자면 감정에 대한 노이로제 상태에 도달한 것입니다. 이제 자신의 감정이 정당한지를 확인하는 유일한 길은 다른 사람에게서 확인하는 것뿐입니다. 하지만 이것처럼 위태로운 것은 없습니다. 왜냐하면 이 습관으로 인해 결국에는 자기 자신을 믿지 못하게 되는 상황으로 발전하기 때문입니다. 이것은 자신감과 자존감에 매우 해로운 영향을 주게 됩니다.

4-17. 셋째, 자기감정의 정당성을 남을 통해 확인받으려는 습관.

감정을 도덕적으로 평가하는 습관에 의해 자기감정을 의심하게 되면, 최종적으로는 감정 문제에서조차 남에게 의존하게 되는 지경에 이릅니다. 다른 사람에게 자기감정의 정당함을 확인받으려고 하는 세 번째 습관이 바로 그것입니다. 물론 스스로는 이러한 사태를 자각하지 못합니다. 그뿐 아니라 그때조차 자기감정을 이야기하는 것이 아니라, 될 수 있으면 자신의 감정을 감추고 남의 행위를 비난함으로써 자신의 정당성을 인정받으려고 합니다.

예를 들어봅시다. 화가 나는 일이 있으면 "내가 무시당한 것 같아서 기분이 아주 안 좋아." 이렇게 말하는 것이 자기감정에 솔직한 겁니다. 그런데 어떻게 말하나 하면 "너는 말을 너무 건방지게 한다." 이렇게 말하거든요. 그러면 곧바로 싸움이 시작됩니다. 결코 자기감정을 이야기하지 않습니다. 상대방의 잘못을 비난합니다. 화내지 말라고 하면, 자기는 화가 나지 않았다고 이야기합니다. 사실 상대방이 나를 무시했는지 안 했는지는 확실하지 않습니다. 가장 확실한 것은 내가 화가 났다는 것입니다. 하지만 이상하게 사람들은 그 감정을 표현하는 것이 아니라 자신의 감정이 옳다는 것을 상대방을 통해 확인받고 싶어 합니다. 왜냐하면 화라는 감정을 가지고 있다는 것 자체를 부정적으로 생각하기 때문입니다. 즉 감정에 대한 도덕적 평가가 전제되어 있기 때문에 '나는 화가 난다'라는 말을 못하는 겁니다. "나는 속 좁은 사람이 아니야. 나는 근거 없는 일로 화를 내지 않아. 내가 화를 내는 것은 네 잘못이야. 그러니까 나의 분노는 정당한 것이야.'라는 생각이 마음속에 있는 것입니다. 그러나 자기감정에 대한 이야기는 하지 않고 상대방의 말과 행동에 대해 비난하고 공격합니다. 감정 현상이라고 하는 것은 이처럼 참으로 이상한 것입니다.

그냥 단순하게 "무시당한 것 같아 화난다."라고 말하면 상황은 완전히 달라집니다. 그럴 때 상대방이 나와 싸울 수는 없습니다. "그건 오해야. 내 말은 그런 뜻이 아니었어."라고 하든지 "내가 말을 좀 심하게 했던 것 같아. 미안해." 보통은 이런 반응을 보입니다. 그렇게 되면 거기서 감정이 정리될 수 있습니다. 하지만 상대방을 공격하거나 비난하면 감정이 더 커지거나 처리가 안 됩니다. 곧바로 "너나 잘해. 네가 그 따위로 하니까 그렇지." 이렇게 나오죠. 그러면 뚜껑이 열리는 겁니다. 곧바로 아수라장 되는 거죠. 이런 일을 안 겪은 사람 있습니까? 아마 없을 겁니다. 저도 많이 겪어 보았습니다. 하지만 싸운다고 감정이 해소가 됩니까? 오히려 더 심해지죠. 또 밖에서 해결이 안 된 감정이 있으면 그게 어디 가겠습니까? 가족들에게 옮겨 가겠죠. 그것도 안 되면 집에서 키우는 개한테라도 화를 풀겠죠. 어떻게든 이 감정을 처리해야 하거든요. 그게 안 되면 마치 음식물 체한 것처럼 마음이 불편하고 힘들거든요. 이런 현상을 잘 들여다보아야 합니다. 그 뿌리가 무엇인지. 그렇지 않을 경우 이런 일들이 반복적으로 일어납니다.

이런 현상은 감정에 대한 도덕적 평가로부터 시작되는 것입니다.

감정에 대해 평가를 하기 시작하면, 자기가 느끼는 것을 스스로 부정하고 부인하게 됩니다. 이것은 자기 자신에 대한 폭력입니다. 그 결과 감성능력은 마비되고, 자신의 지각과 느낌과 판단을 믿지 못하고 의심하는 일이 벌어집니다. 그래서 자신의 느낌의 정당성을 남한테 확인받으려고 하거나, 남을 공격하고 굴복시켜서 내 감정이 정당하다는 것을 입증하려 하는 겁니다. 참 단순한 문제를 너무 어렵게 푸는 겁니다. 그냥 자신의 감정을 인정하면 되는 것입니다. 우리가 감성을 회복하기 위해서는 이런 잘못된 습관으로부터 벗어나야 합니다. 자기감정에 대한 평가를 멈추고 자기감정을 존중하기 시작할 때 우리 감성은 되살아나리라고 봅니다.

오늘 강의는 여기까지 하겠습니다. 하지만 감정에 관한 공부는 다음에도 계속됩니다. 이제부터 여러분의 의견이나 질문을 듣겠습니다.

묻고 답하기

1. 괴물을 죽이고 미로를 탈출하기 위하여 우선적으로 감정의 문제, 정서의 문제를 해결해야 한다고 하셨는데, 감정이나 정서보다 더 중요한 것은 올바른 생각, 인식, 방향 정립이 아닐까 하는 생각이 듭니다. 이와 관련하여 조금 더 설명해주시면 좋겠습니다.

질문하신 분처럼 많은 사람들이 감정보다 생각과 인식이 우선한다고 생각합니다. 그리고 그것을 너무 당연하게 여깁니다. 가장 큰 문제는 지극히 당연하다고 생각하는 고정관념에서 발생합니다. 제 의견은 그 반대라는 것입니다. 생각만으로 사람이 바뀌지 않습니다. 머리로는 다 압니다. 하지만 그것만 가지고 실제로 변하는 것은 아무것도 없습니다. 정서가 바뀌어야 사람이 바뀝니다.

만약 이성이 감정을 통제할 수 있다면 세상이 이렇게 어지럽지 않을 것이고, 사람들이 행복해지기가 쉬울 것입니다. 하지만 이성은 감정을 통제하지 못합니다. 아니 이성에게는 그런 힘이 없습니다. 사람을 미워하는 것이 안 좋다는 것을 알지만 사람들은 쉽게 그것을 내려놓지 못합니다. 왜냐하면 생각이 그만큼 힘이 없기 때문입니다. 감정이 정화되고 나면 자연스럽게 좋은 생각, 긍정적 생각을 하게 됩니다. 이 문제는 다음 주에 더 자세히 다룰 것입니다.

2. 감성기능의 문제는 감정의 억압과 저항에서 생긴다고 하셨는데, 그러한 감정의 억압 상태와 정서적 혼란에서 탈출하여 감성기능과 능력을 회복하는 방법은 무엇인가요? "정서 문제의 해결은 자신의 감정에 대한 자각으로부터 시작된다."고도 하시고, "이 문제의 해결책은 '생각을 지켜봄'이다."라고도 하셨는데, 일단 평정심을 되찾는 것이 관건이라고 이해하면 되는지요?

그렇다고 볼 수 있습니다. 평정심을 되찾기 위해서는 마음이 정화淨化되어야 합니다. 부정적 감정은 우리를 망상이나 환상에 빠지게 합니다. 말하자면 인식의 혼란이 생깁니다. 망상이나 환상이 바로 생각입니다. 그때는 어떤 생각을 해도 망상으로 흡수되어버립니다. 물론 좋은 생각을 하고자 노력할 것입니다. 그러나 부정적 감정이 마음을 지배하는 한 긍정적 생각이 자기 자리를 잡지 못합니다. 그래서 생각이 도움이 안 되는 것입니다. 망상과 환상이 실재가 아니라 단지 나의 마음속에서만 존재하는 생각일 뿐이라는 것을 알아차리는 것이 지켜봄입니다. 망상과 환상은 그것의 실체가 드러나면 힘을 쓰지 못합니다. 그때야 비로소 감정을 지각하고 느낄 수 있습니다. 감정의 지배에서 벗어나면 있는 그대로의 현실을 지각하게 됩니다.

3. 감정을 존중하고 표현하는 일, 생각을 내려놓은 일이 참선과 비슷하다는 생각이 드는데 일정한 방식의 훈련이 필요한 것인가요? 특별한 시간에 조용히 나를 돌아보는 그런 활동이 필요한가요? 아니면 생활에서 그냥 나를 솔직히 표현하기만 해도 되는 것인가요?

죄송합니다. 저는 참선에 대해서는 잘 모르기 때문에 비슷한지 아닌지를 판단할 자격이 없습니다. 하지만 제가 말하는 것은 특별한 방법이 아닙니다. 우리가 사물을 볼 때 무슨 방법을 가지고 보는 것이 아니잖습니까? 그냥 보는 것입니다. 그것과 마찬가지로 자신의 마음을 그냥 보는 것입니다. 문제는 지금껏 밖만 바라보았고, 자기 마음을 들여다보지 않았기 때문에 마음을 본다는 것이 낯선 것뿐입니다. 여러분도 해보시면 마음을 지켜본다는 것이 그 자체로는 어렵고 힘든 일이 아니라는 것을 알 수 있을 것입니다.

하지만 문제는 이것을 지속적으로 하는 것이 어렵고, 격한 감정이 올라올 때는 더욱더 어렵다는 점입니다. 그래서 처음에는 자신만의 시간을 가지는 것이 필요할 것입니다. 왜냐하면 그런 시간들을 통해 힘이 생겨야 생활 속에서도 생각과 감정을 지켜볼 수 있고, 자신의 감정에 솔직해질 수 있기 때문입니다. 사람들이 자신을 속이고 싶어서 속이는 것은 아닙니다. 준비가 안 돼 있기 때문에 자동적, 습관적으로 감정의 힘에 사로잡혀 조건반사적으로 그렇게 하는 것입니다.

4. 현실에서 보면 감정을 잘 느끼지 못하는 사람들이 오히려 생을 편하게 살고, 감정을 잘 느끼는 사람들은 동감에서 오는 세상의 고통에 더 많이 노출되는 것 같아요. 감정이 무딘 게 오히려 편하지 않을까요?

감정에 무뎌져서 감정을 느끼지 않는다면 어떤 면에서 편할 수도 있습니다. 감정을 억압하고 마비시켜서 그렇게 되는 것인데, 감정을 아예 느끼지 못하는 상태입니다. 하지만 그렇게 되면 인간적인 삶을 살 수는 없습니다. 사람이 아니라 기계가 되는 것입니다. 이럴 경우 인간관계에서 많은 문제를 일으키고, 심한 경우에는 잔인하고 폭력적인 일을 아무 거리낌 없이 하게 됩니다. 범죄자나 조직폭력배 같은 부류의 사람들이 흉악한 일들을 저지를 수 있는 것은 이들이 감정을 느끼지 못하기 때문입니다. 우리가 지향해야 할 것은 이런 방식이 아니라 마음이 정화되고 내면의 힘이 생겨서 느껴야 할 감정을 느끼되 감정에 사로잡혀 감정에 휘둘리거나 반응하지 않는 경우입니다. 물론 이 길이 쉽지는 않습니다. 하지만 노력하지 않으면 더욱더 힘들어집니다. 사실 우리는 감정 문제를 피할 수가 없습니다. 인간이라고 하는 것이 그렇게 되어 있습니다. 그냥 편하게 살 수 있는 길은 없습니다. 노력하지 않으면 안 되게 되어 있습니다. 그래서 힘들지만 점점 나아지는 길을 선택하는 것이 최선입니다.

5. 저희 애는 화가 나면 멈추지를 못합니다. 막 부수고 던지고 폭언을 하고 자기 직성이 풀릴 때까지 화를 냅니다. 하도 답답해서 하루는 "화가 날 때 왜 그렇게 참지를 못하니?" 하고 물어보았습니다. 그런데 뜻밖에도 "나도 모르겠어. 나도 안 그러고 싶은데 자꾸 그렇게 돼"라고 하더라고요. 이 문제를 어떻게 해결해야 하나요?

제가 보기에는 아이의 내면에 부모와의 관계에서 생긴 상처가 있습니다. 근원은 그것입니다. 그 상처를 건드리는 자극이나 사건이 발생하면 상처로 생긴 해소되지 않은 억눌린 감정이 작동하는 것입니다. 우선은 아이의 감정을 인정해주어야 합니다. 그리고 공감을 해주어야 합니다. 그래서 아이가 마음껏 자기감정을 표현할 수 있도록 놔두어야 합니다. 그리고 아이와 대화를 많이 하셔야 합니다. 아이를 훈계하고 바꾸려는 태도가 아니라 아이를 이해하기 위한 마음으로 아이의 이야기를 충분히 들어주어야 합니다. 그래서 아이가 자신이 충분히 사랑받고 있다고 느낄 수 있도록 해주어야 합니다. 아이는 부모의 사랑을 확인받고 싶은 것입니다.

6. 저는 이혼을 하고 아들을 혼자 키우고 사는 아빠입니다. 처음에는 사소한 일로 아이를 때리기 시작했는데 습관이 되어버렸고, 누가 알까 겁이 날 정도였습니다. 분명 잘못된 것이지만, 그러고 싶어서 그러는 게 아닙니다. 저도 모르게 순간 분노가 확 치밀어 오르면 아이가 방해물로 여겨지고 순간 자제력을 잃어버립니다. 지금은 아이를 때리지는 않지만 서로 상처가 많고 저의 분노감은 아직 치유가 안 됐고 또한 아이에 대한 죄책감으로 고통 받고 있습니다. 어떻게 하면 아이와 제가 행복해질 수 있을까요?

자신도 모르게 분노가 치밀어 오르고 자제가 안 되는 것, 그것이 문제입니다. 지난주에 말한 미노타우로스가 격렬하게 움직이기 시작한 것입니다. 내면이 치유되기 전에는 이 문제가 해결되지 않습니다. 우선은 이 문제를 해결하는 것이 삶에서 가장 중요한 일이라고 생각해야 합니다. 어떤 정신의학자는 이것이 개인의 삶을 24시간, 일거수일투족까지 지배한다고도 말합니다. 어떤 특정한 사건에만 영향을 미치는 것이 아니라는 것입니다. 거의 모든 생각과 판단, 행동에 이놈이 다 개입합니다. 물론 대부분의 사람들은 이 사실을 모릅니다. 이놈이 무의식에 숨어서 움직이기 때문입니다. 정서라는 것은 매우 무서운 것입니다. 삶도 강의의 목표도 이 문제를 해결하는 것에 있다고 해도 과언이 아닙니다. 앞으로의 강의는 모두 이 문제와 관련이 있습니다. 강의를 끝까지 잘 듣고 제가 드린 정보를 실행에 옮겨보시길 바랍니다. 하지만 진지하게 오랫동안 노력해야만 풀릴 수 있는 문제입니다. 적당히 해서 풀릴 문제도 아니고 중간에 그만두면 금방 예전의 상태로 돌아갈 것입니다. 물론 이놈으로부터 지배를 덜 받는 만큼 삶도 편안해질 것이지만, 지금 단계에서는 이 문제의 본질과 심각성을 인식하는 것이 가장 중요합니다.

7. 저는 두 딸아이의 엄마입니다. 큰 애는 공부도 잘하고 자기 일도 스스로 알아서 잘해서 문제가 없습니다. 하지만 작은애는 공부도 못할뿐더러 노는 것만 좋아하고 항상 어지럽히고 지각하고 문제를 많이 일으킵니다. 공부는 포기하고 음악을 좋아하기에 음악 공부를 시켰는데 예상 밖으로 아이가 갑갑해하고 스트레스를 더 받는 겁니다. 제가 보기엔 레슨 선생님이 아이의 마음을 무시하고 무리하게 진도만 나가려고 해서 그런 게 아닌가 싶습니다. 어떻게 해야 할지 모르겠습니다. 작은애의 진로가 걱정됩니다. 이럴 때는 어떻게 해야 하나요?

제가 보기에는 아이의 진로 문제 이전에 아이의 정서적 안정을 찾아주는 것이 선결과제인 것 같습니다. 정서적으로 문제가 생기면 아이가 문제아가 되어버립니다. 아이의 진로 문제는 아이의 정서 문제를 해결한 후에 생각하셔야 합니다.

또 하나 말씀드리고 싶은 것은 교육 방법입니다. 피터 드러커는 세상에 재미없는 배움은 없다고 말합니다. 문제는 선생님입니다. 선생님이 재미없게 가르치기 때문에 배우는 게 재미가 없다는 겁니다. 선생님이 재미있으면 공부가 재미있습니다. 이런 이야기가 있습니다. 어떤 사람이 고양이한테 우유가 좋다고 해서 자신이 키우고 있는 고양이에게 우유를 먹였습니다. 그런데 우유를 먹이려고 하면 고양이가 앙탈을 부리는 겁니다. 그래서 고양이가 못 움직이게 꽉 붙잡고는 힘겹게 숟가락으로 우유를 떠먹였는데, 고양이에게 우유를 먹이는 일이 여간 힘든 게 아니었습니다. 그러던 중 어느 날 우유 먹이는 게 하도 힘들어서 "먹거나 말거나 네가 알아서 해"하면서 놔줬더니 고양이는 도망쳐버렸습니다. 그래서 그냥 쉬고 있는데 좀 지나니까 고양이가 다시 어슬렁어슬렁 기어오더니 그릇에 담겨 있는 우유를 먹기 시작하는 겁니다. 무슨 이야기냐 하면, 사실은 고양이가 우유를 싫어한 게 아니었던 겁니다. 고양이는 우유를 먹이는 방법을 싫어한 것이죠. 우유를 먹이는 방법이 잘못된 것이었습니다. 해결책은 배움이 즐거운 일이라는 것을 깨우쳐주는 겁니다. 왜냐하면 아이들은 배움을 싫어하지 않기 때문입니다.

5

나는 스스로를 치료할 수 있는가?

"네가 따르는 한 가닥 실이 있다.
그 실은 변화하는 것들 사이로 지나간다.
하지만 그 실은 변하지 않는다.
사람들은 네가 무엇을 따라가는지 궁금해할 것이다.
너는 그 실에 대해 설명해야만 한다.
그러나 사람들에게는 잘 보이지 않는다.
그 실을 붙잡고 있는 한 너는 길을 잃지 않는다.
비극은 일어나기 마련이고, 사람들은 상처 입거나 죽는다.
그리고 너는 고통 받고 늙어간다.
시간이 하는 일을 너는 어떻게도 막을 수 없다.
그래도 그 실을 절대로 놓지 마라."

윌리엄 스태포드의 「실」

희망의 인문학 | 철학 강의 5

나는 스스로를 치료할 수 있는가?
—삶은 가슴이 부르는 노래

안녕하세요? 수업 시작하겠습니다.

지난주에 우리는 어떻게 감성능력을 회복할 것인가에 대해서 공부했습니다. 이번 주에는 소통, 성찰, 마음의 치유, 인지기능과 같은 문제들에 감성능력이 어떻게 적용되는지에 대해서 알아보고자 합니다. 오늘 받으신 글을 보시기 바랍니다.

1. 감정과 소통 감정적 대화 vs 가슴의 대화

5-1. 감정의 관점에서 보았을 때 대화는 두 종류로 나뉜다. 하나는 감정에 지배되어 감정이 시키는 말을 하는 감정적 대화이고, 다른 하나는 자신의 감정을 솔직하게 표현하는 가슴의 대화이다.

5-2. 전자는 자신을 있는 그대로 보여주지 않는다. 또한 자신의 감정뿐 아니라 상대방의 감정도 무시한다. 반면에 후자는 자신의 마음을 있는 그대로 전달할 뿐 아니라 상대방의 감정도 존중한다.

5-3. 경청한다는 것은 귀로만 듣는 것이 아니다. 경청은 가슴으로 듣는 것으로서 상대방의 감정까지 듣는 것이다. 감정을 듣는 일이 바로 공감

이다. 공감능력이 없으면 상대방의 감정을 인지하지 못한다. 그만큼 불충분한 소통이 된다. 가족이나 소중한 사람과의 소통에서 공감을 하지 못하면 반드시 문제가 발생한다.

감성능력에 문제가 생기면 곧바로 소통에서 문제가 발생합니다. 제가 보기에 소통에서도 가장 중요한 것은 감정입니다. 감정에서 자유롭지 못하면 소통이 얽히고 관계에 문제가 생깁니다. 하지만 사람들이 의도적으로 감정을 속이는 것은 아닙니다. 사실 그런 사람들도 그렇게 하는 것이 매우 불편합니다. 하지만 자신도 모르게 감정을 속이게 됩니다. 왜냐하면 감정에 예속된 사람들에게는 이미 자유가 없기 때문입니다. 더 큰 문제는 그 사실을 자각하지 못한다는 점입니다. 감성능력이 회복되지 않는 한 그러한 노예상태는 지속될 수밖에 없습니다. 감정에 지배당하는 한 이성은 아무런 역할을 하지 못합니다. 그래서 감정이 무서운 것입니다.

감정을 있는 그대로 표현하지 못하면 흔히 하는 말로 감정적인 대화를 하게 됩니다. 겉으로는 아닌 척, 이성적으로 논리적으로 말을 하지만 마음속으로는 매우 복잡한 계산을 하고, 때로는 고상한 말을 사용해서 상대방을 비난하고 공격합니다. 흔히 말하는 감정싸움입니다. 감정을 속인 채 말로 싸우는 것이죠. 무지하게 피곤한 일입니다. 하지만 그 방법밖에 모르는 사람은 상대방을 공격해서 감정싸움에서 이기는 길이 최선이라고 생각할 것입니다. 감정싸움을 하는 사람도 사실은 자기감정을 해소하기 위해서 그러는 겁니다. 단지 간단한 방법을 놔두고 도움이 안 되는 방법을 쓴다는 것이 다를 뿐입니다. 감정이라는 것은 정말 묘한 것입니다. 감정에 솔직해지면 천국을 만들 수 있지만 감정을 속이면 지옥 속에 살게 됩니다.

강의를 들었던 분들 중에 가끔 "선생님 덕분에 사는 게 많이 편해졌습니다"라는 말을 하는 분들이 있습니다. 무슨 말인가 하면, 감정을 표현하고 사니까 사는 게 편해졌다는 뜻입니다. '힘들다, 슬프다, 괴롭다, 하기 싫다' 등등 예전에는 하면 안 되는 말로 알고 있던 것들이었는데 그런 말을 하고 사니까 한결 사는 것이 편해졌다는 것입니다.

저의 경험을 이야기해 보겠습니다. 저도 감정의 중요성을 깨닫고 난 후에 감정을 표현하며 살려고 노력을 했지만, 제대로 하지 못하고 여러 차례 실패를 했었습니다. 여러 차례가 아니라 수없이 실패했죠. 그러다가 어느 날 처음으로 겨우 표현을 하게 되었습니다. 그때 제가 한 말이 "선생님, 저도 감정이 있습니다. 저도 마음이 많이 불편합니다." 이거였습니다. 표현이라고 하기에도 뭐한 아주 간단한 표현이었습니다. 하지만 저에게는 대단히 중요한 진일보였습니다. 그랬더니 선생님이 깜짝 놀라시면서 "철학자가 뭐 감정 이야기를 해" 그러시며 슬그머니 넘어가 버렸습니다. 제 입에서 그런 말이 나오는 걸 처음 들으셨거든요. 예전 같으면 감정을 숨긴 채 논쟁을 하거나 감정싸움을 한참 했겠죠. 하지만 그날은 전혀 문제가 생기지 않았습니다. 얼마나 기뻤는지 지금도 기억이 생생합니다. 의지를 가지고, 나를 속이지 않고 솔직하게 내 감정을 처음으로 표현한 날이었습니다. 감정을 자각하고 그걸 느끼면서 말로 표현하는 전 과정을 해낸 것이었습니다. 얼마나 기분이 좋은지 집에 돌아오면서 막 소리를 질렀습니다. 해냈다!

또 다른 예를 들어보겠습니다. 생활 속에서 일어난 경험담입니다. 대단한 것은 아니고 사소한 일인데요. 얼마 전에 휴대폰을 새로 바꾸었을 때 이야기입니다. 휴대폰을 새로 바꾸려고 가게에 들어갔어요. 직원이 좀 젊은 사람인데 껄렁한 스타일이더라고요. 저를 존중하는 마음으로 차분하게 이것저것 물어보고 친절하게 대하는 것이 아니라 몇 마디 물어보더니 명령하듯이 "이거 쓰세요"라고 말하더라고요. 기분이 확 상했습니다. 좀 당황스러워지고 잠시 후에 마음속에서 감정이 올라오는 것을 알아챘습니다. 어떻게 해야 할지 잠시 고민이 되더라고요. 이런 거 가지고 화를 내면 '나를 쪼잔한 사람으로 보지 않을까?' '그냥 참고 넘어가야 되나?'라는 생각도 있었고, "아니 당신 왜 이렇게 불친절하게 굴어? 여기 사장 나오라 그래." 이렇게 말하고 싶은 충동도 있었습니다. 하지만 그렇게 되면 내가 감정에 말리는 거죠. 여러 가지 생각을 하다가 저는 이렇게 말했습니다. "아저씨가 말씀하시는 게 듣기에 불편합니다. 마음 상했습니다. 마음이 불편해서 여기서 핸드폰 살 마음이 사라졌네요." 그랬더니 그 종업원이 아무 말을 안 하더라고요. 그래서 그냥 나왔습니다. 사실 그 집을 나오는 순간 제 마음에는 감정의 찌꺼기 같은 것은 이미 하나도 없었습니다. 그러고는 다른 집에 들어가서 지금 쓰고 있는 휴대폰을 구입했습니다. 그런데 만약 다른 방식을 선택했다면 어떻게 되었을까요? 불편한 마음이 풀리기는커녕 한참 입씨름을 하다가 기분 안 좋게 끝났겠죠. 그리고 아마도 하루 종일 기분이 안 좋았을 겁니다. 이 경우에도 내가 내 힘으로 감정 처리를 한 거죠. 물론 그런 감정이 안 생길 정도로 제가 내공이 있었다면 좋았겠지만 그 수준이 안 돼서 이미 감정이 생긴 것을 어떻게 하겠습니까? 내 감정 내가 책임을 져야죠. 그래서 감정을 표현한다는 것은 어떤 의미에서는 자기감정을 처리하고 자기감정에 책임을 지는 행위입니다.

얼마 전에도 누구랑 일 때문에 통화를 한 적이 있었어요. 이야기를 하는데 말도 안 되는 이야기를 하더라고요. 그리고 도대체 제 말을 듣지를 않습니다. 그래서 제가 이야기했습니다. "아 정말 저 너무 힘드네요. 힘들어서 도저히 대화를 할 수가 없습니다. 더 이상 대화를 못 하겠네요. 전화 끊겠습니다."라고 말하고는 전화를 끊었습니다. 이 경우도 마찬가지입니다. 제 감정을 이야기했죠. "너무 힘들다. 도저히 들을 수가 없다." 하지만 그 반대로 했을 경우를 생각해 보세요. "당신 왜 그래? 왜 말을 못 알아들어? 당신이 지금 억지 쓰고 있는 거야!" 이런 식으로 이야기를 했다면 어떻게 됐을까요? 한참 싸웠겠죠. 결과는 뻔합니다.

제가 감정을 표현하는 대화를 하자고 하면 꼭 나오는 질문이 있습니다. 감정을 표현했는데 싸우자고 덤비면 어떻게 하냐는 것입니다. 그럴 것 같죠. 해보지 않고 머리로만 생각하면 그럴 것 같다는 생각이 듭니다. '상대방을 공격해야 한다는 생각을 포기하면 나만 손해 보는 것은 아닐까?' '내 감정을 표현해도 그것을 부정하고 나를 공격하면 어떻게 하나?' 하는 생각이 들기 때문입니다. 물론 그런 경우가 전혀 없다고는 할 수 없지만, 대부분은 그렇지 않습니다. 왜 그런가 하면, 내 감정을 이야기하면 상대방이 나에게 시비를 걸 수가 없기 때문입니다. 내 기분이 안 좋고, 내가 맘이 상했다는데 그것에 대해서 상대방이 어떻게 싸움을 걸겠어요. 내 감정이 아니라 상대방에 대해서 뭐라고 할 때 그때 시비나 싸움이 생기는 겁니다. 내 마음속에서 일어난 일을 말하는 것이 아니라 '당신이 문제야. 당신이 잘못했어. 당신 제대로 못 해.' 이렇게 상대방을 비난할 때 시비가 시작되고 싸움으로 번지게 되는 겁니다. 자기감정을 숨긴 채 감정을 풀려고 하니까 문제가 생기는 겁니다. 자기감정이 옳다는 것을 상대로부터 확인받으려고 공격하고 비난하는 겁니다. 당연히 싸움이 생길 수밖에 없습니다. 오히려 감정을 솔직하게 표현하는 것이 문제를 평화롭게 해결하는 길입니다. 그러면 사람들이 솔직하다, 용기 있다 그렇게 평가합니다. 이와는 반대로 어떤 사람들은 감정을 꾹꾹 누르고 참는 식입니다. 이건 싸움은 안 일어나지만 그 대신 자기가 죽어나죠. 사는 게 너무 힘들어집니다.

감성능력이 회복되면 그에 비례해서 공감능력도 함께 성장합니다. 예전에는 닫혀 있던 감각이 열리는 것입니다. 가슴으로 들으면 상대방의 감정이 느껴집니다. 머리로만 들으면 오해가 많이 생깁니다. 하지만 감정을 알게 되면 상대방의 상태가 어떤지, 무엇을 말하고자 하는지 명확하게 알게 됩니다. 특히 여자들은 사실 공감을 받으려고 대화하는 경우가 상당히 많다고 합니다. 집에서 아내가 "무슨 냉장고가 이 모양이야" 하면서 냉장고가 너무 오래됐고, 성능이 떨어진다느니 등등 이런 불평불만을 얘기하면, 남편은 어떻게 듣느냐 하면 "저거 새 냉장고 사달라는 이야기구나?" 이렇게 생각합니다. 그런데 여자들이 원하는 건 뭐냐 하면 "아 여보 참 힘들지? 그래 내가 보기에도 너무 오래됐다. 나중에 돈 생기면 새로 하나 사자."라는 말을 듣고 싶은 거거든요. 공감해 달라, 이 힘든 마음을 알아 달라는 겁니다. 그런데 그걸 모르니까 남편은 자리를 쓱 피하죠. 그러면 여자는 더 큰소리로 고함치듯이 떠듭니다. '아이고 내 팔자야' 등등. 그러면 남편은 '이제는 나를 무능하다고 비난하는구나' 이렇게 생각합니다. 문제가 커지는 거죠. 어떤 남편들은 "네가 돈 벌어서 사!"라고 한답니다. 그렇게 되면 즉각적으로 부부싸움이 되는 거지요. 아내의 감정에 대해서 무지하기 때문에 그렇게 되는 겁니다. 그래서 좀 알아야 돼요. 모르니까 대화하다가 싸움으로 번지고 커지는 거죠. 감정을 모르면 소통이 안 됩니다. 말 한마디에 천 냥 빚을 갚는다고 하지 않습니까? 감정을 알아야 합니다.

제가 여러분을 위해서 대화 속에서 자신의 감정을 표현하는 사례 몇 가지를 준비해 왔습니다. 제가 예전에 참가했던 감정훈련 프로그램에서 받은 자료에 있던 것들인데 같이 보겠습니다.

5-4. 감정의 표현 – 'I Message'

당신은 자기밖에 모르는 이기적인 인간이야. 당신은 그거밖에 안 돼.
(감정적인 말)

당신은 늘 자기 하고 싶은 것만 하고 내 생각은 안 하는 것 같아, 그럴 때마다 나는 너무 가슴이 아프고, 당신이 미워져. 세상에 오직 나 혼자 외로이 서 있는 느낌이야. (감정의 표현)

어머님 너무 하시네요. 제가 뭘 얼마나 잘못했다고 그러세요. 저도 이제는 못 참겠습니다.

어머님이 그렇게 말씀하시니 제가 쓸모없는 사람이고 결점이 너무 많은 사람

이 아닌가 하는 비참한 생각이 듭니다.

야. 가만히 좀 있어. 왜 자꾸 시끄럽게 떠들고 난리야. 다른 사람들이 뭐라고 하잖아!

네가 사람 많은 데서 떠들고 뛰어다니면 엄마는 남들에게 불편을 끼치는 것 같아서 마음이 산란하고 불안해진단다. 엄마를 위해서 좀 가만히 있어 주면 안 되겠니.

왜 너는 내가 말할 때마다 딴 짓 하냐. 내가 우습게 보이냐?

내가 말할 때마다 내 말을 듣는 척만 하지 안 듣는 것 같아, 그래서 내가 무시당하는 것 같고 마음이 언짢고 불편해.

보시다시피 감정을 표현하는 대화의 주어는 항상 '나'I Message입니다. 왜냐하면 감정은 나의 감정이기 때문입니다. 감정이 올라왔을 때 '너'를 주어로 말하면 대화가 곧바로 시비나 비난으로 바뀝니다. 그래서 감정이 생겼을 때는 의도적으로 나를 주어로 말하려고 노력해야 합니다.

2. 감정의 성찰 자기 진실과의 대면

이제 두 번째로 '성찰'이라는 주제와 감정의 관계를 알아보겠습니다. 성찰은 과거의 행동과 문제점을 반성하기 위해 내면을 들여다보는 행위입니다. 성찰의 목적은 단순히 내면을 보는 데 그치는 것이 아니라 삶을 개선하는 데 있습니다. 하지만 이 문제가 쉽지 않습니다. 흔히 사람은 잘 안 변한다고 합니다. 이 말은 통계적으로 맞는 말인 것 같습니다. 제 주변 사람들만 보아도 그런 것 같습니다. 사람들이 잘 안 변하더라고요. 그렇다면 원래 사람들에게는 변화나 개선에 대한 욕구나 의지가 없어서 그런 것일까요? 아니면 인간은 원래 그런 것일까요? 하지만 자기계발서들이 지속적으로 베스트셀러 목록 안에 들어가는 것을 보면 꼭 그런 것 같지는 않습니다. 다른 책들은 잘 안 팔리는 데도 자기계발서들이 꾸준히 팔리는 것을 보면 분명 사람들에게는 그런 욕구들이 존재한다고 볼 수 있습니다. 저는 사람인 이상 자기 삶을 개선하고 싶어 하지 않는 사람은 없다고 봅니다. 문제는 그게 잘 안 되니까 하다가 포기한다는 것입니다. 저는 실패의 가장 주요한 이유가 감정 때문이라고 생각합니다. 물론 습관과 내면을 바꾼다는 것은 매우 어렵습니다. 하지만 감정을 모르기 때문에 더욱 그렇습니다. 왜 그런지 이제부터 그 이유를 살펴보겠습니다.

5-5. "이성은 감정의 노예이고, 노예이어야 하며, 오직 감정을 위해 봉사하고 복종하는 것 이외에 어떤 자리도 탐내서는 안 된다."

– 데이비드 흄

5-6. "지난날 그대의 진리로 군림했던 저 오류들을 발견한 것은 그대의 이성이 아니라 그대의 '생활'이었다. 그대의 삶은 이제 더 이상 그런 잘못된 주장들을 필요로 하지 않기에 그것들은 자연스럽게 자신의 정체를 드러내고, 그대의 눈앞에서 붕괴된 것이다." **– 니체**

5-7. "나는 대부분의 정신병리 증상이 실제로는 정서장애라고 본다."

– 로버트 플루치크

흄은 18세기 영국의 철학자입니다. "이성은 감정의 노예다"라는 그의 주장은 이성 중심 문명인 서양에서 매우 이례적이고 이단적인 것입니다. 니체 역시 같은 맥락의 주장을 하고 있습니다. 제 입장에서 보면 흄과 니체의 주장은 서양인의 편견과 착각을 올바르게 지적한 말이라고 생각합니다. 아니 이들은 인간을 있는 그대로 본, 서양 근대 철학자 중에서 몇 안 되는 제정신을 가진 철학자들입니다. 여러분들에게도 "이성은 감정의 노예이다"라는 말은 아마 낯설게 들리실 겁니다. 대부분의 사람들은 감정은 이성에 비해 열등한 것이라고 생각합니다. 물론 그것에는 이유가 있습니다. 보통 감정이라고 하면 부정적 감정에 사로잡힌 상태를 생각하기 때문입니다. 하지만 감정에는 좋은 감정도 많을뿐더러 더 중요한 사실은 부정적 감정에 빠진 상태에서도 이성은 작동한다는 것입니다. 만약 그렇지 않다면 사회 지도층의 부정부패, 연쇄살인범과 지능범들의 범죄를 설명할 길이 없습니다.

그래서 흄은 감정과 이성이 싸우는 것이 아니라 감정과 감정이 싸운다고 말합니다. 문제는 어떤 감정이냐 하는 것입니다. 사랑과 미움, 정의감과 복수심, 희망과 절망, 용기와 비겁, 자신감과 열등감 등등 서로 다른 감정들이 싸우는 것입니다. 이러한 감정의 충돌은 한 인간의 내면뿐 아니라 사람들 사이에서 그리고 더 넓게는 지역, 국가 간에도 볼 수 있는 갈등입니다. 사실 이것이 인간의 삶 아닙니까? 삶이라는 것이 머리로 사는 것이 아니라 가슴으로 사는 것 아닙니까? 우리가 역사와 영화에서 보고자 하는 것도 이런 감정들의 드라마 아닙니까? 저도 살면서 가장 힘들었던 건 바로 이런 감정들 때문이었습니다.

그래서 감정과 이성의 싸움이라는 것은 잘못된 말입니다. 이성은 항상 감정의 하인이고 도구입니다. 저는 감정과 분리된 이성은 없다고 봅니다. 주인과 하인의 관계처럼 그 주도권은 감정이 가지고 있습니다. 하인은 주인을 따라가게 되어 있습니다. 그래서 이성은 감정이 시키는 생각을 하고, 때로는 감정을 위로하기 위해 자기 합리화와 정당화를 위해 봉사합니다. 또한 감정이 명령한 것을 효율적으로 수행하기 위해 분주히 계산을 하는 것입니다. 물론 효율성과 합리성을 위해 이성을 잘 발전시켜야 하고, 그것은 발전될수록 좋은 것입니다. 아무리 그렇다 하더라고 하인이 주인을 벗어날 수는 없는 것입니다. 어떤 일을 하는가는 하인이 결정하는 것이 아닙니다. 목적을 결정하는 것은 주인입니다. 말하자면 가슴입니다. 그가 어떤 가슴을 가지고 있는가? 그것이 그의 삶을 결정합니다. 우리 삶의 중심은 머리가 아니라 가슴입니다. 그만큼 인간에게 가슴이 중요한 것입니다. 그래서 가슴이 파괴될 때 인간적 삶은 사라지는 것입니다. 광기에 사로잡힌 과학자와 독재자를 상상해보십시오. 20세기에 전쟁과 집단학살, 인종갈등 등으로 죽은 사람의 숫자가 1억 명이 넘는다고 합니다. 이런 말이 있습니다. "원자를 어떻게 쪼갤 수 있는지는 알고 있지만 그의 가슴에 사랑이 없는 사람은 괴물이 되고 만다."

자, 이제 성찰이라는 주제로 다시 돌아가 봅시다. 감정과 이성의 관계가 분명해지면 우리가 성찰할 것이 무엇인지가 분명해집니다. 그리고 왜 이성만의 성찰이 별 효과가 없는지 그 이유도 확실해집니다. 문제는 감정이기 때문입니다. 감정이 변하지 않으면 잠시 동안의 효과는 볼 수 있을지 모르지만 실질적인 변화는 일어나지 않습니다. 변화는 정서적 체험과 감정의 동의 없이 일어나지 않기 때문입니다. 이런 겁니다. 자신이 무언가 잘못했다는 것을 머리로는 알았다 하더라도 기존에 자신을 지배하는 정서에까지 그 반성의 힘이 미치지 못하면 조만간 예전의 상태로 돌아옵니다. 말하자면 단지 긍정적 감정의 힘이 약했기 때문에 기존 정서 상태로 복귀한 것뿐입니다. 그래서 머리로 깨달았다고 하는 것은 정서적 체험의 강도가 약했다는 것을 의미하는 것이지 이성과 감정의 싸움에서 이성이 패배했다는 것을 의미하는 것은 아닙니다. 간단한 말로 하면 좋은 마음과 나쁜 마음의 대결에서 나쁜 마음이 이긴 것입니다. 내면의 정서들이 가지고 있는 힘의 차이입니다. 더 나아가 감정의 도구인 이성은 자기감정을 정당화하는 아주 특이한 기능을 갖고 있습니다. 누군가 이런 말을 하는 것을 들었습니다. “인간은 합리적 존재가 아니라 합리화하는 존재다.” 매우 일리 있는 말이라고 생각합니다. 또한 니체는 이렇게 말합니다. “내 기억은 그것을 행하였다고 말한다. 그러나 내 자존심은 그것을 행하지 않았다고 말한다. 그러면 내 기억은 그에 따른다.” 감정은 이성을 통해 자기 자신마저 속일 수 있습니다. 이토록 이성은 힘이 없습니다.

흔히 말하는 깨달음이라는 것도 사실은 매우 강한 정서적 체험입니다. 몇 마디 말과 책 몇 권 읽은 것으로 사람은 변하지 않습니다. 누가 옆에서 아무리 말을 해도 잘 듣지 않습니다. 왜냐하면 기존 정서의 힘이 정신을 지배하고 또한 끊임없이 자기 정당화와 자기 합리화를 하기 때문입니다. 그래서 성찰은 감정의 성찰이 되어야 합니다. 자기감정을 보아야 합니다. 물론 그냥 한 번 보는 것으로 모든 문제가 해결되는 것은 아니지만 그것으로 변화가 시작될 수는 있습니다. 저는 그렇게 봅니다. 이런 문제에 대해 여러분이 이해하시는 데 도움이 될까 해서 부끄럽지만 제가 체험한 것을 이야기해 보겠습니다.

삶의 진실과의 낯선 만남들

첫 번째 이야기는 제가 20대에 겪은 일입니다. 20대에 정신적으로 방황을 많이 했었습니다. 그냥 마음이 괴롭고 힘들었습니다. 집안에도 문제가 많았고, 민주화 문제로 세상도 아주 혼란스러웠던 때입니다. 어떻게 살아야 할지도 모르겠고 미래도 걱정되고, 하여간 정신적으로 많이 힘들었던 시기입니다. 그때 도움을 얻을 곳이라는 책밖에 없었습니다. 그래서 많은 책을 읽었습니다. 주로 인문학 서적들을 읽었는데 좋은 말들, 맞는 말들이 많았습니다. 그래서 책에 쓰여 있는 것들을 내 생각으로 만들기 위해 무척 애를 썼습니다. 하지만 좋은 글을 읽고 나서 잠깐은 마음이 편했지만 그건 그때뿐이었습니다. 조금만 지나면 다시 이전의 상태로 돌아갔습니다. 친구들이나 후배들을 만나면 삶에 대해서 통달한 사람처럼 누구 못지않게 말은 잘했습니다. 왜냐하면 책에서 읽은 많은 지식이 있었기 때문입니다. 때로는 내가 진짜 그렇게 된 것처럼 생각하기도 했었습니다. 하지만 그건 착각이고 망상이었습니다. 오히려 그런 지식들로 생각만 많아지고 마음은 더욱 복잡해지고 혼란스러워졌습니다.

하루는 하도 머리가 복잡해 견딜 수가 없어서 벽에 머리를 박아보았습니다. 그러면 생각이 없어질까 해서요. 머리만 아프더라고요.

바보 같은 짓을 한 거죠. 바보 같은 짓이지만, 오죽했으면 그렇게 했겠습니까? 그때 정말 마음의 평화를 얻는 일이 힘들다는 생각을 했었습니다. 그렇게 노력을 했어도 별 성과가 없었던 이유를 알게 된 것은 십여 년 이상의 긴 시간이 지난 후에 감정이 마음 문제의 핵이라는 것을 알고 나서입니다. 그동안 얼마나 고생을 했을지 짐작이 가실 겁니다. 감정이 바뀌지 않으면 책을 수만 권을 읽고 아무리 생각을 많이 해보았자 소용이 없습니다. 바뀌는 것은 아무것도 없습니다. 오히려 착각과 망상이 더 심해질 뿐입니다. 정서의 문제가 해결되지 않은 사람에게 지식과 생각은 오히려 독이 되는 것입니다. 사실 지식인들 중에는 보통 사람들보다 더 심각한 문제를 갖고 있는 사람들이 적지 않습니다. 그 사람들은 바뀌기가 더 어렵습니다. 왜냐하면 이미 자기 합리화의 귀재가 되었기 때문입니다. 그들이 의도적인 거짓말을 한다는 것이 아닙니다. 스스로 착각에 빠져 있는 것입니다. 어떤 정신과 의사가 하는 말에 따르면 환자보다 더 심각한 치료자들이 뜻밖에 많다고 합니다. 정신분석학자인 융의 책에서 제 가슴에 와 닿은 문장을 읽은 적이 있습니다. 중세에 살았던 어떤 현인의 말을 융이 인용한 것인데요. "지금 네가 읽고 있는 책의 책장을 찢어버려라, 그렇지 않으면 그것이 너의 가슴을 찢을 것이다." 아주 의미심장한 말입니다. 감정이 치유되지 않는 상태에서 책을 아무리 읽어도, 좋은 생각을 하려고 아무리 애써도 마음이 바뀌지 않는다는 것을 아셔야 합니다. 감정의 길은 생각의 길과 다릅니다. 그 차이를 이해하지 못하면 영원히 미로에서 빠져나오지 못합니다.

두 번째 이야기는 제가 강의하면서 겪은 이야기입니다. 2007년도 1학기로 기억되는 데, 어떤 대학에서 철학입문이라는 과목의 강의를 한 적이 있었습니다. 저 나름은 열심히 했다고 생각합니다. 대학은 출석점수가 있기 때문에 매시간 출석체크를 하게 되어 있습니다. 그래서 그 강의에서도 매시간 출석을 열심히 불렀습니다. 그런데 학생들 중에 출석을 부를 때는 “네”라고 대답을 해놓고 제가 안보는 틈을 타서 뒷문으로 도망가는 학생들이 몇 명 있었습니다. 저는 그게 굉장히 꼴 보기 싫었습니다. 그래서 안 되겠다 싶어서 전체 강의가 3분의 2 정도 지났을 때 “앞으로 더 이상 출석을 안 부르겠다.” 라고 선언했습니다. 도망가는 꼴을 보기 싫어서 그렇게 한 겁니다. 그래서 다음 시간에는 그 친구들이 수업에 안 들어오겠거니 생각했습니다. 그런데 다음 시간에 강의실에 가보니까 몇 명이 아니라 제 기억에는 거의 반 이상이 안 나온 겁니다. 상당히 당황스럽고 마음이 아주 불편했습니다. 그래도 ‘오늘은 무슨 일이 있어서 다른 학생들도 안 왔겠지’ 생각하면서 마음을 진정시키고 강의를 했습니다.

그런데 그다음 시간도 마찬가지였습니다. 화가 나기 시작했습니다. 엄청나게 화가 났습니다. 첫 번째 감정은 분노였습니다. ‘아니 내가 이렇게 열심히 준비해서 자기들 인생에 도움을 주려고 최선을 다하고 있는데, 출석 안 부른다고 수업에 안 들어오다니. 아! 요즘 애들 못돼먹었다. 형편없다. 약아빠진 놈들, 학점밖에 모르는 놈들!’ 그러면서 속으로 아이들 욕을 마구 했습니다. 사태를 되돌리기 위해 다시 출석을 부른다고 하면 정말 쪼잔한 사람이라는 소리를 들을 것 같아서 차마 그렇게는 못하겠더라고요. 그냥 넘어갈 수밖에 없었습니다. 그래서 할 수 없이 혼자 마음을 추슬렀습니다. 이것이 현실이라면 받아들여야지 어쩔 수 없지 않은가 하고 마음을 달랬습니다. 하지만 일주일이 지났는데도 마음이 좀처럼 진정되지가 않고 마음이 계속 불편했습니다. 마음속에 뭔가가 더 있는 것 같았습니다. 이렇게는 안 되겠다 싶어 다시 내 마음을 찬찬히 들여다봤습니다. 가만히 봤더니, 마음속에 또 다른 종류의 분노와 함께 수치심이라는 감정이 있는 것을 발견했습니다. 거절당했다는 생각에 따르는 분노와 수치심이 마구 분비되고 있었습니다. 거절당했을 때 화나는 거 있잖아요? 그리고 그때 느끼는 모멸감 같은 것들. 그런 분노와 수치심. '내가 거절당했구나, 내가 애들한테 외면당했다'는 생각이 드니까 그런 감정이 드는 거예요. 그래서 마음의 동요가 컸던 거죠. 그래서 그 감정처리를 하려고 애를 썼습니다. 하지만 이게 잘 가라앉지 않는 겁니다. 제 경험상 감정의 실체를 알고 나면 서서히 진정이 되는데 이번 경우는 그렇지가 않았습니다.

그래서 이게 뭐지 하면서 2주 정도에 걸쳐서 마음고생을 하고 있었는데, 그러다가 또 다른 감정 하나를 발견했습니다. 내가 모르는 것, 아니 어떻게 보면 외면하고 싶었던 감정과 생각이 맨 밑바닥에 자리 잡고 있었던 겁니다. 그 감정은 바로 두려움이었습니다. 그 감정에서 나오는 생각은 이런 것입니다. '거절당했다는 건 내가 강의를 잘 못했다는 이야기잖아? 그렇다면 그건 강의 평가가 나빠진다는 것이고 결국에는 강의를 하지 못하게 될 수도 있다는 거네.'라는 생각에서 두려움이 밀려온 겁니다. 가장 밑바닥에 생존에 대한 두려움이 있었던 겁니다. 맨 위에는 학생들에 대한 분노가 있었는데 사실 그건 제일 피상적인 것이고, 밑으로 내려갈수록 사실은 더 무게 있고 힘든 감정들이 자리 잡고 있었던 거죠. 그걸 보고 나니까 정신이 번쩍 들었습니다. 그래서 그때, "이제 앞으로 절대 누구를 위해서 강의한다는 말을 하지 말아야겠다."라고 결심했습니다. 그전에는 학생들을 위해서 강의한다고 생각했고, 또 그렇게 말하고 다녔습니다. 저를 스스로 속였던 겁니다. 사실은 강의가 나의 직업이고 이걸 통해서 내가 돈을 벌기 때문에 하는 것이었고, 강의 잘한다는 칭찬을 듣고 싶어서 열심히 했던 것이었습니다. 모두가 다 나를 위해서 했던 것이지요. 돌이켜보면 그게 진실입니다. 어쨌든 진실을 알고 나니까 마음은 홀가분해지더라고요. 그래서 이제는 학생들을 위해서 강의한다는 말은 절대 안 합니다. 철학을 하는 것도, 강의를 하는 것도 내가 좋아서 하는 것이고, 나를 위해서 하는 것이라고 말합니다. 그리고 그게 사실입니다. 어쨌든 저에게는 상당히 소중한 체험이었습니다.

자신의 진짜 감정을 발견하는 것은 쉽지 않습니다. 그런데 그걸 안 하면 삶이 이상해집니다. 거짓된 삶을 살게 되는 것입니다. 저도 만약 그때 제 자신을 들여다보지 못했다면 지금까지도 나는 훌륭한 교육자고, 잘못된 건 학생들이라고 생각하고 살았을 것입니다. 그러면서도 한편으로는 계속 불편한 감정들에 시달리며 살고 있을 겁니다. 물론 아직 그런 감정들로부터 완벽히 자유로운 것은 아닙니다. 하지만 그 문제에 관한 한 이제는 저 자신을 속이지는 않고 있습니다.

사실 자신의 감정에 솔직하지 못하면 가장 손해를 많이 보는 사람은 바로 자기 자신입니다. 같은 실수를 계속 반복해서 하게 되고 착각 속에서 살아가게 됩니다. 그리고 어떠한 삶의 변화도 일어나지 않습니다. 자신에게 진실할 때 앞으로 나아갈 방향이 나옵니다. 철학은 자기 자신에게 진실해지는 과정이자 활동입니다. 생각은 진실을 찾아가는 통로가 아닙니다. 오히려 생각은 우리를 혼란에 빠트립니다. 하지만 감정을 속일 수는 없습니다. 감정에 저항하고 온갖 합리화를 해보았자 아무 소용이 없습니다. 생각이 아무리 자기 합리화를 해도 불편한 마음이 절대 사라지지 않기 때문입니다. 진실은 항상 그 자리에 있습니다.

그렇다면 더 이상 도망가지 말고 불편한 감정들과 대면해야 합니다. 그것은 자기 삶의 진실과 만나는 일입니다. 진실과 만났을 때만이 마음의 치유가 시작될 수 있습니다. 바로 그 순간부터 삶의 행로는 어둠에서 빛으로 바뀌어가는 것입니다. 이러한 방향전환으로 겹겹이 쌓여 있던 감정 뭉치의 껍데기들을 하나둘씩 벗겨나가다 보면 모든 부정적 감정의 근원인 미노타우로스를 발견하게 됩니다. 그것이 바로 그동안 보이지 않는 곳에 숨어서 온갖 정서적 고통이라는 악행을 저지르며 나를 착각과 환상에 사로잡히게 했던 주범입니다. 이 미노타우로스와의 진검승부眞劍勝負를 피한다면 내 인생은 없습니다. 우리에게 남겨진 길은 '죽을 것이냐 살 것이냐'to be or not to be, 둘 중 하나밖에 없습니다. 어차피 괴물에게 시달리면서 사는 것은 죽느니만 못합니다. 그래서 사실 우리에게 남은 길은 하나밖에 없습니다. 하지만 이 괴물에게도 약점이 있습니다. 도망자에게는 무시무시한 괴물이지만, 눈을 부릅뜨고 똑바로 바라보는 사람에게는 힘을 발휘하지 못합니다. 이제부터 괴물을 발견하고 그것을 물리치는 과정인 감정의 치유과정에 대해 좀 더 자세히 알아보도록 하겠습니다.

3. 감정의 치유 빛의 치유: 무위행無爲行

5-8. 생각하면 십중팔구 길을 잃는다. 감정의 치유는 열심히 분석하고 비판하고 싸우는 과정이 아니다. 치유는 마음속 생각들의 흐름을 존중하면서 고요히 지켜보고 가슴으로 느끼는 작업이다.

5-9. "발을 잊는 것은 신발의 편안함이고 허리를 잊는 것은 허리띠의 편안함이며 시비를 잊는 것은 마음의 편안함이다." – 장자

5-10. "생각하지 말고 보라." – 비트겐슈타인

5-11. 이것은 매우 편안하고 단순한 작업이다. 하지만 그 단순한 것을 실행하는 것은 결코 쉬운 일이 아니다. 왜냐하면 그 반대의 습관에 익숙해져 있기 때문이다.

5-12. 감정의 치유는 이러한 단순한 작업을 지속적으로 반복하면서 자신만의 감感을 익혀가는 과정이다.

5-13. "만약 우리가 홀로 있는 것을, 침묵을 두려워한다면 그것은 아마도 우리가 내적 화해에 대해 절망하기 때문일 것이다. 우리가 우리 자신의 인간적 외로움과 침묵 속에서 평화로울 것이라는 희망을 갖지 않는다면, 결코 우리 자신을 대면할 수 없을 것이다. 계속해서 달릴 뿐 절대 멈추지 않을 것이다." – 토마스 머튼

5-14. "긴장과 책임감과 걱정에서 벗어나 차분해지고 평화로워지며 모든 걸 받아들이게 되는 것은 내가 수없이 분석했던 내면의 평정이라는 변화, 에너지 중심의 변화 중 가장 놀라운 것이다. 그리고 무엇보다 놀라

운 사실은, 그 대부분은 무엇인가를 할 때가 아니라 그저 이완하고 짐을 내려놓을 때 일어난다는 것이다." – 윌리엄 제임스

감정의 치유는 기본적으로는 지난주에 제가 설명했던 감성회복 과정을 자신에게 적용하는 일입니다. 하지만 치유가 효과적으로 진행되기 위해서는 이것 이외에도 더 깊이 있는 정보가 요구됩니다. 말하자면 감성회복 과정을 실행하기 위한 전제조건들과 실제 과정에 필요한 실전적 정보, 치유에 적용되는 원리를 이해할 필요가 있다는 것입니다.

감정의 치유에서 첫 번째로 요구되는 것은 홀로 있을 수 있는 능력입니다. 홀로 있을 수 있는 능력이란 자신은 원하지 않지만 어쩔 수 없이 사람들로부터 고립되거나 단절된 상태를 말하는 것이 아니라, 삶의 분주함을 떠나 자발적으로 홀로 있는 시간을 가질 수 있는 능력을 말하는 것입니다. 일상의 일을 내려놓고 자신과 대면하는 시간이 없다면 내면의 치유는 불가능합니다. 그래서 감정의 치유는 자기와 만나는 일이고, 자신의 내면을 탐구하는 시간이라고도 할 수 있습니다. "홀로 있을 때 가장 외롭지 않고, 아무것도 하지 않을 때 가장 생산적이 된다."는 말이 있습니다. 언뜻 보면 모순처럼 들리지만, 그렇지 않습니다. 제 경험상 이것은 맞는 말입니다. 여러분도 해보시면 아시게 될 것입니다. 짧은 시간이라도 아무것도 안 하면서 홀로 가만히 있을 수만 있다면 그것만으로도 정신건강에 많은 도움이 됩니다. 그러니까 우선은 자기만의 시간을 확보하기 위해 필사적으로 노력해야 합니다. 사정상 도저히 그렇게 할 수 없다고 말하는 분도 있

을 것입니다. 만약 그렇다면 더욱더 필사적으로 그런 시간을 확보해야 합니다. 저는 노력하면 반드시 그런 시간을 만들어낼 수 있다고 생각합니다. 이런 시간을 경험하다 보면 내가 얼마나 나의 내면과의 접촉 없이 살아왔는가 하는 것을 알게 될 것입니다. 그래서 나중에는 이런 시간을 매우 소중히 여기고 좋아하게 될 것입니다.

하지만 홀로 있는 시간이 감정을 치유하는 시간으로 전환되기 위해서는 우선은 자신이 얼마나 많은 생각을 하고 있는지를 깨달아야만 합니다. 왜냐하면 일반적으로 사람들은 생각을 하고 있으면서도 생각을 하고 있다는 사실을 인지하지 못한 채 계속 이런저런 생각을 하기 때문입니다. 생각을 내려놓기 위해서는 내가 생각하고 있다는 것을 알아차려야만 합니다. 이런 것들이 전제될 때만이 본격적인 작업을 시작할 수 있습니다.

이런저런 생각 중에 특히 문제가 되는 것은 강박적으로 반복해서 하는 생각입니다. 흔히 말하는 집착이 그것입니다. 어떤 생각에 계속해서 매달리는 것입니다. 또 어떤 생각은 자신은 원하지 않지만 자기도 모르게 계속 빠져들게 되는 생각도 있습니다. 자기도 모르게 자동적으로 반복해서 특정한 생각을 계속하는 것입니다. 벗어나려고 애를 써도 벗어나지 못하고 계속해서 그 생각 속으로 빨려 들어갑니다. 그런 것들은 몸과 외모에 대한 집착, 돈이나 특정 사물에 대한 지나친 애착, 자신이 미워하는 어떤 사람에 대한 생각, 경제적인 문제나 미래에 대한 근심 걱정일 수도 있습니다. 불면증 환자에게는 잠을 자야만 한다는 강박적 생각일 수도 있습니다. 그 생각을 떨쳐버리려고 애를 쓰지만 그럴수록 마음은 더 힘들어집니다. 그래서 그 생각을 잊기 위해 사람들은 다른 일에 몰두하거나, TV나 비디오, 술, 심지어 마약과 같은 것에 의존하게 되는 것입니다. 이런 생각을 내려놓는 것이 정말로 아주, 아주 어렵습니다. 그를 사로잡고 있는 강한 감정이 그 원인이지만 본인은 그것을 모릅니다. 그래서 문제 해결이 더 어려운 것입니다. 이런 감정이 바로 치료가 필요한 감정입니다.

이런 생각들은 모두 감정이 내 마음이라는 스크린 위에 만들어내는 드라마입니다. 그 드라마 안에서 자신은 고통받고 있는 주인공입니다. 사실은 환상이고 망상이지만 그 사람에게는 생생한 현실처럼 느껴집니다. 이것이 심해지면 마음 안에서 일어나는 일로 그치는 것이 아니라 실재 세계로 투사되어 단지 생각이 아니라 현실이 되어버립니다. 그것은 홀로그램과 같은 것입니다. 영화를 보면 마치 실제 현실과 똑같아 보이지만 사실은 홀로그램인 장면들을 여러분도 보셨을 것입니다. 그것과 유사합니다. 그래서 현실을 있는 그대로 보는 것이 아니라, 감정이 만들어내는 홀로그램을 현실로 착각하는 것입니다. 모든 것을 부정적으로 본다든지, 현실을 왜곡되게 해석하여 피해의식에 사로잡히는 것입니다. 또한 편집증, 불안장애, 공황장애, 우울증 등도 모두 홀로그램적 현상입니다. 사실은 모두 감정의 장난이고 감정이 만들어내는 망상일 뿐입니다.

이럴 때는 그 생각들을 가만히 지켜보기가 매우 어렵습니다. 그만큼 그것들을 만들어내는 감정의 힘이 크기 때문입니다. 그래서 그때는 마음속으로 "이건 모두 감정이 만들어내는 환상일 뿐이야. 이것은 실재가 아니야"라고 계속 반복해서 마치 다짐하듯이 자기에게 말을 해주어야 합니다. 또한 그 생각들을 없애려고 그 생각들과 싸우거나 생각을 좋은 쪽으로 바꾸려고 해서도 안 됩니다. 그런 상황에서는 그게 되지 않습니다. 어떻게 해서라도 그 생각들을 그냥 인정하고 바라보아야 합니다. 만약 그냥 무심히 바라만 볼 수 있다면 그때 새로운 것을 경험하게 됩니다. 그저 생각들을 한참 바라보고 있다 보면 예기치 않게 마음이 편안해지는 것을 체험하게 됩니다. 그러고 나면 어떤 것들이 느껴지기 시작합니다. 감정을 느끼는 것입니다. 때로는 몸의 느낌들도 지각됩니다. 이제 생각이 아니라 느낌의 세계로 이동한 것입니다. 몸도 마음도 이완됩니다. 한동안 그렇게 하고 나면 몸과 마음이 가벼워집니다. 한 번이라도 이 체험을 하고 나면 이제 지속적인 자기치유를 할 수 있게 됩니다. 과정 자체는 매우 단순합니다. 중요하고 어려운 것은 문제를 포기하지 않고 지속해서 할 수 있느냐 하는 것입니다. 계속하면 할수록 더욱 빨리 생각들을 내려놓을 수 있습니다.

이제 이러한 감정치유의 원리에 대해 알아보겠습니다. 제 생각에는 원리에 대한 이해가 치유 효과와 치유에 대한 믿음 그리고 자신에게 더 적절한 방법을 개발하는 데 도움이 되리라고 생각합니다.

5-15. "어둠이 빛을 이긴 적은 없다." — 요한복음

5-16. "부드럽고 약한 것이 딱딱하고 강한 것을 이긴다."
"가장 훌륭한 다스림은 인위와 조작이 없는 다스림이다." — 노자

5-17. "싸우지 않고 적을 이기는 것이 최상의 방법이다." — 손자

5-18. "철학 문제의 해결은 메르헨(신비로운 옛 이야기나 동화)**에 등장하는 선물을 닮았다. 그것은 마법의 성 안에서는 마법처럼 굉장하게 생각되나, 백일하에 바라보면 흔해 빠진 쇳덩어리에 지나지 않는다."**

– 비트겐슈타인

마음은 물질적 대상이 아니므로 몸을 치료하는 것과는 다른 원리가 적용됩니다. 우리는 물질적인 것에 익숙해서 마음에 속한 것들도 마치 물질적인 것을 다루는 방식으로 처리하려고 합니다. 물질은 인위적으로 변형시키거나, 잘라내거나, 그냥 갖다 버리면 됩니다. 하지만 마음에 속한 것들은 그런 방식으로 다루어지지 않습니다. 마음의 문제는 마음의 결을 따라, 마음의 방식으로 해결해야 합니다. 이런 차이를 모르기 때문에 마음을 치유하는 것이 어려워지는 것입니다. 제가 아는 것이 백 퍼센트 옳다고 생각하지도 않고 그것을 제대로 설명하기도 어렵습니다. 또한 여러분이 이해하기도 좀 어려울 수 있습니다. 하지만 제가 할 수 있는 한에서 설명해 보겠습니다.

망상과 환상이라는 것은 의식이 착각 상태에 있음을 의미합니다. 그래서 그것이 착각이라는 것을 깨닫게 되면 망상은 사라집니다. 그렇겠지요? 착각을 착각으로 아는 순간 환상은 더 이상 힘을 발휘할 수가 없겠죠. 말하자면 망상에서 벗어나는 길은 그것이 실재가 아니라 망상이라는 것을 알아차릴 때입니다. 하지만 생각으로는 그것을 알아차릴 수 없습니다. 왜냐하면 제가 앞에서도 여러 번 설명했지만, 생각은 감정의 노예이기 때문에 생각을 하면 할수록 망상이 더욱 강해지기 때문입니다. 또한 생각과 싸운다거나 생각을 바꾸고 없애버리고자 하는 모든 시도 역시 성공할 수 없습니다. 왜냐하면 생각을 없앤다든지 바꾼다든지 멈추어야 한다는 생각도 역시나 생각이기 때문입니다. 그래서 그 방법으로도 생각 밖으로 나올 수가 없습니다.

제가 아는 유일한 길은 '생각을 지켜봄'입니다. '봄'은 생각이 아닙니다. 그것은 '지각'입니다. 마음의 눈으로 그냥 보는 것입니다. 생각을 지켜본다는 것은 '생각과 내가 분리되고', '생각을 단지 생각으로 본다는 것'을 의미합니다. 그것들이 그저 내 마음의 일부분을 차지하고 있는 여러 가지 것들 중의 하나에 불과함을 깨닫게 되는 것입니다. 그것이 현실이 아니라 단지 생각일 뿐이라는 것을 자각하게 된다는 것은 이미 환상에서 벗어나 있음을 의미합니다. 즉 의식이 무지의 상태에서 깨어나는 것입니다. 그래서 봄은 '깨어남이고 깨달음'입니다.

마음에게 환상과 무지는 어둠이고 고통입니다. 반면에 깨어 있음은 빛이고 평화입니다. 그래서 환상에서 놓여나게 되면 마음이 편안해지는 것입니다. 그러니까 생각을 본다는 것은 생각에 빛을 비추는 작업이고 어둠을 없애는 일입니다. 어둠과 망상 속에 있을 때는 그것의 힘이 너무 세고 강한 것 같지만 빛이 비치는 순간 어둠은 그 힘을 잃어버립니다. 어둠은 결코 빛을 이기지 못합니다. 빛이 어둠과 싸우는 것이 아닙니다. 싸우는 것은 어둠의 속성입니다. 빛은 존재 그 자체입니다. 어둠이라는 것은 원래 실체가 없습니다. 빛이 부재하기 때문에 어둠이 있는 것처럼 보입니다. 하지만 빛이 존재하는 순간 어둠은 사라집니다. 망상과 환상은 어떠한 실체도 없습니다. 실재를 보는 순간, 즉 그것이 환상일 뿐이라는 것을 보는 순간, 그것은 허깨비가 되는 것입니다.

빛은 부드러운 힘입니다. 그것은 폭력적인 힘이 아닙니다. 단지 존재하는 것입니다. **'행함이 없이 행하는 것'**無爲行이 빛입니다. 그래서 지켜봄은 생각을 없애려고 생각과 싸우는 일도 아니고, 생각에 대해 어떠한 비난이나 판단을 하는 것도 아닙니다. 빛의 방법은 평화적이며 부드럽습니다. 그래서 힘이 드는 일이 아닙니다. 사람들이 힘들었던 것은 어둠과 싸우고 어둠을 없애려고 했기 때문에 힘들었던 것입니다. 그것은 어둠의 방법이며 결코 성공할 수 없는 방법입니다. 빛의 방법은 단순합니다. 저는 마음은 이런 빛의 원리에 의해서만 치유될 수 있다고 봅니다. 그저 고요히 지켜보는 것입니다.

그렇다면 이제 우리에게 남은 문제는 이러한 '지켜봄'을 자신의 습관으로 만드는 것입니다. 제가 아는 한 감정의 치유는 결코 한 번에 끝나는 일이 아닙니다. 지속해서 실행하지 않는 한 오래된 감정 뭉치는 좀처럼 해체되고 소멸하지 않습니다. 잠시만 지켜보지 않아도 이놈은 다시 살아나기 시작합니다. 저도 그런데요, 조금만 방심하거나 충격적인 일을 당하면 나도 모르게 감정에 빨려들어 갑니다. 나름 노력한다고 하는 데도 아직 멀었다는 생각이 듭니다. 이게 쉽게 끝날 일은 아닙니다. 하지만 열심히 하는 만큼 나 자신에게 좋은 일이기 때문에 저는 죽는 날까지 계속하려고 합니다.

감정의 자각과 지켜봄의 습관화를 위해서 우리가 반드시 알아야 할 것이 있습니다. 감정 중에는 좀처럼 사라지지 않고 끈질기게 우리를 괴롭히는 감정이 있다는 것입니다. 사람에 따라 다르지만 그것이 분노인 사람도 있고, 수치심이나 열등감인 경우도 있고, 두려움인 사람도 있습니다. 물론 대부분의 사람들은 이런 부정적인 감정들을 다 갖고 있습니다. 하지만 그중에서 유독 더 자신을 괴롭히고, 자주 반복적으로 자신을 사로잡는 감정이 있습니다. 어떤 의미에서 감정 치유는 이 끈질긴 감정에 대한 치유라고도 할 수 있습니다. 왜냐하면 다른 감정들은 이 감정이 변형되어 드러나는 것이기 때문입니다. 저는 이런 끈질긴 감정들은 궁극적으로 죽음에 대한 공포와 연관이 있다고 봅니다. 그것에 대해서는 좀 뒤에 설명하기로 하고요. 우선은 끈질기게 나를 괴롭히는 이런 감정에 대해 좀 더 알아보겠습니다.

4. 핵심감정 불행과 고통의 원인

5-19. "신경증, 정신병의 뿌리는 어려서 받은 마음의 상처가 풀리지 않고, 마치 한 줌의 눈을 굴리면 점점 커지고 굳어지듯이, 세월이 갈수록 크고 단단해져서 녹지 않는 핵심감정核心感情으로 굳어진 것이다. 이것을 깨달아서 풀지 못하면 죽을 때까지 나를 괴롭히는 고통과 불행의 운명이 된다. 핵심감정은 어머니 내지 어머니를 대신하는 사람이 나에게 주는 좋지 않은 느낌이다." – 이동식, 『도道정신치료 입문』 중에서

이동식 선생은 제가 끈질긴 감정이라고 부른 것을 '핵심감정'이라고 말하고 있습니다. 그는 이 핵심감정을 "우리들의 일거수일투족을 24시간 동안, 평생을 지배하는, 어려서부터 풀리지 않고 있는, 본인이 의식하지 못하는, 본인이 보려고 하지 않는 감정이다."라고 설명합니다. 한마디로 모든 정서 문제의 핵이라고 할 수 있는 것이 바로 이 핵심감정입니다. 이것은 어릴 때 부모에게서 받은 상처로부터 시작되고 자라면서 다른 상처들과 충격들이 덧붙여지면서 점점 커지고 단단해진 감정의 응어리입니다. 이동식 선생은 이것이 불행과 고통의 원인이라고 말합니다. 이게 바로 미노타우로스이죠. 그런데 더 큰 문제는 본인이 이것을 의식하지 못하고, 또한 '보려고 하지 않는다'는 점입니다. 그래서 핵심감정의 존재를 인지한다는 것 자체가 매우 중요한 문제입니다.

또한 이동식 선생은 핵심감정이 부모로부터 마땅히 받아야 했을 사랑을 제대로 받지 못했을 때 생기는 결핍의 감정이라고 설명합니다. 그래서 그 결핍을 채우기 위해 끊임없이 사랑을 갈구한다고 합니다. 하지만 핵심감정은 여기서 그치는 것이 아닙니다. 그것은 다른 모든 부정적 감정을 생산하고 지배하는 근원으로 작동합니다. 그 메커니즘은 다음과 같습니다. 사랑을 갈구하다 상대가 사랑을 주지 않으면 분노와 수치심을 느끼고 상대를 미워하게 됩니다. 그래서 수치심과 분노, 미움의 감정이 생깁니다. 하지만 그 적개심을 표현하지도 못하는데, 왜냐하면 적개심을 표출하면 사랑받지 못할 것이라는 두려움 때문입니다. 그래서 불안이라는 감정이 생겨납니다. 또한 자신이 사랑받기를 원하는 사람이 자기 아닌 다른 사람을 사랑하게 되면 질투심을 느끼고, 이런 상황이 반복되면 이것이 열등감으로 발전합니다. 이와 함께 또 하나의 감정이 파생되는데 그것은 미움과 적개심, 질투심 등에 대한 죄책감입니다. 그래서 또다시 감정을 억압하게 됩니다. 밖으로 나가지 못하는 이런 부정적 감정들이 억압되면서 병리적 감정으로 발전하게 되고 인격 형성에 부정적인 영향을 미치게 됩니다. 이것이 인간 내면에서 찾아볼 수 있는 모든 악의 근원이라고 해도 지나친 말은 아닐 것입니다.

이처럼 핵심감정은 사랑과 인정에 대한 의존적, 집착적 욕구이기 때문에 모든 대인관계에서 작동할 수밖에 없습니다. 다른 사람들이 나를 어떻게 보는지, 나를 무시하는 것은 아닌지, 어떻게 하면 잘 보일 수 있을지 등등 온통 관심이 밖을 향하게 됩니다. 하루도 마음 편할 날이 없게 됩니다. 이처럼 핵심감정의 지배를 받게 되면 주체성을 지닌 독립적이고 자주적인 인격이 형성된다는 것은 거의 불가능합니다. 또한 핵심감정 때문에 문제의 원인을 밖에서 찾는 사고방식이 내면에 자리 잡게 되는 것입니다.

결국 우리가 앞으로 해야 할 작업의 요체는 핵심감정을 자각하고 그것이 작동할 때 그것을 지켜보고 올바르게 대처함으로써 그것의 지배에서 벗어나는 일입니다. 가능하다면 일상생활 중에도 이 작업을 계속해야 합니다. 왜냐하면 핵심감정은 24시간 내내 작동하기 때문입니다. 혼자 있을 때나 일을 할 때나, 다른 사람들과 함께 대화를 할 때도 이것은 항상 영향을 미칩니다. 그래서 잠시만 방심하면 곧바로 사고가 납니다. 소통이나 인간관계, 일 처리에서 문제가 생기는 근본 이유는 바로 이 핵심감정 때문입니다.

그래서 제가 말을 하나 만들어 보았습니다. '반응'과 '대응'이라는 말입니다. 이게 무슨 말인가 하면, 반응은 핵심감정의 지배를 받는 상태에서 하는 의사결정과 말과 행위를 의미하고, 대응은 핵심감정이 제어된 상태에서 하는 의사결정과 말과 행위를 의미합니다. 반응은 투사와 망상으로 현실을 왜곡되게 인식하고 그것에 예속되어 문제를 유발하는 행동양식이고, 대응은 의식이 깨어 있는 상태에서 현실을 객관적으로 인식하고 문제를 해결하는 행동양식입니다. 반응하면 반응하는 만큼 반드시 문제가 생깁니다. 반면에 대응은 현실을 있는 그대로 보고 사태에 적절한 합리적 선택을 통해 문제를 창조적으로 해결하는 삶의 방식입니다. 반응할 것인가? 아니면 대응할 것인가? 그것은 여러분의 선택입니다.

핵심감정은 부모와의 관계에서 마땅히 받아야 할 사랑을 받지 못해 생긴 마음의 상처입니다. 그 껄끄럽고 불편한 감정이 해소되지 않고 마음속에 억눌린 채 다른 부정적 감정들을 자양분으로 삼아 점점 커져버린 것입니다. 그렇다면 그것의 본질은 왜곡된 사랑이라고 할 수 있습니다. 왜곡된 사랑이라는 것은 사랑의 결핍과 과잉 모두를 포괄하는 것입니다. '사랑은 넘치게 받아도 문제가 될 것 없지 않느냐?'고 생각할 수도 있지만 그게 그렇지가 않습니다. 아이가 해달라는 대로 다해주고 아이가 잘못해도 혼내지 않으면 아이는 '반드시' 망가집니다. 과잉사랑도 잘못된 사랑입니다. 사람은 사랑을 받지 못해도 문제가 생기지만 너무 많이 받아도 문제가 생겨버립니다. 이게 이상한 일입니다. 왜 그럴까요? 여기에 중요한 철학적 문제가 숨어 있습니다.

올바른 사랑은 아이가 주체적이고 독립적인 자아를 갖게 하는 사랑입니다. 그 반면에 왜곡된 사랑은 아이가 거짓자아, 즉 의존적 자아를 갖게 하는 사랑입니다. 사랑을 받지 못해도, 사랑을 너무 많이 받아도 아이는 거짓자아를 갖게 됩니다. 왜냐하면 사랑을 받지 못하면 자신은 사랑받을 가치가 없는 존재에 불과하다는 거짓자아를 갖게 되고, 사랑을 과잉으로 받게 되면 모든 것을 부모나 타인에게 의존하게 되는 의존적 자아를 갖기 때문에 그렇습니다. 이 양자 모두 참자아로 성장할 기회를 박탈당한 것입니다. 거짓자아는 사랑을 받지 못할 때 죽음의 공포를 느낍니다. 사랑과 인정을 받고 있을 때만 자신의 존재를 확인할 수 있기 때문입니다. 즉 다른 사람에게 의존하지 않고는 자기의 존재를 확인할 방법을 모르는 것입니다. 그래서 다른 사람의 사랑에 필사적으로 매달리는 것입니다. 이런 이유로 거짓자아는 '주는 사랑'을 하지 못합니다. 거짓자아는 참사랑인 주는 사랑을 알지 못합니다. 이처럼 핵심감정의 가장 밑바닥에는 죽음의 공포가 자리 잡고 있습니다. 그 죽음의 공포는 참자아가 회복되어야만 극복될 수 있습니다. 핵심감정이 철학적으로 큰 문제가 되는 것은 바로 이 '자아정체성'에 결정적으로 영향을 미치기 때문입니다. 이 문제는 다음 주에 자세히 다루도록 하겠습니다. 이제 마지막으로 하나만 더 이야기하고 오늘 강의를 마칠까 합니다.

5. 감정과 인지기능 아리아드네의 실

5-20. 사고는 기능적, 계산적 능력이고, 정서는 생명적 판단이다. 사고가 언어적이라면 정서는 비언어적 느낌이다.

5-21. 삶이라는 배의 선장은 가슴이다. 인생의 목적과 방향을 정하는 것은 선장의 몫이다.

제가 마지막으로 말하고 싶은 것은 가슴의 인지기능입니다. 감정의 역할에서 빼놓을 수 없는 매우 중요한 기능입니다. 감정은 일종의 신호입니다. 저는 이렇게 표현합니다. "우리 가슴에는 진리센서가 장착되어 있다." 말하자면 어떤 판단이나 결정을 할 때 가슴이 신호를 보낸다는 겁니다. 저는 무조건 가슴을 따라야 한다고 생각하는 사람입니다. 머리와 가슴이 일치하면 제일 좋겠지만, 만약 그렇지 않을 때는 저는 가슴을 따릅니다. 저는 가슴의 신호가 바로 아리아드네의 실이라고 생각합니다. 그 끈을 놓치면 미로에서 빠져나오지 못합니다. 살기 위해서는 이 끈을 절대 놓아서는 안 됩니다.

사람들은 습관적으로 쉬운 방법, 편한 방법을 선택하려고 하죠. 그것이 올바른 것이냐 아니냐를 진지하게 고민하지 않고 눈앞에 보이는 이익에만 관심을 가집니다. 머리로만 생각하면 그렇게 보입니다. 하지만 저는 그것이 실질적으로 자기에게 이익이 되지 않는다고 봅니다. 그것은 앞으로 남고 뒤로 밑지는 장사입니다. 그래서 가슴이 동의하지 않는 것을 선택하면 나중에 반드시 후회하게 됩니다. 자기에게 가장 좋은 길은 가슴이 알려줍니다. 가슴이 알려주는 길은 바보 같기도 하고 손해 보는 것처럼 보이는 경우가 많습니다. 그렇기 때문에 약삭빠른 사람들은 가슴의 길을 선택하는 사람들을 비웃습니다. 가슴의 길을 따라가는 것은 쉽지 않습니다. 하지만 시간이 지나면 알게 됩니다. 그 길이 옳았다는 것을. 왜 가슴이 옳은지를 이론적 근거를 가지고 설명할 자신은 없습니다. 하지만 그것이 더 좋은 결과를 가져온다는 것은 살면서 매번 경험합니다.

또한 가슴은 감각이나 머리로는 알 수 없는 특별한 정보를 우리에게 전해줍니다. 직관, 통찰, 영감 등은 가슴을 통해 우리에게 정보가 전달되는 방식입니다. 가슴이 열려 있지 않고 가슴에 따라 살지 않는 사람들에게는 일어나지 않는 현상입니다. 이 능력은 위대한 예술가들과 천재들에게서 거의 공통적으로 발견되는 능력입니다. 가슴을 따라야 하는 또 하나의 더욱 결정적인 이유는 가슴을 따르지 않는 사람들은 자신의 삶을 살지 못한다는 것입니다. 가슴을 따르지 않는 사람은 타인의 삶을 살거나 아니면 타인을 흉내 내는 인생을 살 수밖에 없습니다. 저는 불행이 있다면 이것, 즉 자신의 삶을 살지 못하는 것이라고 생각합니다. 삶은 가슴이 부르는 노래입니다.

이제 마지막으로 스티브 잡스가 스탠퍼드 대학 졸업식에서 했던 말을 읽고 강의를 마치겠습니다.

5-22. "여러분의 시간은 한정되어 있습니다. 그러니 다른 사람의 삶을 사느라고 시간을 허비하지 마십시오. 다른 사람들이 만들어놓은 관념의 함정에 빠지지 마십시오. 다른 사람들의 견해가 여러분 자신의 내면의 목소리를 방해하는 소음이 되게 하지 마십시오. 가장 중요한 것은 당신의 가슴과 직관을 따라가는 용기를 가지는 것입니다."

묻고 답하기

1. 감정을 속이거나 있는 그대로 표현하지 않으면 감정싸움이 되고 지옥 속에 살게 된다고까지 하셨는데, 감정을 숨기는 것이 더 좋을 때도 있지 않을까요? 예컨대 자녀가 문제를 일으켜서 화가 많이 나지만 꾹 참고 좋은 말로 타이른다든가 하는 경우에요.

물론 감정을 드러내지 말아야 할 경우도 있습니다. 예를 들면 그로 인해 다른 사람이 더 큰 슬픔이나 분노에 빠지게 될 경우입니다. 하지만 지금 말씀하신 경우는 좀 다른 것 같습니다. 화를 내는 것과 화를 표현하는 것은 다릅니다. 화를 내는 것은 자녀를 야단치는 것입니다. 이와는 반대로 화를 표현하는 것은 "네가 자꾸 말썽을 피워서 내 마음이 너무 아프고 힘들다. 문제가 뭔지 함께 이야기해보자."입니다. 이럴 때는 자신의 감정을 표현하는 것이 자기 자신에게도, 교육적으로도 좋다고 생각합니다. 저는 그것이 진실한 소통이라고 생각합니다.

2. 저는 어려서부터 감정은 여자애들이나 갖고 있는 거고 남자는 자고로 사소한 일에 흔들려서는 안 된다고 배웠습니다. 그래서 감정은 천하고 열등한 것이고 이성은 우월한 거라 생각하면서 살았습니다. 저는 제 자신이 남자답다고 생각합니다. 그런데 선생님은 그게 아니라고 말씀하시는 것처럼 들립니

다. 제가 잘못 생각하고 있는 것인가요? 헷갈립니다.

감정에 대한 무시와 천대는 우리 사회에 널리 퍼져 있는 뿌리 깊은 고정관념입니다. 특히 한국 남자들은 더욱 심합니다. 물론 자기도 모르게 문화적으로 학습된 것입니다. 그래서 많은 사람들이 자신의 감정에 솔직하지 못해서 매우 불편한 마음으로 살아갈뿐더러 인간관계와 일도 엉망으로 만들어버립니다. 이것은 감정을 존중하지 않기 때문에 발생하는 비극입니다. 많은 사람들이 감정을 숨기고 아닌 척, 쿨한 척하고 살아갑니다. 하지만 그것은 거짓된 삶입니다. 언젠가는 반드시 후회하게 될 것입니다.

감정은 우리가 그것을 어떻게 생각하고 평가하느냐와 상관없이 우리의 삶을 실제로 지배합니다. 감정은 별거 아니라고 무시한다고 해서 감정으로부터 벗어날 수 있는 것이 아닙니다. 인간이 그렇게 되어 있습니다. 그래서 감정에 대한 무지와 편견에서 벗어나지 못하면 삶에 어떠한 변화도 일어나지 않습니다.

이성은 감정과 싸워서 이길 수 없습니다. 이성은 감정의 하수인일 뿐입니다. 감정을 무시하고 천시하는 사람일수록 더 감정적으로 말하고 행동합니다. 물론 아닌 척 교묘하게 위장을 하지만 주변 사람들은 그렇지 않다는 것을 다 압니다. 감정은 속일 수 없는 것입니다. 그러니까 감정의 노예가 아니라 주인으로 살기 위해서도 감정을 존중하고 감정에 대해서 잘 알아야 합니다.

또한 감정과 정서를 알아야 사람을 이해할 수 있습니다. 저는 사람의 말을 잘 믿지 않습니다. 그 대신 그 사람의 정서에 주목합니다.

그 사람의 주된 정서가 바로 그 사람이기 때문입니다. 성격의 핵은 정서입니다. 또한 행위를 지배하는 것 또한 정서입니다. 말은 머리로 꾸며댈 수 있지만 행위는 그렇게 할 수 없습니다. 행위의 동기와 원리도 감정입니다. 왜냐하면 감정이 동의하지 않으면 행위가 촉발되지 않기 때문입니다. 머리로만 생각해서 하는 행위는 오래가지 않습니다. 결국은 감정에 굴복하게 되어 있습니다. 그래서 문제는 우리가 어떤 감정으로 사느냐로 귀결됩니다. 말하자면 우리가 어떤 가슴으로 살아가느냐의 문제입니다.

3. 저는 우울증으로 오랫동안 고생하며 살고 있습니다. 그런데 얼마 전에 애들을 데리고 미술관에 갔었는데 마음이 편안해지는 것을 느꼈습니다. 애들 때문에 감상도 제대로 못했는데 그래도 작품을 보면서 좋은 기운을 많이 받아왔나 봅니다. 그리고 제 자신한테 놀랐습니다. 앞으로 저의 죽은 감성을 많이 일깨우고 싶습니다. 감성이 회복되면 우울증에서 벗어날 수 있을까요? 저의 감성 회복에 도움이 되는 방법을 알려주세요.

경험하신 것처럼 예술 작품의 감상은 감성 치유에 많은 도움이 됩니다. 더 효과적인 것은 자신이 직접 하는 것입니다. 노래하고 춤추고 그림 그리는 것 다 좋습니다. 등산이나 산책도 많은 도움이 됩니다. 자연은 매우 놀라운 치료 효과를 가지고 있습니다. 어떤 의미에서 현대인의 문제는 자연과 멀어졌기 때문에 발생한 것이라고 할 수도 있습니다. 자연과 함께 살아가는 사람들에게는 정신병이라는 것이 없습니다. 가능한 많이 자연과 접촉하시길 권합니다.

또한 마음을 나눌 수 있는 사람과 마음을 열고 자신의 감정을 표현하는 대화를 하는 것도 많은 도움이 됩니다. 그 모든 것이 자신의 감정을 느끼고 표현하는 작업입니다. 이것들은 제가 앞서 알려드렸던 감정 치유를 자신에게 적용하는 것입니다. 핵심은 스스로의 힘으로 감정을 자각하고 느끼고 표현하는 것입니다.

덧붙여 해서는 안 될 것 하나만 말씀드리겠습니다. 한국의 TV 드라마는 보지 말아야 합니다. 절대라고는 말 안 하겠습니다. 하지만 될 수 있으면 보지 마십시오. 감성능력에 무지하게 해롭습니다. 왜 그런가? TV 드라마는 작가가 자신의 감정을 표현하기 위해서 만드는 것이 아니라 시청자의 감정을 자극하기 위해서 만들기 때문에 그렇습니다. 시청자들을 마구 흥분시키죠? 예를 들면 악당들이 주인공을 괴롭혀서 보는 사람들을 자극합니다. 그래서 우리 안에 감정을 생성시킵니다. 화나게 하거나 두려움 속에 몰아넣거나 그렇게 합니다. 계속 그러다가 마지막에 주인공이 나쁜 놈들을 싸워서 이기거나 성공을 하거나 해서 우리 안에 생성된 감정들을 해소시킵니다.

그 과정을 한번 잘 보십시오. 내가 능동적으로 한 것은 아무것도 없습니다. 작가가 우리 마음속에 감정을 불러일으키고 나중에는 그걸 작가가 해소합니다. 우리가 뭔가를 느낀 것이 아닙니다. 그 사람이 우리 감정을 잡고 있다가 놔준 것입니다. 사람을 바보로 만든 겁니다. 예술가가 아니라 감정공학입니다. 거기에 당하는 겁니다. 더 쉽게 설명해보겠습니다. 누가 나에게 심하게 욕을 했다고 칩시다. 그런데 나는 아무것도 할 수가 없어요. 그러다가 한 시간 후에 그 사람이 나에게 잘못했다고 자기가 오해를 해서 그랬다고 사과하고 가버리면 어떻게 됩니까? 나는 한 시간 동안 기분 나쁜 채로 괴로움을 당하다가 겨우 나중에 풀려나는 것뿐입니다. 바보 취급당한 것입니다. 이게 대한민국 TV 드라마의 실체입니다.

거기서 내가 최소한으로 할 수 있는 게 뭐냐 하면 '스톱! 이건 나한테 해로워 보지 말자' 하고 보지 않는 겁니다. 그 대신에 고전 음악을 듣든지 미술관에 가든지 아니면 산책을 하거나 산에 가서 경치를 보거나 그래야 합니다. 이런 것들은 마음을 편안하게 합니다. 왜냐하면 예술이나 자연은 자극을 하지 않고 자신을 표현하기 때문에 그렇습니다. 나무, 꽃, 하늘이 자기를 표현하고 있잖아요. 하지만 드라마는 마구마구 자극을 해댑니다. 방송사들은 더 많은 자극을 하기 위해 경쟁합니다. 누가 나에게 욕하는데 기분 상하지 않겠습니까? 그거와 똑같은 겁니다. 웬만해서는 이겨내지 못합니다. 끌려들어 갈 수밖에 없습니다. 그게 당하는 거예요. 근데 중간에 끊을 수가 없죠. 왜냐하면 자기 안에 생성된 감정 처리를 자기 힘으로 해내지 못하니까 작가가 해소시켜줄 때까지 끝까지 볼 수밖에 없는 겁니다. 거기에 묘한 배설의 쾌감이 있습니다. 그 쾌감에 중독되어 있는 겁니다. 마약처럼. 그래서 설거지를 하다가도 "어머 시간됐네!" 하고 TV 앞으로 가는 겁니다. 결과적으로 자기 감성의 힘은 갈수록 허약해지고 반대로 사소한 자극에도 감정적인 반응을 하게 됩니다. 드라마를 통해 학습된 조건반사입니다.

저는 가끔씩 어머니와 식사를 함께하다가 보는 경우가 있는데 잠깐 보는데도 너무 힘들더라고요. 너무 자극을 하고, 나를 가지고 놀려고 하는 게 보이니까요. 감성적인 면뿐 아니라 스토리가 이성에 대한 모욕입니다. 해도 좀 너무 하더라고요. 완전 억지, 우연 남발이고 왜 이렇게 배다른 형제가 많고, 숨겨놓은 자식들이 많은지(웃음). 저는 그런 것에서 모욕감을 느껴요. 사람들을 정말 우습게 아는구나. 저는 정말 힘들어요. 근데 그런 드라마에 중독된 사람들은 그걸 안 보면 못 견딘다는 거예요. 변태가 된 거죠. 그걸 봐야 속이 풀리니까. 변태가 다른 겁니까? 맞으면서 즐거움을 느끼면 변태잖아요. 그죠?(웃음) 정서적으로 변태가 된 거예요. 음식으로 치자면 굉장한 불량 식품이죠. 사람들이 이런 정서 상태이기 때문에 누가 조금만 선동해도 나라가 떠들썩해지는 겁니다. 그래서 우리나라에서 음모론이 매우 잘 먹히는 거죠. 예술이 잘 못되면 문화가 망가질 수밖에 없습니다. 우리 현실을 보면 참담합니다. 앞으로 어떻게 될지 저도 모르겠습니다.

예술의 기능이 무엇입니까? 사실은 다른 게 없어요. 왜 예술이 중요하고, 왜 예술이 좋으냐? 가슴을 치료하고 가슴을 건강하게 하고 느끼는 힘을 키우게 하기 때문에 좋은 겁니다. 어릴 때 자연 속에서 자란 아이들이나 예술을 많이 접한 아이들은 정서적으로 매우 안정되어 있습니다. 저는 그런 학생들을 많이 보았습니다. 하여튼 가슴 문제가 해결되지 않으면 책을 읽어도 생각을 많이 해도 별 의미가 없거든요. 가슴이 막혀 있으면 감정에 사로잡혀서 생각이라는 게 아무 힘을 발휘하지 못해요. 오히려 역행해요. 안 좋은 목적에 생각을 이용할 뿐입니다. 그래서 기본적으로 가슴을 건강하게 하는 노력을 먼저하고 그다음에 다른 것들을 해야만 하는 겁니다.

4. 저는 어릴 적부터 친하게 지내는 친구가 있었습니다. 근데 그 친구는 일류대를 나왔고 저는 대학을 가지 못했습니다. 그래서 그런지 가끔은 그 친구 때문에 마음이 불편할 때가 있었습니다. 그 친구는 "당연한 건데 넌 왜 그걸 이해를 못 하냐?, 너는 계산이 딸리는구나." 이런 식의 말을 자주합니다. 그때마다 내가 고등학교밖에 안 나왔다고 나를 무시한다는 생각이 들었고 기분이 몹시 상했습니다. 그래서 결국 그 친구와 멀어지게 되었습니다. 다시 관계를 회복하고 싶긴 한데 어떻게 해야 할지 모르겠습니다.

그 친구가 나를 무시해서 그런 건지 안 그런지는 모르는 일입니다. 그럴 수도 있고 안 그럴 수도 있습니다. 문제는 내가 자신감이 없다는 것입니다. 만약 그 친구가 나를 무시했다면 그것은 그 친구의 잘못입니다. 그렇다 하더라도 내가 자신감이 있으면 그것이 관계를 끊을 만한 일이 되지는 않을 것입니다. 왜냐하면 내가 상처를 받지 않기 때문입니다. 결국 문제는 나입니다. 본인이 인성에 학력이 문제가 안 된다는 것을 확신한다면 그 문제는 해결될 것입니다. 저는 학력은 아무 문제가 안 된다고 생각합니다. 인간관계에서 학력을 문제 삼고 남을 무시하는 사람이 열등한 사람입니다.

자신감의 문제는 자아정체성과 관련된 문제입니다. 이 문제는 다음 주에 자세히 다룰 것입니다.

5. 저는 부모님이 재혼한 가정에서 자랐습니다. 엄마는 저를 무척 사랑해주셨지만 늘 외출이 많았고, 엄마가 없을 때는 항상 이복 언니들의 눈치를 보고 자랐습니다. 그래서 집에서는 항상 무섭고 답답했습니다. 그런데 제가 공부를

못하다가 초등학교 5학년 때부터 이상하게 공부를 잘하게 되었습니다. 공부를 잘하니 학교생활이 재미있고 선생님이 무척이나 예뻐해 주셨습니다. 그래서 선생님을 실망시키지 않기 위해 그리고 다시 무시당하지 않기 위해 아주 열심히 공부를 했습니다. 그리고 회사에 취직해서도 일을 열심히 해서 항상 칭찬을 받았습니다. 그 칭찬받을 일을 생각하면 밤새 일하는 것도 힘들지 않았고 남의 부서 일까지 했습니다. 그런데 그게 오히려 동료들 사이에서 제가 기피 대상이 되는 이유가 되었습니다. 참으로 이해할 수 없는 일이었습니다.

그런데 선생님 강의를 듣다 보니 제가 집안에서 존재가치를 인정받지 못해 밖에서 인정받으려고 힘겹게 살아온 사람이라는 생각이 듭니다. 저의 삶은 평온하지 않았고 거의 전투적이었다고 할 수 있습니다. 칭찬받지 못하면 칭찬받을 일을 찾아서 할 정도였으니까요. 저의 핵심감정은 무엇인가요?

지금 하신 말씀만 가지고 제가 핵심감정을 파악하기는 어렵습니다만, 참고가 될까 해서 몇 마디 하겠습니다. 핵심감정은 한 개인이 자주 사로잡히는 감정일뿐더러 오랜 기간 지속적으로 나타나는 감정입니다. 이것은 또한 강한 감정이기 때문에 한 개인의 특징적 행동의 동기가 되기도 합니다. 그래서 핵심감정은 필요 이상의 과도한 행동을 하게 만듭니다. 이런 점에서 볼 때, 질문하신 분께서 말씀하신 '남의 인정에 대한 지나친 갈구'는 바로 핵심감정의 작용이 아닌가 생각됩니다.

인정받지 못했을 때의 수치심, 모멸감이 주는 동요와 충격이 너무 강렬하기 때문에 그것을 견딜 수가 없는 것입니다. 그래서 그런 일을 당하지 않기 위해 강박적으로 일을 하는 것입니다. 문제는 남의 인정을 받으려는 강박이나 집착입니다. 우선은 그러한 강박이 나의 내면의 문제라는 것을 자각하셔야 합니다. 그래서 그런 감정이나 충동이 올라올 때 그것을 지켜보고 그것이 시키는 대로 행동하지 않는 것입니다. 그런 감정의 지배에서 벗어나야만 현실을 있는 그대로 보고 그것에 맞는 합리적인 선택을 할 수 있습니다. 물론 하루아침에 바뀌지는 않겠지만 계속 노력하다 보면 점차 좋아질 것입니다. 핵심은 밖으로 나가서 인정받으려는 것이 아니라, 내 감정을 지켜보면서 그것에 끌려들어 가지 않는 것입니다.

6. 선생님, 아이들이 무섭다고 그럴 때는 뭐라고 해야 할지요? 애가 겁이 많은지 자꾸 그러거든요. 별거 아니야, 뭐가 무서워 그렇게 말은 하는데, 애는 계속 무섭다고 그래요. 그럴 때 어떻게 해야 하는지 모르겠어요.

아이의 감정에 대해서 평가를 하신 겁니다. 애는 진짜로 겁이 나거든요. 자기 마음속에 그런 무서움이 있고, 그래서 표현을 하는 건데, 평가를 하면서 무시한 거잖아요. 일단은 공감해주어야 합니다. "그러니 많이 무서워? 알았다" 하고 공감하면서 달래주어야 합니다. 아이의 입장이 돼서 같이 느껴주는 겁니다. 같이 웃어주고 같이 울어주고 같이 아파해주는 거예요. 일단은. 공감을 받으면 대부분 아이가 진정을 합니다. 그래서 아이가 진정된 후에 그때 이야기하는 겁니다. 왜 무서워하는지, 전후 사정이 뭔지를 듣고 나서 부모가 그 원인에 대해서 생각을 많이 해보아야 합니다. 아이가 이상해서가 아니라 가족 안에서 애가 두려움에 민감해지도록 만든 사건과 환경이 있을 겁니다. 그것을 잘 찾아내서 애를 도와주어야 합니다. 애는 무섭다고 하는데 "뭐가 무서워!" 하면 문제가 해결됩니까? 안 되죠.(웃음)

7. 제가 사실은 굉장히 다혈질이에요. 욱하는 성격인데 선생님 철학 강의를 들으면서 감정에 대해서 계속 생각했어요. 그러다 보니까 아이들한테 화내는 게 줄었어요. 그렇다고 애들에게 더 특별히 잘해주는 것은 없었습니다. 3학년인 애가 맨날 빵점을 맞았거든요. 그게 저는 이해가 안 됐어요. 그래서 예전에는 어떻게 하면 빵점을 맞느냐고 야단을 많이 쳤는데 이제는 그러지 않고, 그냥 최선을 다하면 된다고 그렇게 말하거든요. 그랬더니 어저께는 95점을 맞았더라고요. 띄어쓰기조차 못했던 애가 95점을 맞아서 여기저기 전화하고 난리가 났었습니다. 참 기분이 좋더라고요.

축하합니다. 내가 변하면 밖이 변한다는 것을 체험하신 것 같습니다. 그러니까 애들한테 점수가 안 좋으면 화만 낼 것이 아니라 "내가 뭘 도와줄까?"라고 물어봐야 하는 겁니다. 애들이 왜 공부를 못하냐 하면 정서적인 혼란과 불안정 때문에 공부를 못하는 거거든요.

맞아요. 집중을 못해요.

못합니다. 정신이 산만한데 공부가 되겠습니까? 그래서 일단은 부모가 아이를 불안하게 하면 안 되는 거죠. 아이가 '우리 엄마 아빠는 내편이야. 나를 돕는 사람이야' 이런 생각을 갖도록 해야지, '나를 감시 감독하고, 혼내고 닦달하는 사람이야'라고 생각하면 끝장나는 겁니다. 서로 사는 게 불편해집니다. 부모를 멀리하고 대화를 안 하게 되죠. 그래서 바꾸려고 하지 말고 도와야 한다고 말하는 겁니다. 그러려면 내 마음이 평안해야 돼요. 내 마음에 여유가 있어야 돼요. 내가 정서적으로 혼란을 느끼면 그 정서적 혼란이 곧바로 아이에게 전달됩니다. 그러니까 내가 변하는 게 우선이겠죠.

6

나는 나를 알고 있는가?

"인간은 절대 자신이 아닌 것이 될 수 없다.
중요한 것은 바로 그 점이다.
인간은 오로지 그 자신일 수 있을 뿐이다.
오직 그것뿐이다.
내가 진정한 나이기 위해서는 그 어떤 노력도 필요하지 않다.
우리 자신의 모습에 대해 변명할 필요도,
우리가 아닌 것이 되기 위해 애쓸 필요도 없다.
그저 말을 배우기 이전의 본래의 순수함,
본래의 완전함으로 돌아가기만 하면 되는 것이다."

돈 미겔 루이스

"나는 '나' 자신에 대해서 이야기하고 싶다.
우선 '나' 자신에 대해 알아야겠다."

니체

희망의 인문학 | 철학 강의 6

나는 나를 알고 있는가?

―미운 오리새끼의 고난과 깨달음

안녕하세요? 수업 시작하겠습니다.

지난주에 예고했던 것처럼 오늘의 주제는 "나는 누구인가"라는 문제입니다. 학문적인 용어로 말하면 '자아정체성'의 문제입니다. 저는 이것이 살아가면서 철학으로 풀어야 할 가장 중요한 문제라고 생각합니다.

하지만 '나는 누구인가?'라는 물음 자체를 이해하지 못하는 분들도 많이 있습니다. "나는 나지. 그게 질문이 되나?" 이렇게 생각합니다. 이미 자신이 누구인지 잘 알고 있다고 생각하기 때문입니다. 과연 그럴까요? 여러분들 중에서도 아마 그런 분이 있을 것입니다. 가장 큰 문제는 모두가 당연히 여기는 것 안에 숨어 있습니다. 오늘 우리가 다룰 문제가 바로 그런 종류의 것입니다. 누구나 당연히 여기고, 다 잘 알고 있다고 생각하는 나에 대해서 내가 잘못 알고 있다면 어쩌실 건가요? 누군가 여러분을 속였든지 아니면 스스로 자신을 속였든지 둘 중 하나일 것입니다. 아니 둘 다인가요? 이제 텍스트를 보시기 바랍니다.

1. 스크린 속의 나

6-1. "세계는 배후에 아무런 의미도 가지고 있지 않지만, 도리어 무수한 의미를 가지고 있다. 세계는 무한히 해석 가능하다." — 니체

6-2. "모든 관찰대상에는 관찰자가 포함되어 있다." — 양자역학

6-3. 삶은 자기 마음의 반영이다.

6-4. 만약 누군가 극장에서 상영되는 영화의 내용이 자기 맘에 안 든다고 무대 위로 뛰어 올라 스크린과 싸운다면, 사람들은 그를 제정신이 아닌 사람이라고 할 것이다.

서양의 근대 철학자들은 관찰자와 관찰대상을 엄격히 분리해서 생각했습니다. 그래서 주관성을 배제하면 할수록 객관적 관찰을 할 수 있을 것으로 믿었습니다. 어찌 보면 상식적인 생각이라고 할 수 있을 것입니다. 하지만 최첨단의 현대 물리학인 양자역학자들은 그런 것은 없다고 주장합니다. 모든 관찰되는 것들은 관찰자의 의도에 영향을 받게 되어 있다는 것입니다. 그래서 실재는 관찰자가 보고 싶은 것을 보여준다고 합니다. 이 우주가 그렇게 되어 있다는 것입니다. 말하자면 실재는 우리가 원하는 모든 것을 보여주는 마법사인 셈입니다. 이 말이 맞다면 참으로 놀랍고도 신기한 이야기입니다.

양자역학의 원리를 우리의 삶에 적용하면 세 번째 문장이 됩니다. "삶은 자기 마음의 반영이다." 이 말은 나에게 일어난 모든 일 중에서 나의 개입이나 동의 없이 일어난 일은 아무것도 없다는 의미입

니다. 말하자면 나에게 일어난 일은 모두 나의 선택에 의해서 이루어졌다는 것입니다. 이 말에 동의하고 싶지 않은 분들이 많으실 겁니다. 내가 원하지 않았는데 나에게 일어난 일이 얼마나 많았고, 잘못한 것이 없는데도 억울하게 당하기만 한 일도 많았는데 그런 말도 안 되는 이야기를 하느냐고 하실 분도 계실 것입니다. 어떤 관점에서는 그 말도 맞습니다. 하지만 다른 관점에서는 그렇지 않습니다. 억울한 마음이 드시더라도 좀 더 제 말을 들어주시기 바랍니다. 모든 일은 나의 선택에 의해서 일어난다는 말은 긍정적으로 말하면 내가 나의 삶의 창조자이고 책임자라는 말입니다. 그래서 세상에는 순수한 피해자는 없다고 말할 수 있는 겁니다. 단지 어떤 이유에서인지는 모르지만 피해자 역할을 선택했던 것입니다. 물론 의식의 차원에서 그런 선택을 한 것은 아닙니다. 어떤 의미에서는 자기도 모르게 선택한 것입니다. 그러면 누가 진정한 나인가요? 왜 이런 일이 벌어지는 걸까요? 그것을 설명하는 것이 네 번째 문장입니다.

무대에 올라가 스크린에 펼쳐진 내용을 바꾸려고 하는 사람은 분명히 정상적인 사람이 아닐 것입니다. 하지만 제 눈에는 놀랍게도 이런 사람들이 많습니다. 영화의 내용을 바꾸려면 스크린과 싸워서는 안 되고 필름을 바꾸어야만 합니다. 필름을 바꾸지 않는 한 영화는 바뀌지 않습니다. 그렇죠. 이건 명백한 사실입니다. 앞서 설명한 바에 의하면 우리 삶도 영화관에서 상영되는 것과 똑같은 원리로 우리 앞에 펼쳐지는 것입니다. 삶은 마음의 반영이기 때문에 그렇습니다. 필름이 우리 마음입니다. 만약 삶을 바꾸기 원한다면 필름을 바꾸어야 합니다. 마음을 바꾸지 않는 한 동일한 내용의 삶의 드라마가 반복될 수밖에 없습니다. 밖과 싸우는 것은 스크린과 싸우는 것과 똑같은 일이기 때문입니다. 절대 바뀔 수가 없습니다. 하지만 이것이 잘되지 않습니다. 필름을 바꾸려고 애써도 잘 안 됩니다. 왜 그럴까요?

그것을 이해하기 위해서는 마음의 구조를 알아야 합니다. 앞에서도 잠깐 설명한 적이 있는데요, 우리의 마음은 크게 의식과 무의식으로 나뉠 수 있습니다. 사람들은 자신이 자유롭게 생각하고 판단한다고 생각합니다. 그래서 자기가 삶의 주인으로서 주체적으로 삶을 컨트롤한다고 생각합니다. 그건 의식의 생각입니다. 하지만 그건 의식의 착각에 불과합니다. 스피노자는 "인간은 자기 자신의 욕망을 자각하고 있지만, 그 욕망을 결정하는 원인에 관해서는 모른다."고 말했고, 에리히 프롬 역시 "일반인의 동기는 무의식적인 요인에 의한 것이어서 자유롭지 않지만, 자유로운 듯한 환상을 갖고 생활하고 있다."고 말하고 있습니다. 이처럼 우리 삶의 중요한 결정은 모두 무의식이 합니다. 일반적으로 생각하는 것과는 달리 마음의 실제 지배자는 무의식입니다. 의식은 표면에 나와 있는 빙산의 일각에 불과합니다. 무의식 안에 거대한 감정의 덩어리가 있기 때문입니다. 아무리 의식이 결정을 해도 감정이 동의하지 않으면 실행되지 않습니다. 하지만 의식이 아무리 거부를 해도 감정이 움직이면 몸은 감정을 따라가게 되어 있습니다. 무의식에 존재하는 생각이 한 개인의 실제적 생각과 신념이자 세상을 보는 관점입니다. 왜냐하면 감정이 있는 곳에 내가 있기 때문입니다. 의식은 무의식 앞에서 정말 아무것도 아닙니다.

앞서의 영화 이야기로 다시 돌아가 보면 의식은 영화 내용이 맘에 안 든다고 싸우는 정신 나간 사람이고, 무의식은 영사기 안에 담겨 있는 필름입니다. 도대체 의식이 무의식을 이길 수가 있겠습니까? 그건 불가능하지 않습니까? 스크린의 내용이 바뀔 리가 있습니까? 하지만 대부분의 사람들은 필름이 아니라 스크린에 펼쳐지는 것들을 바꾸고자 애를 씁니다. 그러다가 결국 안 되면 세상을 원망하거나 자책을 합니다. 하지만 사람들은 자신이 무엇을 했는지를 모릅니다. 그래서 삶에서 혼란을 느끼는 것이고, 삶을 변화시키지 못하는 것입니다.

자, 이제 오늘의 물음입니다. 과연 나는 누구일까요? 스크린 속에 있는 내가 나일까요? 아니면 스크린과 싸우는 내가 나일까요? 아니면 필름을 만드는 영화감독이 나일까요? 아니 다르게 물어보겠습니다. 내가 누구이면 좋겠습니까? 텍스트를 좀 더 읽고 계속하겠습니다.

2. 의존적 자아는 본래의 '나'가 아니다

6-5. 자신을 지킨다는 것은 어떤 것인가? 경제적인 문제나 정신적인 측면에서 누구에게 의존하거나 남을 해치지 않고 스스로의 힘으로 살아갈 때 자신을 지킨다는 말을 할 수 있을 것이다.

6-6. 자신을 지키지 못하게 되면 겉으로는 그렇게 보이지 않을지라도 필연적으로 내면의 혼란을 겪게 된다. 그럼에도 대부분의 사람들은 이 혼란이 어디에서 연유하는지 알지 못한다.

6-7. 사람에게 가장 큰 고통은 자기 자신을 잃는 고통이며, 사실 삶에서 일어나는 모든 고통과 슬픔은 이것 즉 자기상실로부터 파생되는 것이다.

6-8. "세상에 악마가 있다면, 그것은 우리 안에 있는 의존심이다."

– 니체

6-9. "독립의 기력이 없는 자는 반드시 남에게 의존하고, 남에게 의존하는 자는 반드시 남을 두려워하고, 남을 두려워하는 자는 반드시 남에게 아첨을 한다." **– 후쿠자와 유키치**

6-10. "생명은 자기의 힘으로 길을 찾아가는 것에 그 의미가 있다."

– 저우쥔쉰

우리가 지난 시간에 보았듯이, 사람들은 어릴 적 부모로부터 받은 상처로 인해 마음 안에 핵심감정이 생겨나고 그로부터 강박적, 집착적 애정욕구를 갖게 됩니다. 그렇게 되면 그 사람은 필연적으로 거짓자아인 의존적 자아상(자아 이미지)을 갖게 됩니다. 이 자아상은 일반적인 다른 생각들과는 다릅니다. 왜냐하면 거기에 상처로 생긴 부정적 감정들이 다 모여 있고, 의식이 통제할 수 없는 무의식이 그것의 거처이기 때문입니다. 그것을 던져버린 사람에게는 그저 환상이지만 그렇지 못한 사람에게는 매우 생생한 현실입니다. 그래서 거짓자아를 자기로 생각하면서 실제로는 의존적인 사람으로 살아갑니다.

그런 사람은 스스로도 자기 자신에 대해서 매우 부정적으로 생각합니다. 왜냐하면 자기 스스로 생각해봐도 그런 자기가 맘에 안 들기 때문이죠. 물론 겉으로는 안 그런 척하고, 누가 그 사실을 알면 어떻게 하나 불안해합니다. 그래서 안팎으로 힘이 듭니다. 그런 사람들은 거의 대부분 '자신이 해결해야 할 문제를 가지고 있다'고 생각하는 것이 아니라 '자신 자체가 문제'라고 생각합니다. 말하자면 '나라는 사람 자체가 원래부터 문제가 있다'고 생각합니다. 자신의 존재 자체가 문제라고 생각하게 되면 답이 없습니다. 그러면 삶은 철근 콘크리트의 상자에 갇히게 되고 도저히 그곳에서 빠져나올 수가 없게 됩니다. 왜곡된 자아상은 감옥이고 미로입니다.

이런 미로에 갇히게 되면 그 순간부터 자신감은 사라지고, 자신감이 사라지면 남을 두려워하고, 남의 눈치를 보고, 남에게 인정받는 것이 너무너무 중요해집니다. 또한 그런 사람은 자신의 힘으로는 아무것도 할 수 있는 게 없다고 생각하기 때문에 항상 의존할 무언가를 찾습니다. 의존할 것이 없으면 불안해서 견디지를 못합니다. 이런 불안은 자신의 생존과 안전을 보장해주는 것에 대한 강박적 집착과 욕망으로 발전합니다. 당연히 사람에게 인정받기 위해 비정상적으로 매달리거나 돈이나 소유, 지위 따위에 광적으로 집착하게 됩니다. 때론 이런 병리적 의존증은 술이나 도박, 마약 등에 대한 중독으로 변형되어 나타나기도 합니다.

이들은 자신을 구원해준다고 하면 영혼도 팔 수 있는 사람들입니다. 서슴없이 거짓말을 하고, 남을 속이고 남의 것을 훔치는 일도 마다하지 않습니다. 나중에는 자신에게 이익이 된다면 무슨 짓이든지 거리낌 없이 하게 됩니다. 또한 그런 사람들은 매우 무책임합니다. 책임지는 것을 너무너무 두려워합니다. 높은 지위의 책임자가 되고 싶어는 하지만, 절대 책임을 지려고 하지는 않습니다. 의존적 자아는 책임이라는 말의 본래 의미를 모릅니다. 이런 사람이 조직의 책임자가 되면 그 조직은 엉망진창이 됩니다.

이런 인지적 왜곡이 가져오는 또 하나의 필연적인 결과는 의지의 상실입니다. 거짓자아인 의존적 자아란 자신의 능력과 힘을 의심하고 밖에 의존하는 자아입니다. 다른 사람의 능력과 힘에 빌붙어서 기생적으로 살아가는 것이 거짓자아의 운명입니다. 그래서 마음은 항상 자신이 의존할 대상을 찾기 위해 분주합니다. 내가 의지할 사람이 어디 있는지, 누가 더 적합한지, 어떻게 하면 그에게 잘 보일 수 있을지를 생각하느라고 열심히 머리를 쓰고 삽니다. 그에게 있어서 생존을 좌지우지하는 것은 자신이 아니라 밖이기 때문입니다. 그 반대로 자신의 의지는 날로 허약해질 수밖에 없습니다. 왜냐하면 의지는 자신의 힘으로 무엇인가를 해내는 과정을 통해서만 성장하는 성질을 지니고 있기 때문입니다. 실패와 어려움을 각오하고 수없는 도전과 시행착오를 거치면서 성장하는 것이 의지입니다. 하지만 의존적 자아는 실패와 책임에 대한 부담감 때문에 시도하는 것조차 두려워합니다. 당연히 자신감과 의지는 날이 갈수록 쇠약해질 수밖에 없습니다. 그래서 의존적 자아는 무기력한 의지박약의 자아인 것입니다. 감정, 생각에 이어 이제 마지막으로 의지마저 무너지는 것입니다. 정신의 마지막 보루인 의지마저 훼손되면 그는 필사적으로 밖에 매달리게 됩니다. 사실 이것은 지옥을 향해 달려가는 것입니다.

그러면서 그는 속으로 "나는 내 힘으로는 아무것도 할 수 없다"고 스스로를 자책하면서, 자신을 세상과 사회에 지배당하는 나약한 존재에 불과하다고 생각합니다. 그럼에도 그는 자신의 모든 고통과 불행의 원인을 밖으로 돌리고 밖을 원망합니다. 왜냐하면 그에게 삶의 근원은 밖에 있기 때문입니다. 의지마저 무너진 그에게 이제 산다는 것은 너무나 힘들고 피곤한 일입니다. 산다는 것이 너무도 무섭고 두렵습니다. 언제 무슨 일이 터지지 않을까, 뭐가 잘못되는 것이 아닐까 하면서 벌벌 떨며 살아가는 것입니다. 삶은 고통이 되고 삶 자체에 혐오감마저 갖게 됩니다.

3. 나에 대한 인지적 착각 마음의 미로

6-11. 그렇다면 왜 사람들은 자신을 지키지 못하고 남에게 의존하게 되는 것일까?

6-12. 이 문제는 놀랍게도 아주 단순한 착각에서 발생한다. 자기 자신에 대한 오해와 착각이 바로 그것이다.

6-13. 대부분의 사람들은 자기 자신에 대해 이미 잘 알고 있다고 생각한다. 하지만 과연 그것이 진실일까?

6-14. 인간의 놀라운 점은 실제로는 거짓이라고 할지라도 그가 믿고 있는 한 그것은 그에게는 진리이고 현실이 된다는 점이다. 이것이 믿음의 힘이다. '나는 누구인가?'라는 문제도 예외는 아니다.

6-15. '나에 대한 생각'은 단순히 여러 가지 관념들 중의 하나가 아니다. 그것은 다른 모든 생각의 대전제이자 출발점이다. 그래서 나에 대한 생각에 문제가 있을 때, 다른 모든 것에서 필연적으로 문제가 발생할 수밖에 없다. 인간의 마음이 생각으로 빠져나올 수 없는 미로가 되는 이유는 이것 때문이다.

6-16. 삶의 문제에 관한 한 '나'에 대한 관념은 다른 모든 생각의 씨앗이자 뿌리이다. 생각은 생각에서 끝나지 않는다. 왜곡된 자아상은 삶을 고통과 지옥으로 만들어버린다.

핵심감정에서 모든 부정적 감정이 파생되듯이 왜곡된 자아정체성에서 다른 모든 부정적 관념이 파생됩니다. 왜곡된 자아상은 다른 왜곡된 관념들의 근원입니다. 이것은 여러 종류의 관념 중의 하나가 아닙니다. 이놈은 다른 모든 생각들을 뒤틀고, 구부리고, 거꾸로 뒤집고 고약하게 만들어버립니다. 이것이 사람으로 하여금 모든 것을 비딱하게 보고, 부정적이고 어둡게 그리고 파괴적으로 생각하게 하는 주범입니다. 이렇게 해서 마음은 미로가 되는 것입니다. 또한 왜곡된 자아상과 핵심감정은 서로에게 에너지를 부여합니다. 이 둘은 한 쌍으로 서로에게서 자양분을 얻어 힘을 키워나갑니다. 왜곡된 자아상이 강력한 힘을 발휘하는 것은 그것이 이처럼 핵심감정과 얽혀 있고, 의식이 전혀 통제할 수 없는 무의식에 숨어 있기 때문입니다.

이제 내면 깊숙한 곳에서 필름이 완성되고 나면 그 속에 담겨 있는 삶의 시나리오가 스크린에 펼쳐집니다. 하지만 의식은 그것을 가상이 아닌 현실로 받아들입니다. 이 드라마는 삶의 어떤 부분에 문제가 있고 그것 때문에 고통을 받는다는 차원의 스토리가 아닙니다. 이 드라마는 삶의 요소가 아니라, 삶 자체가 문제인 드라마입니다. 의식에게는 너무 고통스럽고 괴롭지만 자신의 힘으로는 도저히 어떻게 할 수가 없습니다. 스크린하고 싸워도 보고 내용을 바꾸려고 애도 써보지만 아무 소용이 없습니다. 그렇게 해서 해결될 일이 아니기 때문입니다. 부자가 되거나 사회적으로 성공했다고 해서 이런 고통에서 벗어나는 것도 아닙니다. 왜냐하면 자기 자신과 자신이 보는 세계는 아직 그대로이기 때문입니다. 무의식에 있는 핵심감정과 자아상이 치료되기 전에는 그 고통에서 놓여날 수가 없습니다.

그렇다면 이제 문제는 어떻게 이러한 환상을 깨느냐 하는 것입니다. 이 문제를 해결하는 데 실마리를 제공할 동화 한 편을 가지고 왔습니다. 우선은 그것을 읽어보겠습니다.

4. 미운 오리새끼와 백조

6-17. 미운 오리새끼

미운 오리새끼가 그 가혹한 일을 견뎌낸 이야기를 하자면 끝도 없을 것이며 너무도 슬픈 이야기가 될 것이다. 찬바람이 수그러드는 어느 날 아침 미운 오리새끼는 갈대로 둘러싸인 늪 속에 누워 있었다. 해님이 다시 고개를 내밀고 따뜻한 햇살을 비추었고 종달새가 즐겁게 지저귀었다. 사방에 아름다운 새싹이 돋는 찬란한 봄이 온 것이다.

미운 오리새끼는 날개를 퍼덕였다 그런데 이게 웬일일까? 날개가 예전보다 힘차게 엉덩이를 들어 올리는 것이 아닌가? 날개는 순식간에 미운 오리새끼를 큰 정원으로 내려놓았다. 정원에는 사과나무 꽃이 활짝 피어 있었고 향긋한 딱총나무 가지가 부드러운 잔디 주위로 뻗어 있었다. 신선한 봄 향기 속에서 모든 것이 아름다움을 발했다.

그때 앞쪽 덩굴 속에서 눈부시게 하얀 백조 세 마리가 나타났다. 백조들은 살랑살랑 깃털을 움직이며 가볍게 물 위를 헤엄쳤다. 미운 오리새끼의 기억 속에 아직까지 생생하게 남아 있는 아름다운 새들이었다. 미운 오리새끼는 그 새들을 보자 이상하게도 서러움이 왈칵 밀려들었다. '저

멋진 새들에게 날아갈 테야. 그럼 나처럼 못생긴 새가 감히 가까이 왔다고 죽이려 하겠지? 하지만 상관없어. 오리들에게 쪼이고 닭들에게 맞고 모이 주는 처녀에게 발로 채이고 겨울에 굶주려 죽는 것보다 차라리 저 새들에게 죽는 편이 나아.' 미운 오리새끼는 이렇게 생각하며 물속으로 날아 들어가 아름다운 백조들을 향해 헤엄쳐갔다. 미운 오리새끼를 발견한 백조들이 날개를 퍼덕이며 급히 다가왔다. '죽일 테면 죽여.' 가여운 미운 오리새끼는 서글프게 이렇게 말하고는 머리를 숙이고 죽음을 기다렸다.

그런데 이게 어찌된 일인가? 맑은 물 위에 비친 모습은 못생기고 볼품없는 진회색의 오리가 아니라 우아하고 아름다운 한 마리의 백조가 아닌가? 애초부터 그의 본모습은 백조였기 때문에 오리에게서 태어난 것쯤은 아무런 허물도 아니었다. 미운 오리새끼는 온갖 고난과 슬픔을 견뎌낸 것이 참으로 기뻤다. 그러한 고통을 이겨냈기에 이러한 즐거움과 행복을 누릴 수 있게 되지 않았는가. 큰 백조들이 미운 오리새끼를 에워싸고 부리로 오리의 목을 어루만지며 환영했다. 오리는 너무도 황홀하고 기뻐서 기절할 지경이었다.

얼마 후 어린 아이들이 정원으로 나와 빵과 과자를 물속에 던졌다. "저기 좀 봐. 새 백조가 왔어." 제일 어린 꼬마가 외쳤다. "백조가 왔어요. 새 백조가 왔다고요!" 다른 아이들도 껑충껑충 뛰고 손뼉 치며 엄마아빠에게 달려가 소리쳤다. 그들은 빵과 과자를 더 많이 가져와 물속에 던지며 말했다. "새로운 백조가 제일 예쁘네? 제일 깜찍하고 귀여워!" 나이든 백조들은 고개를 숙였다. 그러자 미운 오리새끼는 몹시 부끄럽고 당혹스러워 날개 속에 고개를 묻었다. 너무나 행복했지만 뽐내지는 않았다. 못생겨서 서러움과 경멸을 받아왔던 미운 오리새끼가 이제는 새들 중에서도 가장 아름답다는 소리를 듣게 된 것이다.

딱총나무 가지도 백조를 향해 가지를 굽혔고 태양은 따듯하고 맑은 햇

살을 비추었다. 그제야 미운 오리새끼는 깃털을 살랑거리며 늘씬한 몸을 굽히고 진심으로 기뻐서 외쳤다. "미운 오리새끼였을 때 나는 이런 큰 행복은 꿈꾸지도 못했어요."

어떻게 느끼셨습니까? 눈물이 날 지경이시라고요? 예. 저도 읽고 나서 많이 울었습니다. 읽어 보니까 동화가 아니라 철학이죠. 철학도 엄청난 철학입니다. 저는 개인적으로 이 이야기를 통해 어떤 철학자의 글보다 더 많은 것을 깨달았습니다. 제가 이 동화를 읽고 아름답다고 느낀 이유이면서 동시에 깜짝 놀라고 기뻐했던 이유가 뭐냐 하면, 미운 오리새끼가 단 한 순간도 오리였던 적은 없었다는 점입니다. 그렇죠? 미운 오리새끼가 백조가 되는 것도 아니었죠. 원래 백조예요. 원래 백조로 태어났습니다. 오리가 백조로 바뀌는 게 아닙니다. 단지 잘못 알고 있었던 겁니다. 왜 그렇습니까? 오리 둥지에서 태어났기 때문에 자기를 오리로 잘못 알게 된 것입니다. 인지적인 착각입니다. 그러고는 비교당하면서 엄청 구박받고 고생을 합니다. 첫 문장을 보세요. "미운 오리새끼가 그 가혹한 일을 견뎌낸 이야기를 하자면 끝도 없을 것이며 너무도 슬픈 이야기가 될 것이다." 공감가지 않으시나요? 이게 우리들의 인생 이야기 아닌가요? 다 나름 노력을 해왔습니다. 열심히 살지 않은 사람이 있겠습니까? 하지만 시간이 지날수록 사는 게 더 어려워집니다. 이 오리새끼도 마찬가지였습니다. 인정받고 사랑받기 위해 잘난 오리가 되려고 노력도 해보지만 그게 되지를 않았습니다. 그게 어떻게 가능하겠습니까? 어떻게 백조가 잘난 오리가 될 수 있겠습니까? 세상의 가치는 잘난 오리가 되는 것이죠? 사회는 그것을 성공이라고 합니다. 하지만 진정한 기쁨은 내가 누군지를 알았을 때 그때 온다는 것입니다. 자신의 본래 정체성을 되찾기만 하면 됩니다. 이 동화는 우리가 원래 그 자체로 행복한 존재라는 놀라운 메시지를 말하고 있습니다. 정말 기쁜 소식 아닙니까?

제가 두 번째로 놀란 것은 미운 오리새끼가 "죽일 테면 죽여" 하고 목숨을 걸었다는 점입니다. "저 멋진 새들에게 날아갈 테야. 그럼 나처럼 못생긴 새가 감히 가까이 왔다고 죽이려 하겠지? 하지만 상관없어. 오리들에게 쪼이고 닭들에게 맞고 모이 주는 처녀에게 발로 채이고 겨울에 굶주려 죽는 것보다 차라리 저 새들에게 죽는 편이 나아." 그렇게 목숨을 걸었을 때 자기가 누구인지 알게 되었습니다. 그렇죠? 이 부분도 매우 중요한 포인트입니다. 저는 자신의 본래적 정체성을 되찾는 일은 죽을 각오를 하지 않으면 성공할 수 없는 일이라고 생각합니다. 왜냐하면 거짓자아를 벗어버리려고 할 때 끊임없이 밀려오는 것이 죽음의 공포이기 때문입니다. 이 사회는 우리로 하여금 거짓자아로 살라고 끊임없이 강요하기 때문입니다. 이 공포에 굴복하면 거기서 끝나는 겁니다. 저도 이 죽음의 공포를 수없이 느껴보았습니다. 그 두려움 앞에서 도망치기도 했고, 주저하기도 하면서 지금까지 버텨왔습니다. 지금도 그런 죽음의 공포를 느낄 때가 종종 있습니다. 사회적으로 완전히 소외될 것 같은 두려움, 굶어죽을 것 같은 두려움, 실패자라고 멸시받을 것 같은 두려움, 이것들은 모두 거짓자아가 만들어내는 두려움입니다.

하지만 왜 포기하지 않는가? 그것은 거짓자아의 삶이 너무 고통스럽고 비참하기 때문입니다. 평생을 벌벌 떨면서 살고 싶지 않기 때문입니다. 내 인생이 아닌 남의 인생을 살아가고, 남 흉내 내고, 비굴하게 다른 사람들의 눈치를 보면서 불안과 두려움 속에서 살아가는 것이 너무 싫기 때문입니다. 그건 해볼 만큼 해보았습니다. 더 이상은 하기 싫습니다. 어차피 한번 죽을 것이라면 하루라도 인간답고 당당하게 살다가 죽고 싶기 때문입니다. "과연 이런 것이 인생인가? 인간은 이렇게밖에 살 수 없는 것인가? 그렇다면 인생은 살 가치가 없다. 하지만 인생은 그런 것이 아닐 것이다. 아니다. 내가 모르는 무엇인가가 있을 것이다. 그것을 한번 찾아보자. 안 되도 할 수 없지만, 나는 시도는 해보지 않았는가?"

여러분도 자신의 삶을 한번 돌아보십시오. 하루도 마음 편할 날이 없는 삶을 살고 계시다면 뭔가 근본적으로 잘못되어 있는 것입니다. 이렇게 살 바에는 차라리 죽는 게 낫다는 생각이 들지 않습니까? 그렇다면 한번 시도를 해보십시오. 하지만 나를 되찾는 것은 결코 만만한 일이 아닙니다. 단단히 결심을 해야 합니다. 결심이 굳세지 않으면 오래가지 못합니다. 그래서 이 도전은 미운 오리새끼처럼 오히려 처절한 마음의 고통을 겪어본 사람만이 할 수 있는 도전인지도 모르겠습니다. 평생을 살면서 한 번쯤은, 단 한 번만이라도 자신의 모든 것을 걸고 무언가에 도전해보아야 하지 않겠습니까? 그것도 다른 일이 아닌 잃어버린 자신의 삶을 되찾는 일인데요. 안 그렇습니까?

세 번째는 자신의 지나온 삶을 재해석하는 부분입니다. 동화의 본문에는 "그의 본모습은 백조였기 때문에 오리에게서 태어난 것쯤은 아무런 허물도 아니었다. 미운 오리새끼는 온갖 고난과 슬픔을 견뎌 낸 것이 참으로 기뻤다. 그러한 고통을 이겨냈기에 이러한 즐거움과 행복을 누릴 수 있게 되지 않았는가."라고 쓰여 있는 부분입니다. 이것은 본래의 자신을 되찾게 되면 자신의 과거조차 모두 긍정하게 된다는 것을 말하고 있는 것입니다. 말하자면 삶 전체를 긍정하게 된다는 의미입니다. "내 삶에서 잘못된 것은 아무것도 없다."는 깨달음에 도달하는 것입니다. 이것은 본래성 회복이 지닌 긍정의 힘입니다. 사실 그는 한 번도 미운 오리새끼가 아니었기에, 존재론적으로는 한 순간도 불행한 적이 없었습니다. 그렇습니다. 우리는 항상 행복한 존재였습니다. 단지 그것을 깨닫지 못했을 뿐입니다. 저는 이것이 우리 삶의 드라마라고 생각합니다.

이제 텍스트를 좀 더 읽고 본격적으로 자아회복에 필요한 정보와 원리에 대해서 알아보겠습니다.

5. 거짓자아, 이상적 자아, 참자아

6-18. 자아 상실이란 자아가 사라진 것이 아니라 자아가 왜곡되게 인지되는 현상이다. 이러한 인지 왜곡에 빠지면 거짓자아를 갖게 되고, 거짓자아의 삶을 살게 된다. 거짓자아는 반드시 고통과 혼란 속에서 살아가게 된다. 사실 우리의 본래적 자아(참자아)는 어떠한 경우에도 훼손되거나 소멸되지 않는다. 그럼에도 거짓자아는 자신을 잃는 것에 대한 두려움(죽음의 공포) 때문에 고통 속에서 일생을 살아간다. 그 고통과 혼란은 참자아를 잃었다는 신호이다. 그것을 알아차려야 한다. 이러한 고통은 인지 왜곡에서 해방되기 전에는 사라지지 않는다.

6-19. 자아가 왜곡될 때 자아는 분리된 것처럼 느껴진다. 자아(거짓자아) – 이상적 자아 – 참자아

6-20. 자아(거짓자아–의존적 자아, 미운 오리새끼): '스스로 내가 나라고 생각하는 나', '뭔가 부족하고 결핍되어 있는 나', '남들에게 있는 그대로 보이고 싶지 않은 나', '남들에게 사랑받지 못할 것 같은 나', '사랑을 주지 못하고, 남들의 인정과 사랑에 연연해하며 매달리는 나', '남들에게 인정받지 못하면 사회적으로 소외될 것 같은 두려움에 시달리는 나', '사회적, 생물학적 죽음의 공포에 지배당하는 나', '이러한 관념과 감정들 때문에 끊임없이 반응하는 나'

6-21. 이상적 자아(성공한 오리): '내가 되어야만 하는 나', '남들에게 인정받고 사랑받을 수 있는 나', '언제 어디서나 자신 있게 남들에게 보여줄 수 있는 나', '사회적 성공을 누릴 수 있는 나', '내가 미치도록 되고 싶은 나. 하지만 현재의 나와는 너무나 거리가 먼 이상적인 모습의 나. 그럼에도 나를 강박적으로 지배하는 나'

이상적 자아는 강박관념의 일종으로서 모든 강박이 그렇듯이 "무엇이 되어야만 한다"고 계속해서 명령한다. 그와 동시에 "그 기준에 도달하지 못하는 한 너는 사랑받을 자격이 없는 무가치한 존재이며 쓸모없는 인간"이라고 끊임없이 속삭인다. 이 명령은 은밀하지만 그 힘은 너무도 강력하다. 왜냐하면 그것을 수행하지 못하면 죽을 것 같은 두려움이 밀려오기 때문이다. 명령하는 자가 주인이기 때문에 사실상 나는 이 이상적 자아의 노예로 살게 된다. 이상적 자아가 제시하는 사람이 되는 것이 흔히 말하는 사회적 성공이다. 하지만 이상적 자아상은 현실에는 존재하지 않는 허구이다. 오직 마음속에서만 존재한다.

6-22. 참자아(백조): 본래적 나. 아무런 문제가 없는 나. 결핍이 없고 사랑할 수 있는 나. 삶의 창조자. 그러나 지금은 잠들어 있는 나.

6-23. "신경증은 자아와 관련된 문제이다. 이상적 자아 때문에 진정한 자아를 버리는 과정이다. 즉 우리에게 주어진 잠재력을 실현하지 않고 거짓된 자아를 좇을 때 신경증이 생긴다." – 카렌 호르나이

6-24. "우리가 함께 노력해서 형성한 치료적 관계 속의 많은 내담자의 경험에 따르면 각각의 문제는 하나의 의문에 봉착한다. 개인이 힘들어하는 문제 상황의 저변인 공부, 배우자, 고용인 또는 통제할 수 없는 괴상한 행동, 공포감 뒤에는 핵심문제가 있다. 개인이 가슴 깊은 곳에서 묻고자 하는 것은 '내가 진짜 누구인가?' 하는 것이다. '어떻게 나의 참된 자아에 도달할 것이며, 내 행동의 근원은 무엇인가? 어떻게 내 자신이 될 수 있을까?' 하는 문제들이다." – 칼 로저스

6-25. "모순적인 이야기지만 있는 그대로 나 자신을 받아들일 때 나는 바뀔 수 있다." – 칼 로저스

6-26. "다른 사람이 아닌 바로 당신이 삶의 물줄기를 건너가는 다리는, 당신 한 사람을 제외하고서는 아무도 걸을 수 없다. 세상에는 당신을 업고 강을 건너게 해주려는 무수한 오솔길과 다리가 있다. 그러나 그것은 당신 자신을 희생시킬 것이 뻔하다. 당신은 인질로 잡혀서 자기 자신을 잃게 될 것이다. 세상에는 당신을 제외하고 다른 누구도 갈 수 없는 단 하나의 길이 있다." – 니체

6-27. "인간은 자신이 궁전의 주인임에도 불구하고 그것을 모른 채 그 궁전의 지하실의 골방이 자신의 집이라고 생각하면서 사는 죄수와도 같다"라는 말이 있다. 우리의 본모습, 즉 참자아는 바로 우주라는 궁전의 주인이다.

자아 상실은 존재의 문제가 아니라 인지의 문제입니다. 물론 인지적 착각에서 벗어나면 삶의 변화가 생기지만 그렇다고 해도 우리의 본성에 변화가 생기는 것은 아닙니다. 그것은 인지의 문제입니다. 제가 예전에도 한번 말씀드린 적이 있는데, 자아가 왜곡되면 자아에 분리현상이 일어납니다. 자아, 이상적 자아, 참자아 이렇게 분리됩니다. 자아는 거짓자아, 의존적 자아이고 이상적 자아는 그 자아가 되고자 하는 자아입니다. 하지만 이 둘은 환상이고 망상입니다. 참자아만이 우리의 본래 자아입니다. 핵심감정과 함께 이 환상을 걷어낼 때 우리의 본래성을 회복할 수 있습니다.

우선은 우리가 어떻게 해서 자아를 잃게 되는지, 그 과정을 조금 알아야 할 필요가 있습니다. 예를 들어 설명해보겠습니다. 미국에서 태어난 아이는 영어를 배우죠? 한국말을 배우는 건 불가능합니다? 그렇죠. 그와 비슷하게 우리가 어릴 때는 자신에게 주어지는 환경을 그냥 받아들이게 되어 있습니다. 어린 아이의 마음은 완전히 백지와 같아서 자신에게 주어지는 모든 것을 스펀지처럼 쭉쭉 빨아들입니다. 판단을 하지 않습니다. 아니 판단을 할 능력이 없습니다. 그래서 자신에 대해서도 외부에서 주입되고 각인된 규정과 관념을 통해서 자신을 정의합니다. 즉 나에 대한 부모의 규정이 곧 나인 것입니다.

부모가 멍청한 놈이라고 계속해서 말을 하면 아이도 스스로를 그렇게 생각하게 된다는 것입니다. 어릴 때 받아들인 생각의 힘은 크고 강렬합니다. 그것은 뇌에 새겨지는 수준입니다. 그것은 데이터가 아니라 프로그램입니다. 제가 뇌에 새겨진 정보를 가지고 뇌에 입력된 정보를 처리한다고 앞에서 말씀드린 적이 있죠? 자아 관념이 그것의 대표적인 예입니다.

많은 부모들은 자신의 아이들에게 아무 생각 없이 "공부를 잘해야만 성공한 사람이 될 수 있고, 실패자가 되면 비참한 삶을 살게 된다"고 말합니다. 그리고 말에 그치는 것이 아니라 성적이 오르면 상을 주고, 성적이 떨어지면 화를 내고 혼을 냅니다. 심지어 벌을 주는 부모도 있습니다. 그러면 아이는 '아, 나는 공부를 잘해야만 인정받고 사랑받는구나'라고 생각하게 됩니다. 이것이 강박의 시작입니다. 아이는 자신의 부모가 '있는 그대로의 나'를 사랑하는 것이 아니라 '성공한 나를 사랑하는 것'임을 받아들일 수밖에 없습니다. 아이들이 의식하지 못할 수도 있지만 이것은 엄청난 상처가 됩니다. 이것은 부모에 의해 아이들이 부패하고 냉혹한 사회에 내던져지는 것이기도 합니다. 아니 부모 자체가 바로 그 사회입니다. 그때 아이의 마음속에 '있는 그대로의 나'는 사랑받을 자격이나 가치가 없는 존재라는 자아 관념이 되는 것입니다. 이후로 아이는 자신의 모습을 부끄러워하면서 부모가 원하는 모습이 되기 위해 고통스러운 삶을 살게 됩니다.

어떤 부모들은 심지어 직접적으로 '못 돼 먹은 놈. 너 같은 애가 어떻게 하다 나왔니?', '넌 왜 애가 그 따위', '넌 애가 글러먹었어', '너 같은 건 태어나지 말았어야 해!'라는 따위의 말을 합니다. 이런 말들은 엄청난 힘을 가집니다. 그건 마치 야구 방망이로 때리는 것과 똑같습니다. 아니 그 이상입니다. 독하고 무시무시한 말은 물리적인 힘보다 더 세면 세지 약하지 않습니다. 몸의 상처는 시간이 지나면 낫지만 마음의 상처는 시간이 지나도 낫지 않고 두고두고 후유증에 시달리게 됩니다. 그런데 많은 부모들이 끔찍하고 무시무시한 말들이 지닌 영향력과 지배력을 모른 채 자신의 자식들에게 쏟아냅니다.

어릴 때 들었던 말들이 주술처럼 사람들을 평생 지배하는 경우가 굉장히 많습니다. 자아정체성을 규정하는 말들은 주술적인 효과를 지닙니다. 좀처럼 빠져나오질 못합니다. '아, 나는 태어나서는 안 될 존재였구나' 하고 생각한다는 것은 얼마나 슬프고 괴로운 일입니까? 이런 사람들이 자존감과 자신감을 가질 수 있겠습니까? 그래서 항상 인정과 사랑을 갈구하게 됩니다. 왜냐하면 외부의 인정을 통해서만 자신의 존재를 확인할 수 있기 때문입니다.

이것이 불행의 시작입니다. 하지만 여기서 끝나는 게 아닙니다. 부모들은 조만간 다른 사람과 비교하기 시작합니다. 어린 애들에게 이 세상에서 가장 잘난 사람이 누구인 줄 아십니까? 엄친아입니다. 엄마친구 아들입니다. "걔는 공부도 잘하고 운동도 잘하고 피아노도 잘 치고 그런다는데 너는 왜 이 모양이야?" 비교의 대상이 등장했습니다. 철학적으로 이야기할 때 바로 이 엄친아가 이상적 자아 또는 이상적 자아 이미지가 되는 것입니다. 이것이 처음에는 밖에 있지만 나중에는 마음 안으로 들어옵니다. 그렇게 되면 부모가 없을 때도 머릿속으로 혼자서 비교를 하기 시작합니다. 성인이 되면 여기에 사회적 생존이 덧붙여집니다. 내가 살아남기 위해서는 이상적 자아가 되어야 한다고 생각하기 시작합니다. 감당해야 할 무게가 점점 더 커져만 갑니다. 결국 성공에 대한 집착과 강박이 삶을 지배하게 됩니다. 이것이 자아를 상실해가는 과정이고 동시에 강박관념이 삶의 주인이 되어가는 과정입니다.

이렇게 해서 결국 자아가 분리됩니다. 자아 즉 '내가 나라고 생각하는 나'가 있고 그 위에 '이상적 자아'가 있는 겁니다. 이상적 자아는 내가 반드시 되어야 하고, 미치도록 되고 싶은 나죠. 왜냐하면 이상적 자아가 되지 못하면 나는 쓸모없는 비참한 인간이고 인생의 실패자가 되기 때문입니다. 이렇게 자아 분리가 완성되고 나면 우리의 내면은 미로가 되고 마음은 온갖 부정적인 감정에 시달릴 수밖에 없습니다. 불필요한 욕망과 탐욕도 여기에 뿌리를 박고 있습니다. 값비싼 외제차나 명품에 집착하는 심리는 그 제품 자체에 대한 것이 아닙니다. 그들이 소비하는 것은 바로 그 제품의 이미지입니다. 그것들은 사실 자신이 얼마나 잘났고 성공한 인간인가를 인정받기 위한 수단일 뿐입니다. 이것이 사람들이 사회적 성공에 매달리는 근본 이유이기도 합니다. 참으로 덧없고 어이없는 일입니다.

하지만 우리에게는 또 다른 자아가 있습니다. 그것은 '내가 모르는 진짜 나', 즉 우리의 본래 모습입니다. 보통의 경우 이 참자아는 잠들어 있습니다. 자신이 궁전의 주인임에도 그것을 모른 채 그 궁전의 지하실의 골방이 자신의 집이라고 생각하면서 사는 것이 거짓 자아입니다. 우리 본래의 정체성은 바로 이 우주라는 궁전의 주인입니다. 하지만 이것을 모른 채 지하실 골방이 자신의 집이라고 생각하며 살고 있는 것입니다. 나의 당연한 권리를 되찾아야 합니다.

또한 우리의 본래적 자아인 참자아는 인지적 왜곡에 의해 은폐되어 있지만 존재론적으로 훼손되거나 소멸될 수 있는 존재가 아닙니다. 그렇기 때문에 참자아가 깨어난다는 것 또는 자아회복은 백조가 한 번도 오리인 적이 없었던 것처럼 인지적인 문제이지 존재 자체의 변화를 의미하는 것은 아닙니다. 우리의 본래성을 회복함으로써 삶은 변화하지만, 우리의 본성에 변화가 일어나는 것은 아닙니다. 단지 우리가 사용하지 못하고 있던 본성이 회복되어 그 본성에 따라 자연스럽게 살게 된다는 의미입니다. 지금까지 자아를 잃게 되는 과정을 살펴보았고요. 이제 오늘 강의에서 가장 중요한 부분인 자아회복의 원리에 대해서 알아보겠습니다.

6. 본래의 나로 돌아가기 위하여

6-28. 자아회복 원리: 능동과 긍정

수동: 자신에게 일어난 모든 사건과 사태의 원인을 자기 바깥에 두는 것

↓

부정: 거짓자아의 상태에 있게 되고 내면에 부정적 감정이 생성됨

능동 : 자신에게 일어난 모든 사건과 사태의 원인을 자기 안에 두는 것

↓

긍정: 참자아의 상태로 회복되고 내면에 긍정적 감정이 생성됨

6-29. 수동의 상태에 있을 경우 그는 자신의 삶의 근원을 잃고 외부에 종속되는 존재, 예속적 존재가 된다(자기부정/자아상실). 말하자면 자기 삶의 근원은 자기 밖에 있다고 가정하게 된다. 이 생각이 끊임없이 문제를

일으킨다. 하지만 그는 이것을 생각이 아니라 현실이라고 느낀다.

6-30. 능동의 상태에 있을 경우 그는 자기가 자기 삶의 근원이 된다(자기긍정/자유인)**. 자신의 삶을 능동과 긍정의 관점에서 해석한다. 그것은 곧 '자신의 삶에서 일어난 모든 일의 원인이 자기 자신 안에 있다'고 해석하는 것을 의미한다. 이때 나는 내 삶의 주인이자 근원의 자리로 돌아온다.**

자아회복의 실행원리는 능동과 긍정의 원리입니다. 원리 자체는 매우 간단합니다. 그리고 제가 제시하는 것은 이 원리 하나뿐입니다. 우선은 용어 자체의 의미를 설명하겠습니다. 자신에게서 일어나는 모든 일들의 원인을 자기 바깥에 두는 것 이것을 '수동'이라고 정의합니다. 그리고 자기에게 일어난 모든 일의 원인을 자기 안에서 찾는 것, 이것이 '능동'입니다. 수동의 경우는 자기를 부정하고 상실하게 됩니다. 왜냐하면 내 삶의 주도권이 나한테 없기 때문입니다. 그 반대로 능동의 상태에 있게 되면 자기를 긍정하게 됩니다. 왜냐면 자기가 삶의 주체이고 주도권을 가진 사람이 되는 거니까요. 무슨 말인지 이해가 되시죠? 말 자체는 전혀 어렵지 않습니다.

능동의 상태에 있을 경우에는 자기가 자기 삶의 근원이 됩니다. 왜냐하면 능동의 상태에 있다는 것은 자신을 자기 삶의 결정권자로 인식하고 있다는 것을 의미하기 때문입니다. 그렇기 때문에 자기가 긍정이 되는 것입니다. 수동의 상태에 있을 경우 자기 삶을 결정하는 것이 외부에 있게 됩니다. 자기에게는 결정권과 주도권이 없습니다. 자신은 외부의 결정에 따라가야만 하는 존재입니다. 이렇게 되면 자연히 자신은 외부에 종속되는 예속적 존재일 수밖에 없으며,

이는 자기부정을 의미합니다.

간단한 예를 들어 설명해보겠습니다. 예를 들어 누가 “너 때문에 내 인생 망가졌어”라고 말했다고 합시다. 상대방을 비난하는 이 말은 사실 자기를 비하하는 말이기도 합니다. 왜냐하면 나의 삶을 결정한 것은 내가 아니라 너라고 말하는 것이기 때문입니다. 둘 사이에 벌어진 일의 주도권을 누가 쥐고 있는 것입니까? 둘의 관계에서 누가 근원이고 지배자입니까? 내가 아니죠. 상대방인 것입니다. 나는 수동 상태에 있는 것이고, 자기를 부정하고 있는 것입니다. 사실은 ‘너는 너무 강하고 나는 너무 약해’ 이렇게 말하는 것입니다. ‘너는 위대하고 나는 왜소해’ 이렇게 말하는 것과 똑같은데도 그렇게 표현합니다. 사람들이 몰라서 그렇지, 이것은 사실은 자기비하 발언입니다. 능동의 상태에 있다면 “내가 너를 만난 건 나의 실수였어. 안타깝지만 어떻게 하겠냐. 내 실수를 인정하고 내가 책임져야지”라고 말하겠죠. 비록 그는 실수를 했지만 자기부정에까지는 가지 않은 것입니다. 이럴 경우 자기 실수에 대한 안타깝고 괴로운 마음은 있겠지만, 상대를 원망하고 미워하는 감정에서 빠져나올 수 있게 됩니다. 이게 수동–부정과 능동–긍정의 차이입니다.

자아의 관점에서 보면 능동–긍정의 상태에 있는 자아는 참자아이고, 수동–부정의 상태에 있는 자아는 거짓자아가 됩니다. 거짓자아는 의존적 자아, 피해의식과 약자의식을 가진 자아, 반응하는 자아입니다. 반응하는 자아가 어떤 것인가 하면, 예를 들어 누가 나를 무시하는 행동이나 말을 하면 곧바로 자동적으로 화를 내고 “너 나를 무시했어!” 하고 싸우는 것이 반응하는 자아입니다. 반면에 참자아인 대응하는 자아는 그럴 경우 "어 재 좀 이상한 애네. 저런 애는 어떻게 대해야 하지?" 이렇게 생각하고 행동하는 자아입니다. 반응하는 자아는 곧바로 감정이 동요해서 감정이 시키는 대로 하는 반면, 참자아는 그게 아니라 상대방에 주목합니다. "이거 맞서야 하나? 아니면 그냥 적절히 물러서야 하나? 못 본 체해야 하나? 저 사람 어제 안 좋은 일이 있었나?" 이렇게 여유가 있습니다. 반응하는 자아의 마음에는 여유가 없습니다. 곧바로 기계적으로 나가기 때문입니다. 조건반사적입니다. 그래서 거짓자아는 조건화된 자아이기도 합니다.

또한 수동 상태의 거짓자아는 타율적 삶을 살 수밖에 없습니다. 이런 사람들은 누군가 명령하는 것에 대한 복종은 잘합니다. 하지만 스스로 뭘 하라고 그러면 못합니다. 자신의 힘으로 자율적으로 뭘 해본 적이 없기 때문에, 다시 말해 자신의 삶을 산 적이 없기 때문에 그렇습니다. 자율적이지 못한 이유는 "난 할 수 없다"라는 생각에 지배되고 있기 때문입니다. 자신감이 없고 실패에 대한 두려움에 떨고 있기 때문에 그렇게 되는 것입니다. 제가 어제 어떤 사람과 만나서 이야기하는 중에 제가 "난 하고 싶은 게 많은데, 요즘은 시간이 너무 없어"라고 말하니까, 그 사람이 하는 말이 자기는 그 말 자체가 이해가 안 된다는 겁니다. 자기는 지금껏 해야만 하는 것만을 하고 살았지, 자기가 하고 싶은 것은 거의 해보질 못했다는 거예요. 그래서 지금 와서는 내가 뭘 원하는지조차 잘 모르겠다는 겁니다. 어제 그 사람은 나이든 사람이었지만 요즘 대학생들도 마찬가지입니다. 자기가 뭘 원하는지조차 모르고 자기가 어떤 걸 좋아하는지 잘 모른다는 거예요. 저보고 찾아달라고 합니다. 자신이 모르는 걸 내가 어떻게 찾아줄 수가 있겠습니까? 요즘 이런 학생들이 참 많습니다.

그래서 거짓자아는 책임이라는 것을 모릅니다. 그래서 주로 하는 말이 "내가 하지 않았다"는 말을 많이 합니다. "내가 한 거 아니야. 내가 안 했어." 그렇게 말하는 게 어떤 면에서는 이해가 됩니다. 왜냐하면 늘 타율적으로 살아왔기 때문에 자신이 스스로 결정해서 책임질 일을 하지 않습니다. 아니 못하는 거죠. 그러니까 자기 기억 속에는 자기가 결정한 일은 없는 거고 그래서 그렇게 말하는 것입니다. 누가 시켜서 한 것이기 때문에 자기에게는 잘못도 책임도 없다는 것입니다. 그 반면에 능동-긍정의 상태에 있는 사람은 "알았어. 내가 책임을 질게." 이렇게 말합니다.

자기 자신에 대한 태도에 있어서도 거짓자아는 자기부정, 자책, 자기비하의 삶을 살 수밖에 없고, 참자아는 자신에 대해서 긍정적이고 자존감과 자신감을 가지고 살아갑니다. 또 사랑이라는 관점에서 보면 거짓자아는 사랑받고 인정받는 것에 초점이 있을 수밖에 없습니다. 왜냐하면 스스로를 인정하고 사랑하지 못하기 때문에 밖으로부터의 사랑과 인정에 매달릴 수밖에 없는 겁니다. 참자아는 내가 상대방에게 무엇을 해줄까를 고민합니다. 남이 나를 사랑하느냐 아니냐가 큰 문제가 되지 않습니다. 그래서 거짓자아를 가진 사람은 자기를 좋아해주는 사람에게 폭 빠집니다. 거짓자아는 자기를 좋아해주는 사람을 사귑니다. 그래서 이상한 일이 많이 벌어집니다. 남녀 관계에선 특히 그런 일이 벌어집니다. 결혼하기 전에는 무척 잘해줍니다. 뭐든지 다해줍니다. 하지만 결혼하고 나면 싹 바뀝니다. 그러면 자기를 속였다고 배우자를 비난합니다. 물론 속였습니다. 하지만 그 사람이 어떤 사람인지를 알아보지 않고 자기에게 잘해주는 것만 가지고 판단을 했기 때문에 그런 일이 벌어진 겁니다. 그건 자기 책임입니다. 반면에 참자아의 사랑은 나를 좋아해주느냐 아니냐가 아니라, 그 사람이 어떤 사람이냐를 봅니다.

감정의 관점에서 보자면 수동-부정의 상태에 있게 되면 부정적 감정이 생성됩니다. 원망이나 분노나 미움, 좌절감 등의 감정들이 올라오게 되어 있습니다. 그럴 수밖에 없습니다. 밖에 의존하게 되면 항상 남 탓을 하게 됩니다. 뭔가 일이 잘못되면 자기 실수라고 생각하지 않고 당했다고 생각하기 때문입니다. 당했다는 생각이 들면 화가 나고, 또 당하지 않을까 두렵고, 남이 나를 해치지 않을까 하는 피해의식 속에 살아갈 수밖에 없습니다. 그 반면에 능동과 긍정의 상태에 있게 되면 자신감과 당당함, 이해심과 여유로운 마음이 생깁니다.

자신이 자기 삶의 주인인 것이 당연한 일임에도 불구하고 현실은 그렇지 않습니다. 그래서 남 탓하고 원망하는 사람들이 많은 것입니다. 자기 삶의 주인인 사람은 남 탓을 하지 않습니다. 우리에게 남은 일은 내가 내 삶의 주인이 되는 것입니다. 이제 자아회복의 실행원리를 삶에 적용하는 방법을 알아보겠습니다.

6-31. 자아회복을 위해 우리가 할 일은 자신에게 일어나는 모든 일에서 수동-부정이 아니라 능동-긍정을 선택하는 것이다.

6-32. 능동-긍정을 선택하는 것은 간단하고 단순해보이지만 실행하기는 결코 쉽지 않다.

6-33. 선택은 실행의 문제이고, 실행은 의지의 문제이다.

6-34. 의지가 첫 번째로 해결해야 할 문제는 마음의 정화이다. 두 번째는 그것을 바탕으로 매일의 삶 속에서 올바른 선택을 하는 것이다.

우리가 참자아를 회복하기 위해 할 일은 아주 간단합니다. 우리에게 일어나는 모든 일에서 능동-긍정을 선택하는 것입니다. 이것은 생각의 문제가 아니라 실행의 문제입니다. 아니 생각을 하는 것은 오히려 문제가 됩니다. 왜냐하면 생각은 이미 오염되고 훼손되어서 전혀 힘이 없기 때문입니다. 왜곡된 자아상이 모든 관념과 생각을 배후에서 조종하기 때문입니다. 그래서 생각으로는 변화가 일어나지 않습니다. 그렇기 때문에 자아회복을 위한 선택과 실행은 의지의 문제가 되는 것입니다. 우리가 해야 할 일은 잠들어 있는 의지를 일깨우는 것입니다. 정신의 마지막 보루는 의지입니다. 우리에게 아직 남아 있는 의지의 힘으로 삶을 회복하는 것입니다. 나의 힘으로 나를 찾는 방법이 아니라면 우리의 본래성은 회복되지 않습니다.

우리가 의지를 가지고 해야 할 첫 번째 일이자 가장 시급한 일은 내면을 치료하고 마음을 정화하는 일입니다. 왜냐하면 내면의 치료가 되기 전에는 생활 속에서 일어나는 일에서 능동-긍정의 입장에 서지 못하기 때문입니다. 내면을 치유할수록 마음이 편안해지고 의지의 힘이 증가합니다. 왜냐하면 부정적인 감정과 왜곡된 생각들이 마음을 불편하게 하고 또한 의지의 에너지를 흡수하여 자기들의 에너지로 사용하기 때문에, 그것들이 치유되고 소멸되는 만큼 마음이 편해지고 우리가 긍정적으로 사용할 수 있는 에너지가 커지기 때문입니다. 눈덩이를 굴려 눈덩이를 크게 만드는 것처럼, 이것은 선순환의 과정입니다.

내면의 문제에서 의지가 능동–긍정을 선택하는 것 자체가 내면을 치유하고 마음을 정화하는 일입니다. 아주 단순한 일입니다. 왜 그럴까요? 왜곡된 자아상에 물든 사고는 그 지향성이 항상 밖을 향해 있습니다. 밖을 향한다는 것은 그곳이 중요하고, 그것에 의존하고, 그것에 의식이 붙잡혀 있다는 것을 의미합니다. 말하자면 의식이 삶의 원인을 밖에서 찾는 상태에 있는 것입니다. 그래서 거짓자아를 갖게 되면 필연적으로 사고가 수동–부정의 상태에 있게 되는 것입니다. 흔히 하는 말로 '정신이 나갔다', '정신 나간 사람'이라는 말은 바로 정신이 수동과 부정의 상태에 있는 것을 말하는 것입니다. '집 나가면 개고생이다'는 말이 있지만, 의식이 밖으로 나가면 정말 고생합니다.

그래서 의지가 내면의 문제에서 능동–긍정을 선택한다는 것은 밖으로 향해 있는 의식의 방향을 안으로 돌려 안을 향하는 것을 선택한다回光返照/自心反照는 것을 의미합니다. 왜냐하면 원인을 안에서 찾기 위해서는 의식이 안으로 들어오지 않으면 안 되기 때문입니다. 집에서 물건을 잃어버린 것을 깨달았다면 집으로 돌아와야지 밖을 헤매고 다니면 안 되지 않겠습니까? 안으로 방향을 바꾼 의식이 첫 번째로 만나는 것이 생각입니다. 그때 생각을 하는 것이 아닙니다. 생각을 보는 것이고, 보게 됩니다. 생각을 보는 것이 생각에 의식의 빛을 비추는 치료 작업입니다. 또한 몸과 가슴의 느낌을 지각하고 느끼게 되어 있습니다. 그래서 우리가 지난 시간에 공부했던 감정의 치료 작업도 근본은 의지의 작용인 것입니다. 아마 경험해보시면 알게 되겠지만 그때 신기하게도 마음이 편해집니다. 그때 만약 생각을 한다거나 생각과 싸우고 있다면 의식이 다시 밖으로 나간 것입니다. 다시 돌려놓아야 합니다. 즉 다시 능동-긍정을 선택해야 합니다. 제대로 돌려놓으면 반드시 보게 되어 있습니다. 의식의 방향을 돌리는 것은 다른 사람에게 의존할 수 있는 일이 아닙니다. 자신만이 할 수 있는 일입니다. 그래서 의식의 방향을 돌리는 것이 자아의 본성을 회복하는 일이 되는 것입니다. 의식의 방향을 돌리는 것, 이것이 출발점이자 삶의 전체 방향을 바꾸는 의미심장한 결단입니다. 처음에는 죽을힘을 다해야 그 방향이 돌려질 것입니다. 죽기 살기로 해야 합니다.

의식이 밖으로 나가면 곧바로 생각에 사로잡혀 길을 잃고 혼란에 빠집니다. 당연히 마음은 불편해집니다. 왜냐하면 투사에 의한 환상 속에 있기 때문입니다. 저는 이러한 혼란과 고통을 안으로 돌아오라는 참자아의 경고와 신호로 받아들입니다. 그 신호를 알아차려야 합니다. 운전할 때 신호를 무시하면 곧바로 사고가 납니다. 하지만 의식의 방향을 바꾸어 안을 비추면 생각을 보게 됩니다. 마음이 편해지면서 있는 그대로의 세상이 보입니다.

의식의 방향을 돌려 내면을 관찰하는 이 치유 작업은 우리의 마음이 완전히 비워져 아무 생각이 없는 상태가 될 때까지 계속되어야 합니다. 맑고 고요하고 평화로운 마음, 그것이 우리의 본래 마음입니다. 여러분도 살면서 이런 마음 상태를 경험하신 적이 있을 것입니다. 아름다운 자연을 보고 있거나, 어느 날 아침 일어나 하늘을 보았을 때, 그런 마음 상태를 경험해보셨을 것입니다. 맑고 평화로운 마음. 그렇죠? 여러분도 그런 경험이 있으시죠? 그것이 우리의 본래 마음입니다. 그러나 마음의 상처와 삶에 대한 근심 걱정으로 그 마음을 잃어버린 것입니다. 우리가 지향하는 바는 그러한 마음을 회복하는 것입니다. 이러한 본래성 회복의 과정에 대한 이해를 돕기 위해 우화 한 편을 소개하겠습니다.

6-35. 바다로 들어간 소금인형
소금인형 하나가 여러 곳을 두루두루 여행하다가
마침내 바다 앞에 이르렀다.
소금인형은 크기는 산더미 같되 신기한 모양으로
꿈틀거리는 바다를 보고 완전히 매혹당하고 말았다.
"당신은 누구십니까?" 소금인형이 바다에게 말을 걸었다.
바다가 빙그레 웃었다.
"들어와서 직접 확인해 보려무나."
소금인형은 바닷물을 헤쳐 나가기 시작했다.
바다 속을 향해 나아갈수록 소금인형의 몸은 점점 녹아서
나중에 가서는 아주 작은 알갱이 하나만 남게 되었다.
마지막 알갱이가 녹는 순간 소금인형은 경이감 속에서 외쳤다.
"아, 이제야 내가 누군지 알겠어."

프랑스의 정신분석학자인 라캉은 "내가 생각하는 곳에서 나는 존재하지 않는다. 내가 존재하는 곳에서 나는 생각하지 않는다."라고 말합니다. 이 말을 들어본 적이 없으신 분은 대체 이게 무슨 말이야 하실지 모르겠지만, 사실은 우리가 방금 읽은 우화가 전하고자 하는 메시지를 철학적으로 표현한 것입니다. '생각할 때 나는 존재하지 않는다'는 것은 생각할 때는 거짓자아가 참자아를 대신하고 있다는 의미입니다. 그래서 소금인형은 생각이라는 소금으로 이루어진 거짓자아에 대한 은유입니다. 생각이 사라진 고요한 마음의 상태가 내가 참자아와 하나가 된 상태이고 우화에서는 그것을 바다라고 표현하고 있습니다. 소금이 다 녹아 없어질 때 우리는 내가 누구인지 알게 되는 것입니다. 불교나 장자도 이와 똑같은 말을 합니다. 불교에서는 '무심'(無心), '무아'(無我, 거짓자아가 사라진 상태)라고 말하고, 장자는 '심재'(心齋, 마음 비움)라고 말하고, 서양 중세의 철학자들과 신비주의자들은 '무지의 구름', '어두운 밤'이라는 말로 표현하는데요, 제가 보기에는 다른 이야기를 하고 있는 것이 아닙니다. 문화적 차이에 의해 다른 언어로 말하고 있지만, 그들이 가리키고 있는 것은 같습니다. 이들은 모두 모든 생각이 사라진 상태, 즉 마음이 정화된 상태에서 나에 대한 깨달음을 얻게 된다고 말하고 있습니다. "생각하는 곳에서 나는 존재하지 않는다. 내가 존재하는 곳에서 나는 생각하지 않는다."는 말의 다른 표현일 뿐입니다.

생각을 하면 곧바로 핵심감정과 거짓자아가 작동합니다. 의식은 혼란에 빠지고 감정으로 인해 마음은 고통을 겪게 됩니다. 그때의 생각은 모두 나에 대한 근심 걱정이고, 있는 그대로가 아니라 자신의 이익과 명예, 고정관념, 아집의 관점에서 생각하는 것입니다. 그래서 "나는 생각한다. 고로 존재한다."는 데카르트의 주장은 잘못돼도 한참 잘못된 것입니다. 우리가 할 일은 마음을 능동과 긍정의 상태로 유지하는 것, 바꿔 말하면 의식의 빛을 돌려 안을 비춰 생각을 보는 것 오직 그것뿐입니다. 그러면 그것에 따르는 결과들이 순리에 따라 자연스럽게 이어지는 것입니다. 그러니까 미리 결과를 상상한다거나, 신비한 것을 바란다거나 그런 것을 하면 안 됩니다. 그런 것들은 모두 생각이고, 의식이 밖으로 나간 것입니다. 우리가 할 일은 그냥 묵묵히 마음을 지켜보는 것입니다. 그래서 할 수만 있다면 이 작업을 하루 종일 항상 해야 합니다. 그러면 소금인형이 점점 소멸되어 갔던 것처럼 자신의 핵심감정과 거짓자아가 녹아서 없어지는 경험을 할 수 있게 됩니다.

그것들이 녹아 없어지는 만큼 우리의 마음은 점점 편안해지고 마음의 평화가 무엇인지, 평화가 얼마나 소중한지, 그 평화가 세속적인 것들이 주는 쾌락과 어떻게 다른 것인지를 알게 될 것입니다. 이 과정은 철저히 실행과 경험의 문제입니다. 머리로는 도저히 알 수 없습니다. 머리로 이해하려고 하지 마십시오. 시간만 낭비합니다.

하지만 강의를 해보면 "사람이 어떻게 생각을 안 하고 살 수 있습니까? 살면서 이런저런 문제를 해결하기 위해서는 생각을 하지 않을 수 없지 않습니까? 생각을 안 하면 바보가 되는 것 아닙니까?"라고 질문하시는 분들이 꼭 계십니다. 어찌 보면 그런 의문이 드는 것도 당연합니다. 왜냐하면 생각을 통해서만 살아왔기 때문에 생각을 내려놓는 것에 대한 저항이 마음속에 있기 때문입니다. 사실은 저도 그랬었습니다. 결론부터 말씀드리자면 바보가 되지 않습니다. 그 반대입니다. 왜 그런지 우선은 예를 들어 설명해보겠습니다. 여러분 운전하실 때 생각을 하면서 하십니까? 운전할 때는 오히려 생각을 하면 사고가 나지 않습니까? 신호를 보고 전후좌우 상황을 살펴보고 느낌과 감感으로 운전하지 않으십니까? 운전을 제대로 하려면 생각을 하지 않고 집중해서 잘 보아야 합니다.

우리가 생각을 내려놓으면 안팎으로 안 보이던 것들이 보이기 시작합니다. 자신의 투사가 없어졌기 때문입니다. 말하자면 자신의 삶을 있는 그대로 보게 되고, 못 보고 있던 것, 전에는 보이지 않던 것을 보게 됩니다. 사람들이 있는 그대로 보이고, 자신이 과거에 무엇을 잘못했는지, 앞으로 어떻게 살아야 할지 그런 것에 대해서 느끼고 알게 됩니다. 이것이 치유의 효과입니다.

또한 생각을 내려놓고 부정적 감정에서 벗어나면, 벗어나는 그만큼 우리 본래 마음의 바탕에서 긍정적이고 창조적인 것들이 솟아납니다. 평화, 기쁨, 이해심, 자비심과 같은 긍정적인 감정들이 생겨나고 삶에 대한 긍정적인 관점과 창조적인 아이디어, 문제해결 방법 등의 것들이 떠오르고 세상을 보는 눈이 변화합니다. 이것들은 나의 가슴이 알려주는 것이라고 할 수도 있고 참자아의 능력이라고도 할 수도 있습니다. 이것은 직관적이고 자연스러운 일입니다. 머리로 짜내는 것이 아닙니다. 그러니까 흔히 말하는 이성에 의한 생각, 추리, 판단, 이런 것들과는 차원이 다른 지적능력을 얻게 되는 것입니다. 『장자』에 이것과 관련된 이야기들이 많은데요. 그중에 하나를 소개해보겠습니다.

6-36. 목공 자경

목공인 자경이 귀한 나무를 깎아 북틀을 만들었다. 그것이 완성되자 보는 사람마다 무척 놀랐다. 그들은 틀림없는 귀신의 작품일 것이라 말했

다. 노나라의 임금이 목공에게 물었다. "너의 비술秘術은 무엇이냐?" 자경이 대답했다. "저는 단지 목공에 불과하니 제게 무슨 비술이 있겠습니까? 다만 저는 임금님께서 명하신 일을 하기 시작할 때에 저의 기운을 잘 가다듬어 사소한 일에는 소모하지 않고, 마음을 안정시키기 위해서 재계齋戒를 했습니다. 3일간 재계하여 성공과 이득을 잊었습니다. 5일을 지나서 칭찬과 비난을 잊었습니다. 7일이 지나서 몸을 잊고 사지를 잊게 되었습니다.

제 일에서 마음을 흩뜨릴 만한 것이 모두 사라졌습니다. 저는 오로지 북틀 만드는 일에 몰두할 수 있게 되었습니다. 그때 저는 숲으로 가서 나무의 타고난 모습들을 살펴보았습니다. 적절한 나무가 눈앞에 나타날 때 북틀 또한 그 안에 추호의 의심도 없이 분명히 드러났습니다. 제가 해야 할 거라고는 단지 손을 내뻗어 일을 시작하기만 하면 되는 것이었습니다.

어떠세요? 이야기가 참 재미있지 않습니까? 『장자』에는 이처럼 재미있는 이야기들이 정말 많습니다. 『논어』가 공자가 제자들과 나눈 말들을 담은 '대화록'이라면, 『장자』는 한마디로 하면 '이야기책'입니다. 온갖 진기하고 놀라운 이야기들로 가득 차 있는 책입니다. 장자는 이야기를 잘 지어내는 천재 중의 천재입니다. 그는 그 이야기들 속에 자신의 심오한 철학을 멋지게 숨겨놓았습니다. 그야말로 『장자』는 '동양의 보물'이라고 할 수 있는 귀중한 책입니다. 저는 감히 '『장자』를 읽지 않고 철학을 논하지 말라'고 말하고 싶을 정도입니다. 여러분들도 꼭 한번 읽어보라고 권하고 싶습니다. 하나만 더 이야기하자면 『장자』에 대한 해설서를 읽지 마시고 오리지널 『장자』를 읽으세요. 그리고 자신의 힘으로 그 뜻을 해석하고 음미하는 즐거움을 만끽하시길 바랍니다.

다시 본론으로 돌아갑시다. 우리가 읽은 이야기를 보면 목공 자경이 일하는 방식에는 다른 사람들과 구별되는 뭔가 다른 점이 있다는 것을 알 수 있습니다. 그가 중시하는 것은 작업에 대한 구상이나 고민, 즉 일이 아니라 작업을 하는 자기 자신의 '마음'입니다. 이것이 다른 사람들과의 차이입니다. 그는 일을 시작하기 전에 마음을 어지럽히는 모든 생각을 내려놓는 작업을 먼저 했습니다. 성공과 이득, 칭찬과 비난, 마지막에는 몸과 사지까지 잊었습니다. 그렇게 해서 마음이 고요해지면 그다음에는 모든 일이 힘 안 들이고 자연스럽게 진행되었습니다. 저는 이것이 올바른 일의 순서라고 생각합니다.

이 이야기와 비슷한 이야기를 들은 적이 있습니다. 실제로 일어난 일입니다. 19세기에 활동했던 독일의 신학자이자 신비주의자인 슐라이어마허는 설교 준비를 하기 위해 어떠한 메모도 하지 않았다고 합니다. 설교하기 전에는 마음의 준비만 하고 설교 시간이 되면 강단에 올라 설교를 했다고 합니다. 그러고는 집에 돌아와서 자신이 했던 설교를 노트에 기록했다고 합니다. 보통 사람들이 보기에는 도저히 이해할 수 없는 일입니다. 하지만 제가 보기에는 그의 마음속에서 일어난 일은 목공 자경의 그것과 같은 것입니다. 이처럼 마음을 비우면 우리의 내면에서 발현되는 능력이 있습니다. 그것은 인위적으로 생각하고 궁리하는 것이 아닙니다. 에크하르트 톨레는 "대다수의 과학자들이 창조적이지 못한 이유는 생각하는 법을 몰라서가 아니라 어떻게 생각을 멈추어야 할지를 모르기 때문이다."라고 말하고 있습니다. 생각을 많이 하고 깊게 하는 것을 미덕으로 생각하는 일반적 상식과는 정반대입니다. 창조성의 비밀은 참자아와 관련되어 있습니다.

이런 현상을 현대 심리학적인 용어로 말하면 몰입입니다. 몰입이라는 것은 무엇인가를 집중해서 할 때 시간의 흐름이나, 공간, 더 나아가서는 자신이 누구인지조차 잊어버리게 되는 심리상태를 일컫는 말입니다. 심리학자들은 몰입의 상태에서 상식을 뛰어넘는 창조적 능력이 발현된다고 합니다. 자기실현 이론으로 잘 알려진 미국의 심리학자 에이브러햄 매슬로는 "창조의 열정을 지닌 창의적인 사람은 영감을 얻는 단계에서는 과거와 미래를 잊고 오직 그 순간에만 존재한다. 온전히 그곳에 있으며, 현재의 당면 문제, 지금의 상황, 지금 여기에 완전히 열중하고 매혹되고 몰입한다. (…) '현재에 몰입'하는 능력은 모든 종류의 창조활동의 필수요소다."라고 말합니다. 이러한 몰입현상은 운동을 하거나, 악기를 연주하거나, 그림을 그리거나 글을 쓸 때 등 다양한 상황에서 나타나지만 그 본질은 동일합니다. 몰입은 생각을 내려놓고 마음을 비운 상태입니다. 성공과 실패, 남들의 평가, 이익과 손해 등등 한마디로 말하면 자기 자신과 관련된 생각, 그리고 자기 자신조차 내려놓고 잊는 것입니다. 한마디로 하면 '나를 잊는 것'忘我입니다. 제 방식대로 말하자면 의식이 밖으로 나가지 않고 안으로 들어와 마음을 비운 것, 즉 마음이 능동-긍정의 상태에 있는 것입니다. 이럴 때 기쁨을 느끼고 창조성이 발휘된다는 것입니다. 우리가 방금 읽은 장자의 목공 이야기하고 완전히 똑같은 것입니다. 몰입현상에 대해 서양에서 많은 연구 논문도 나와 있지만, 제가 보기에 그들은 이 현상의 원인을 제대로 설명하지 못하고 있습니다. 그러니까 제 말은 생각을 안 하게 되면 어떻게 될까 하고 걱정할 필요가 없다는 것입니다. 오히려 생각을 내려놓아야 합니다.

습관적, 무의식적으로 밖으로만 향하던 의식의 방향을 돌려 내면을 관찰하는 치유 작업을 통해 마음의 정화가 어느 수준에 이르렀을 때 생활 속에서 능동과 긍정을 선택하는 단계로 넘어갈 수 있습니다. 첫 번째는 다른 사람에게 의존하거나 눈치 보지 않고 스스로의 힘으로, 자율적으로 뭔가를 해내는 경험을 하는 것입니다. 그것이 자신의 감정 표현이 될 수도 있고, 집 청소가 될 수도 있고, 글쓰기가 될 수도 있고, 등산이 될 수도 있습니다. 반드시 그것 자체를 목적으로 해야 합니다. 그 일 외에 다른 목적을 위해서 하면 안 됩니다. 그렇게 되면 또 생각이 밖으로 나가게 됩니다. 또한 자기가 스스로 그 목표를 정해야 하고, 성공할 때까지 포기하지 않고 계속해서 시도해야만 합니다. 그래서 처음부터 너무 어려운 것을 목표로 하지 말고, 노력하면 성공할 수 있을 법한 일에 도전해야 합니다. 이렇게 스스로의 힘으로 뭔가를 해내는 경험이 쌓이게 되면 자신감과 자존감이 생겨나고, 의존심이 나를 얼마나 불편하고 힘들게 했던 것인가를 체험하게 될 것입니다.

이런 과정이 지나서 어느 정도 자신감이 생기면 그때 생활 속에서 부딪치는 의사결정들에서 능동과 긍정을 선택하는 것에 도전하는 것입니다. 매일, 매순간, 안과 밖에서 능동과 긍정의 선택을 하는 것입니다. 이것을 습관화해해서 자기 것으로 만드는 과정이 참자아를 회복하는 길입니다.

묻고 답하기

1. 사랑을 갈구하는 것이 나쁜 것인가요? 대부분의 사람들이 다 그렇게 살고 있지 않나요?

말씀하신 것처럼 대부분의 사람들이 사랑을 갈구하면서 살아갑니다. 하지만 그렇다고 해서 그것이 옳다는 것을 입증해주는 것은 아니라고 봅니다. 제가 자주 이야기하는 것이지만, 많은 사람들이 당연히 여기는 것에 문제가 있을 때 그 문제는 정말 큰 문제가 됩니다. 사랑이 그런 문제 중에 하나입니다. 사랑이야말로 인생에서 가장 중요한 문제입니다. 하지만 이것만큼 제대로 하기 어려운 것이 없습니다.

사랑을 갈구하는 것이 문제가 되는 이유는, 그것이 인간의 가장 큰 고통의 원인이 되기 때문입니다. 사람들이 사랑을 갈구하는 이유는 거짓자아의 본질이 결핍이기 때문입니다. 자신이 결핍되었다고 생각하기 때문에 외부에서 그것을 채우려고 사랑을 갈구하는 것입니다. 그래서 사랑의 갈구는 나의 욕망이 아니라 거짓자아의 욕망입니다.

거짓자아의 마음이 항상 밖을 향해 있는 것도 바로 이것, 즉 사랑을 외부에서 찾기 때문입니다. 그래서 거짓자아는 항상 긴장하고 초조하고 불안해합니다. 사소한 것에도 쉽게 상처받고, 쉽게 절망합니다. 사랑받지 못하면 원망하고 미워하고 그러다가 또다시 매달립니다. 사랑받고자 하는 것은 필연적으로 실패할 수밖에 없는 시도입니다. 항상 실패하고 상처받고 좌절하게 되어 있습니다. 여러분도 경험을 통해서 잘 아실 겁니다. 그러니까 이것이 얼마나 불편하고 해로운 것인지를 뼈저리게 깨달아야 합니다. 사랑을 주지는 못하더라도 최소한 이런 착각으로부터 해방되어야 합니다.

이에 반해 참자아는 사랑을 주려고 합니다. 참자아의 욕망은 사랑을 주는 것입니다. 오히려 사랑을 주지 못하면 힘들어합니다. 인간은 사랑을 줄 수 있는 존재 상태가 되었을 때 가장 행복합니다. 그것은 '나'라는 생각이 사라진 상태입니다. 즉 '무아'이면서 '참자아'의 존재 상태가 그것입니다. 그래서 우리가 할 일은 타인의 사랑을 갈구하는 것이 아니라, 참자아를 회복하는 일인 것입니다. 우리는 문제를 바꾸어야 합니다. '나는 왜 사랑을 받지 못하는가가 아니라 나는 왜 사랑을 주지 못하는가?'가 진짜 문제입니다.

2. 지금 제가 하는 질문이 잘하는 건지는 잘 모르겠는데, 제가 친정어머니하고 같이 살고 있거든요. 그런데 자꾸 불협화음이 생겨요. 자꾸 의견이 충돌하고요. 선생님 말씀처럼 정말 마음을 비우고 있는 그대로 받아들이고 싶은데 근데 사람 사는 게 또 그게 아니잖아요. 제가 살아온 길이 있기 때문에. 그래서 자꾸 부딪치거든요. 저희 친정어머니께서 예전에는 말씀이 없으셨어요. 그런데 연세가 어느 정도 드시니까 말씀이 많아지시는 거예요. 그것도 제가 비워야 하는 부분이긴 하지만, 아침부터 저녁까지 하나부터 열까지 계속 말씀을 하시거든요. 예를 들면 여기 물 컵이 있으면 왜 여기에 물 컵이 있는지, 그런

것까지 일일이 잔소리를 하십니다. 그래도 처음에는 제가 참죠. 그런데 참다가 안 되면 제발 그러지 말라고 이야기하는데 어머님은 멈추질 않습니다.

그래서 이제 그건 안 되는 길이라는 걸 아신 건가요?

네.

그 방법은 이젠 그만하셔야 해요. 안 되는걸 계속하는 것은 벽에다가 머리를 계속 박는 것과 똑같은 일을 하는 겁니다. 안 되는걸 계속하고 있다면 그건 내 문제죠. 나를 바꿔야 한다는 것이 명확해져야 해요.

저도 선생님 말씀 듣고 나서 집에 가면, 처음에는 엄마가 좀 문제가 있으시니까 그걸 인정을 하고 받아들이자 이렇게 노력하기는 합니다. 나만 참으면 된다고 생각하면서요. 그런데 좀 지나면 그게 잘 안되거든요. 그래서 참지 못하고 또 말을 하게 되더라고요.

혹시 내가 희생을 해서 이 문제를 해결한다고 생각하신 건가요?

예. 그렇게 생각하죠.

그렇게 생각하기 때문에 힘든 겁니다.

그럼 선생님은 어떻게 생각하셨어요?

'이 사람이 나를 도와주고 있구나.' 내가 갖고 있는 문제를 자꾸 제기해주고 있구나. 저는 이제 그렇게 생각합니다. 모든 문제는 다 내 안에 답이 있어요.

그런가요?

예. 그러니까 이 길로 계속 가야 돼요. 가면서 자기 벽을 자꾸 깨는 겁니다. 저도 마찬가지예요. 지금도 계속 노력하고 있습니다. 내가 갖고 있는 잘못된 생각, 고정관념, 오해 이런 것들을 다 하나하나씩 깰 때 제가 자유로워지고 기쁨이 있어요. 나 스스로는 죽었다가 깨어나도 절대 발견하지 못할 걸 이 사람이 자꾸 제기해서 나를 일깨워주는구나. 이렇게 생각해야 합니다.

생각을 그렇게 하라는 거죠?

그렇습니다. 내가 문제가 없이 자유로운 사람이면 그런 사람하고도 어울려서 잘 살 수 있다는 거죠. 그러니까 문제의 원인을 내 안에서 찾기 시작하면 해결책과 방향이 보입니다. 그러다 보면 내가 점점 자유로워지고, 뭐랄까 성장하는 느낌을 갖게 됩니다. 길이 전혀 다른 겁니다. 세상의 길은 남을 바꾸기 위해서 부딪치고 싸우는 길이고, 철학의 길은 삶의 근원인 자신의 내면을 치유하는 길입니다.

'사람들이 나한테 올바르게 살라고 도움을 주는구나.' 이렇게 생각하는 길입니다. 그래서 저는 농담 삼아 우리 가족들 아버지, 어머니, 형, 누나 이렇게 네 명이 나를 철학자로 만들었다고 말합니다. 상당히 심각한 사람들이었습니다. 어느 하나 만만한 사람이 없습니다(웃음). 아버님은 좀 일찍 돌아가셔서 안 계시고 지금은 어머니와 함께 살고 있습니다만, 결코 쉽지 않습니다.

그러면 제가 아무것도 기대하지 않고 있는 그대로 받아들이면 편안해질까요?

예. 물론 하루아침에 되지는 않을 겁니다. 하지만 계속 편해질 겁니다. 그리고 중요한 건 사실 그 길밖에 없다는 겁니다.

그럼 주는 게 희생이 아니네요?

그렇죠. 억지로 주면 희생이 됩니다. 하지만 주는 것이 좋은 것이라는 체험을 하고 나면 생각이 달라질 겁니다. 희생이라는 생각, 기대, 심지어 내가 돕는다는 생각조차 없이 그냥 줄 때 이상하게도 굉장한 기쁨이 있더라고요. 저도 조금, 아주 조금 어머니를 통해 그런 경험을 해보았습니다. 그때 알았죠. '아! 주는 것이 이렇게 좋은 것이구나.' 이걸 자기 안에서 찾는 수밖에 없어요.

이것은 아주 큰 선택입니다. 철학을 한다는 것은 문제를 내 안에서 찾고 내 안에서 해결책을 구한다는 거거든요. 그 안에 답이 있다는 거죠. 이걸 믿지 않으면 그 길을 가질 못합니다. 그런데 우리가 갖고 있는 자산이 뭐냐 하면, 밖을 바꾸려고 했을 때 실패한 무수한 경험입니다. 그게 우리의 자산입니다.(웃음) 그게 안 된다는 것을 알려주잖아요. 알려줬잖아요. 사실은 신호가 나왔죠? '이 길이 아니다, 이 길을 가지 마라.' 빨간 불이 계속 나왔다는 겁니다. 그러면 이제는 딴 길을 가야죠. 새 길이 맞는지 아닌지는 일단 가봐야 알겠지만요. 일단 과거의 방법이 길이 아닌 건 알았잖아요. 근데 길이 두 개밖에 더 있냐고요? 밖으로 가든지 아니면 안으로 가든지 두 개밖에 없잖아요. 남은 길은 그래서 필연적인 겁니다. 외길이에요. 그런데 많은 사람들이 아직도 밖으로 나가는 것이 올바른 길이라고 믿고서 그렇게 수도 없이 부딪치면서도 계속 나간다는 거죠. 이걸 알아차리는 게 현명한 것 아닙니까? 길이 아니면 가지를 말아야죠.

3. 저 같은 경우도 부모님하고 같이 사는데, 저희 어머님도 굉장히 힘든 분이시거든요. 그래서 자주 큰소리도 나고 그렇거든요. 그러면 속사정을 모르는 남들은 나만 이상하게 봅니다. 그래서 속이 상할 때가 많거든요. 선생님은 어떻게 하셨는지 궁금합니다.

저도 화가 나고 그럴 때가 많죠. 그럴 때 저는 화가 난다고 이야기를 해요. 저도 여러분과 비슷합니다. 성인군자가 아닙니다. 그렇게 감정 표현도 하고 "앞으로는 그렇게 안 하시면 좋겠다."는 말도 하고. 하지만 어머님께서 말을 들으시지는 않죠. 그런 일을 수도 없이 반복하면서 깨닫게 된 게 '나는 어머니를 절대 바꿀 수 없다. 바꿀 수 있는 건

나밖에 없다. 내가 살려면 내가 바뀌어야 한다.' 그거거든요. 그래서 이제는 기대를 일절 안 하려고 해요. 뭐냐 하면 나라는 생각이 없어야 내가 마음 편히 살 수 있겠다는 걸 알게 된 겁니다. 저는 철학자들이 말하는 무아無我라는 것을 어머님 때문에 알게 되었습니다. 무아, 즉 나라는 생각이 없을 때 그때 마음의 평화가 찾아오더라고요. 물론 아직은 그런 때가 아주 가끔밖에 없지만요. '나'라는 생각이 남아 있으면 그만큼의 고통이 따르는 것이 인간의 마음인 것 같습니다. 그런 면에서 보면 우리 어머님이 저를 끝없이 공부시켜 주고 있는 거지요.

제가 막내인데 어머니를 거의 제가 모셨어요. 어머님도 저와 살기를 원하셨고. 처음에는 그저 의무감으로 어머님을 모시고 살았습니다. 저도 미성숙한 부분이 많기 때문에 많이 부딪치고. 그래서 저도 뭐 어머니랑 많이 싸우기도 해보고 화도 내보고 무릎 꿇고 빌기도 해보고 별 걸 다 해봤어요. 그러다가 어머니가 바뀌어야 내가 행복해진다는 생각을 버리기 전에는 내가 해방될 수 없다는 것을 깨닫게 된 거죠. 문제의 핵심은 어머니를 바꿔야 한다는 생각 그거예요. 그게 나를 괴롭혔던 겁니다. 그래서 저는 어떠한 장애가 있어도 문제의 해결책이 내 안에 있다고 믿고 답을 계속 찾으면 언젠가는 그 답이 나온다고 봐요. 하지만 밖에서 찾으면 안 나오죠. 그 차이입니다.

그러니까 저의 경우도 어머니가 바뀌길 원하는 건 제 욕심이기 때문에 나를 바꾸어야 문제가 해결될 것이라는 말씀이시죠?

예. 저는 그렇게 생각합니다. 밖이 문제라는 생각을 하지 말라는 거죠.

그냥 내 마음을 비우고 그냥 있는 그대로 받아들여라. 그 말씀인 거네요.

예. 그리고 더 나아가 오히려 이 사람이 나를 일깨워주는 소중한 가르침을 주는 사람이다. 이렇게 생각하는 겁니다. 나의 문제를 자꾸 지적해주니까 나의 스승이죠. 이렇게 생각하는 겁니다.

4. 저희 집은 며느리가 아이 셋을 놔두고 집을 나갔습니다. 많이 말렸지만 결국 그렇게 됐습니다. 그래서 내가 아이들을 맡게 되었거든요. 처음 일 년 동안은 문제없이 지냈습니다. 이게 내가 할 일이다 싶었죠. 그런데 딱 일 년이 지나니까 이렇게 살아서는 안 되겠다. 그런 생각이 자꾸 드는 거예요. 이게 사는 게 아니고, 내가 여기서 어떻게 하든지 빠져나가야 할 게 아닌가, 그런 생각을 했어요. 아들도 며느리도 다 문제가 있다고 생각을 하거든요. 아이들도 이제 슬슬 할머니 말에 대꾸를 하고 그러거든요. 아들과 며느리, 나 이 셋의 관계를 어떻게 해야 하나 그것도 고민되고요. 며느리가 집 나간 지는 벌써 몇 년 되었는데, 요즘은 몇 달에 한 번씩 찾아와요. 자기 아이들 보고 싶으니까. 그러고 나면 뭐랄까? 제가 평정심을 잃는 거예요. 마음속에서 정말 분노가 끓어올라 힘들어요. 처음에는 '얘들 키워놓으면 결국엔 자기 엄마 찾아갈 거다. 그러면 나는 뭐가 될까?' 이런 생각 때문에 힘들었습니다. 하지만 지금은 그 생각은 없어졌어요. 그렇지만 아이들 키우는 게 힘들다 보니까 다시 고민에 빠지고 그러고 있습니다.

여러 가지로 생각도 복잡하고 고민도 많으실 것 같네요. 그런데 아이들을 포기할 때 나중에 후회나 죄책감 같은 건 남지 않겠어요?

남겠죠. 제가 사실은 외할머니 손에서 자랐거든요. 그래서 처음에는 이게 내 운명인가 그런 생각도 했었어요. 뭐 지금은 그렇게까지 생각은 하지 않습니다. 그냥 내가 열심히 키우면 고아원에 가는 것보단 낫지 않겠나 그렇게 생각하고 있습니다. 두 부부가 아직 호적상의 정리가 안 되어 있기 때문에 경제적으로도 하나도 도움도 받지 못하고 있습니다. 그래서 더 힘듭니다.

제가 아드님이나 며느님의 상황을 자세히 모르니까 쉽사리 말씀을 드릴 수는 없어요. 하지만 일단 방향은 내 안에서 해결책을 찾아보는 겁니다. 그러면 두 가지 가능성이 있는데요. 애들이 나한테 복덩어리일 수도 있고요. 화덩어리가 될 수도 있습니다. 둘 다 가능해요. 저는 애들을 자신에게 복덩어리로 만드느냐 아니면 화덩어리가 되게 하느냐는 본인이 어떻게 생각하느냐에 달려 있다고 봅니다. 그러니까 내 삶의 의미를 어디서 찾느냐 하는 문제입니다. 아이들을 통해서 사랑이 뭔지를 체험하는 일에 도전하실 수도 있다고 봐요. 혼자 살면 그럴 수가 없어요. 그래서 진짜 나를 위한 일이 무언지를 한번 진지하게 고민해보세요. 저도 어머니를 모시고 살았지만, 제가 막내이기 때문에 의무가 없거든요. 그냥 혼자 살겠다고 했으면 그렇게 됐을 겁니다. 어머니도 혼자 살아도 된다고 말씀하셨고. 그런데 지금 와서는 그때 내가 완전 독립을 안 하길 잘 했다 저는 그렇게 생각합니다. 그랬으면 좋은 체험을 할 수가 없었을 겁니다. 결과적으로 어머니와의 관계에서 얻은 체험이 나를 조금이라도 인간답게 만들지 않았나, 저는 그렇게 생각합니다.

그래서 저도 바꿔서 생각할 때도 있어요. 며느리가 미워도 애들은 내 손자들인데, 내가 키워야지 그런 생각도 합니다.

그러니까 일단 며느리를 미워하는 마음을 내려놓을 수 있는 방법을 찾아보세요. 두 번째 그다음에 애들을 잘 키우는 문제를 고민해보시고요. 어려워요 요즘 애들. 제가 옆에서 보니까 장난이 아니더라고요. 저는 도전의식을 가지시라고 권하고 싶습니다. 내가 이 문제를 한번 돌파해보겠다. 그게 남거든요. 이게 인문학적, 철학적인 삶입니다. 그걸 한번 진지하게 고민해보시라는 거예요. 편하게만 사는 삶이 꼭 좋은 건 아닙니다. 뭔가에 부딪쳐서 힘들지만 이겨내고, 그러면서 뭔가 새로운 것을 깨닫는 이런 삶이 저는 훨씬 더 축복받은 삶이라고 생각해요. 그러기 위해서는 내 마음속으로 들어가야 해요. 마음속으로 파고 들어가서 우선은 마음의 치료를 하고 그 다음에 새 삶을 창조하는 겁니다.

7

나는
지금 어디에
있는가?

"과거와 미래로 이어지는
무심한 시간덩어리가 영원이 아니라
오히려 시간에 구애받지 않는 바로 이 순간이
영원이라는 사실을 깨닫기만 하면
영원한 생명이라는 것도 바로 지금
이 자리에서 살아가는 사람들의 것이다."

비트겐슈타인

희망의 인문학 | 철학 강의 7

나는 지금 어디에 있는가?
—시간이라는 굴레

안녕하세요? 수업 시작하겠습니다.

오늘 우리가 함께 공부할 주제는 시간입니다. 우리가 탐구할 시간의 문제는 물리적 시간이 아니라 심리적 시간입니다. 말하자면 시계로서 잴 수 있는 시간이 아니라 우리가 주관적으로 체험하는 시간에 대한 공부입니다. 실제로 우리가 체험할 수 있는 시간은 항상 현재입니다. 하지만 현재를 살아가는 사람들은 많지 않습니다. 우리의 의식은 대부분 과거나 미래에 가 있습니다. 지금 여기에 있지 않습니다. 삶은 현재를 살아가는 것이기 때문에, 지금 여기에 있지 않다는 것은 삶을 외면하고 있는 것과 마찬가지입니다. 그러면 사람들은 현실의 삶을 외면한 채 무엇을 하고 있는 것일까요? 그들은 거짓자아가 만들어낸 환상의 세계에서 고통을 받고 있습니다. 하지만 사람들은 그러한 고통에도 불구하고 악몽과 망상에서 좀처럼 깨어나지를 못합니다. 아니 악몽에서 깨어나고 싶어 하지 않는 건지도 모르겠습니다. 그래서 오늘은 그 이유가 무엇인지 그리고 어떻게 하면 그 악몽에서 깨어날 수 있는지에 대해 알아보고자 하는 것입니다. 오늘 받으신 글을 읽고 나서 이야기를 계속하겠습니다.

1. 과거와 미래라는 환상세계

7-1. 우리는 늘 시간과 함께 그리고 시간 속에서 살아가지만 시간 자체에 대해서 생각해보는 경우는 거의 없다. 그것이 문제의 근원임에도 불구하고, 그것에는 아무 문제가 없을 것이라고 생각한다면, 문제는 계속 반복될 수밖에 없다. 시간은 그런 종류의 것이다.

7-2. 우리가 시간에 대해 관심을 가져야 하는 이유는 시간이 우리의 마음속에서 행사하는 엄청난 영향력 때문이다. 마음을 깊이 들여다보면 우리의 마음은 사실 시간이 지배하고 있다.

7-3. 시간은 과거와 미래, 현재로 구성되어 있다. 하지만 과거는 지나갔기에 존재하지 않는다. 미래 또한 아직 도래하지 않았기 때문에 역시 존재하지 않는다. 과거나 미래는 우리의 마음속에 기억과 상상으로만 존재하는 것이지 실재하지 않는다. 실재하는 것은 오직 현재, 즉 지금 여기뿐이다. 그래서 어떤 의미에서 시간은 존재하지 않는다.

7-4. 그럼에도 사람들은 과거나 미래, 즉 시간 속에서 살아간다. 실재하지 않는 것을 실재한다고 믿는 것은 환상을 실재로 착각하는 것이다. 그렇다면 사람들은 환상 속에서 살아간다는 말이다. 참으로 이상한 일이다.

7-5. 그렇다면 사람들은 과거나 미래를 사랑하는 것일까? 그렇지 않다. 사람들은 과거의 상처와 미래에 대한 근심 걱정으로부터 해방되기를 원한다. 그럼에도 계속 그곳에서 빠져나오지 못한다. 그렇다면 그들은 과거와 미래라는 환상세계에 갇혀 있는 것이다.

7-6. 산다는 것은 현재를 산다는 말이 아닌가? 지금 존재하지 않는 과거 때문에 고통 받고, 아직 존재하지 않는 미래에 대한 두려움에 떨면서 과거와 미래에 갇혀 있는 삶을 대체 무엇이라고 해야 할지 모르겠다. 분명한 것은 시간은 매우 특이한 방식으로 우리의 삶을 먹어 치우고 있다는 점이다.

7-7. 사람의 정신세계라는 것은 알면 알수록 희한한 것이라는 생각이 든다. 자신의 눈앞에 펼쳐진 현실세계에 산다는 것이 이처럼 어려운 일이란 말인가?

7-8. 내가 관심을 두고 있는 것은 이러한 시간의 굴레에서 어떻게 하면 해방될 수 있는가 하는 것이다.

7-9. "여기 이 순간이 아닌 다른 곳에 있으려고 하는 자의 삶에는 많은 괴로움이 찾아든다."

– 수자타

우선은 여기까지 읽고 이야기를 해봅시다. 우리가 평소에 자각하지는 못하지만 실제로 우리 마음속을 지배하고 있는 것은 과거와 미래에 대한 생각들입니다. 여러분도 한번 자신의 마음속을 들여다보세요. 아마 그럴 겁니다. 대부분 현재를 살지 못합니다. 몸은 지금 여기 있는데 생각은 오만 데를 왔다 갔다 합니다. 여기 있다 저기 있다 순식간에 왔다 갔다 합니다. 과거에 있다가 미래로 가고, 다시 또 과거로 갑니다. 학교에 오면 집 생각, 집에 있으면 친구 만날 생각하고, 책 읽으면서도 딴 생각하고 그래서 눈앞에서 펼쳐지는 현재를 놓치는 것입니다. 현재에 충실하지 못하니까 배울 걸 제대로 못 배우고, 일하면 일도 제대로 안되고, 소통에서도 실패하는 것입니다. 그러고는 "나 어제 일을 왜 그렇게 했지? 이렇게 살면 내 미래가 어떻게 되는 거지?" 근심 걱정만 늘어갑니다. 그러면서도 자기가 왜 그렇게 하고 있는지를 대개는 모릅니다. 그만큼 우리가 마음을 들여다보고 자기를 성찰하지 않기 때문입니다. 그러니까 많은 문제와 사고가 생기는 겁니다. 당연히 그럴 수밖에 없습니다. 눈앞에 현실을 외면하고 딴 생각을 하고 있으니까 사고가 날 수밖에 없습니다. 작고 크건 간에.

하지만 여기서 그치는 것이 아닙니다. 의식이 시간 속에 있을 때, 우리는 실재에 근거하지 않는 불필요한 마음의 고통을 겪게 됩니다. 과거에 겪었던 불행하고 고통스런 사건을 마음속에 재현하면서 분노, 미움, 원한, 자책, 자기비하 등의 감정에 사로잡히게 되거나, 미래에 대한 망상으로 불안과 두려움에 휩싸여 고통을 당하게 됩니다. 핵심감정과 거짓자아가 만들어낸 환상의 세계에서 나는 고통받는 비극의 주인공입니다. 하지만 더 놀라운 일은 시간이 지나면 이러한 마음의 환상이 실제 현실이 된다는 점입니다. 왜냐하면 삶은 마음의 반영이기 때문입니다. 이렇듯 환상은 자신의 방식으로 현실을 창조하는 것입니다.

거짓자아는 과거와 미래에서만 살아갈 수 있습니다. 그는 현재를 모릅니다. 왜냐하면 거짓자아의 정체는 현재라는 빛에 의해서 소멸되는 어둠이기 때문입니다. 그는 환상세계라는 어둠 속에서만 살아갈 수 있습니다. 그래서 거짓자아의 시간은 과거와 미래뿐입니다. 내가 아니라 나로 위장한 거짓자아가 시간을 사랑하는 것입니다. 하지만 나를 거짓자아로 착각하는 한 나는 과거와 미래라는 시간의 굴레에서 빠져나올 수 없는 것입니다.

그럼에도 실제로 우리 마음 안에서 일어나는 일은 기억의 재현과 상상뿐입니다. 단지 그것뿐입니다. 이것이 환상의 실체입니다. 그것들은 오직 마음 안에서만 존재하는 것이지 현실하고는 아무 관계가 없습니다. 우리가 그것을 자각하게 되면 시간은 사라집니다. 이제부터 어떻게 하면 시간의 굴레로부터 해방될 수 있는지에 대해 알아보겠습니다.

2. 과거로부터의 해방

7-10. 우리의 몸은 현실에서 살아가고 있지만, 우리의 마음은 현실에 있지 않다. 우리의 마음은 여기저기 정처 없이 돌아다닌다. 마치 꿈을 꾸듯이 현실을 무시한 채 자신만의 세계 속으로 빠져 들어간다.

7-11. 우리가 가장 많이 가는 곳은 바로 과거이다. 과거라는 기억 속에 저장된 사건과 감정 속으로 쉼 없이 돌아간다. 현실이 아무리 소리를 치고 신호를 보내도 우리는 쉽게 현실로 돌아오질 못한다.

7-12. 마음은 과거에 매여 있고, 과거는 현재에 반복 재생된다. 자기 앞에 펼쳐져 있는 현실을 과거의 눈으로 바라보기 때문에 이미 현실은 있는 그대로의 현실이 아니다. 사람들은 과거 속에 산다.

7-13. 하지만 사람들이 과거를 사랑하기 때문에 그러는 것은 아니다. 사실은 정반대이다. 그럼에도 사람들은 과거에 집착한다. 왜 그럴까?

7-14. 그것에는 이유가 있다. 그는 뭔가 해결해야 할 것이 남아 있다는 것을 무의식적으로 느끼기 때문에 과거를 포기할 수가 없는 것이다. 그래서 그 문제가 해결되기 전에는 결코 포기할 수가 없는 것이다. 이것이 자꾸 과거로 되돌아가는 이유이다. 문제는 그가 방법을 모르고 있다는 점이다.

7-15. "일 자체는 고통을 주지도 않고, 방해가 되지도 않습니다. 사람도 마찬가지입니다. 그러나 우리가 일이나 사람을 어떻게 보는가 하는 관점은 다른 문제입니다. 우리가 곤경에 처하는 것은 (일 자체가 아니라) 그것에 대한 우리의 태도와 반응 때문입니다." – 에픽테토스

7-16. 사람들에게 과거가 괴로운 것은 과거에 일어난 일들 때문이다. 그러나 이것은 에픽테토스의 말처럼 함정이다. 과거가 괴로운 이유는 과거에 일어난 사건이 아니라 그것에 대한 우리의 태도, 즉 반응과 해석 때문이다.

7-17. 동일한 사건에 대해서 사람들의 반응과 해석은 다양하다. 그것은 각 사람의 내면과 관계가 있다. 내면이 건강한 사람에게는 별 문제가 되지 않는 일도 그렇지 않은 사람에게는 고통스러운 경험으로 체험된다.

7-18. 그러므로 내가 알고 있는 과거는 사실 그 자체가 아니라 나에 의해 해석된 사실임을 이해하는 것이 과거 문제를 해결하는 출발점이다.

7-19. 밖에서 원인을 찾는 마음, 즉 내면이 수동과 부정의 상태에서 반응하고 해석할 때 우리는 과거에 집착하게 된다.

7-20. 그 해석의 핵심은 "나는 당했다, 나는 피해자다, 그로 인해 내 삶은 망가졌고, 그래서 나는 불행해졌다. 하지만 그것은 이미 지나간 일이다. 이제 와서 바꿀 수가 없지 않는가?" 등의 수동적이고 자기비하적인

인식과 미움, 원망, 원한, 분노, 수치심, 모멸감, 좌절감과 절망감 등의 지극히 부정적인 감정들이다.

7-21. 하지만 이런 생각과 감정은 일어난 사건에서 기인하는 것이 아니라 과거 사건에 연루된 감정과 사건을 해석하는 관점에서 기인한다. 즉 거짓자아의 관점인 수동과 자기부정의 관점이 그 주범이지 사건 자체는 아니다. 사건 자체는 우리에게 미지의 것이다.

글을 통해 밝혔듯이 과거의 문제는 사건의 문제가 아니라 그것에 대한 우리의 반응과 해석의 문제입니다. 사건은 바꿀 수 없습니다. 하지만 반응 방식과 해석은 바꿀 수 있습니다. 이 말은 우리가 기억하고 있는 과거가 사실은 사실이 아니라 해석된 사실이라는 의미입니다. 그래서 우리의 작업은 과거 사건에 고착되어 있는 감정을 치유하고 과거를 긍정적인 관점으로 재해석하는 일입니다. 우리의 내면이 바뀔 때 과거에 대한 해석과 감정이 바뀔 수 있습니다.

아마도 이 말을 받아들이기 어려운 분들도 계실 겁니다. 내가 기억하고 있는 과거가 사실이 아니라 사실의 해석이라니 그게 무슨 말이야 하고 생각하실 겁니다. 그래서 우선은 해석의 문제를 간단한 예를 들어 설명해보겠습니다. 제가 길을 가다 실수로 넘어져서 상처가 났다고 합시다. 아프겠죠. 하지만 이 아픔은 어느 정도 시간이 지나면 잊혀집니다. 하지만 이와는 다른 아픔이 있습니다. 평소에 별로 안 좋게 생각하고 은근히 거슬리는 사람하고 말다툼 끝에 그 사람이 나를 한 대 때려서 맞았다고 칩시다. 이때도 역시 아프겠죠. 이 둘의 아픔을 한번 비교해봅시다. 아마 물리적 아픔은 별반 다르지 않을 겁니다. 그런데 후자가 훨씬 아픕니다. 아프고 화가 나고 몹시 불쾌하고 억울하고 등등. 여하간 기분이 되게 나쁩니다. 억울하고 분해서 밤에 잠이 안 올 정도이고 시간이 지나도 잘 잊혀지질 않습니다. 그 사람을 우연히 다시 본다 해도 그때의 감정 때문에 마음이 다시 불편해집니다. 이 경우는 마음까지 아픈 겁니다.

하지만 남한테 맞았다고 항상 이런 기분이 드는 것일까요? 애들하고 장난치다가 애에게 맞을 수 있죠. 그렇죠? 오랜만에 친구를 만났는데 친구가 장난 삼아 뒤에서 세게 때려서 아플 수도 있습니다. 부모님께 매를 맞아도 아픕니다. 그런데 이런 경우들에서는 어떻습니까? 몸은 좀 아프겠지만 마음에 충격은 없습니다. 잠깐 아프다가 끝납니다. 그 차이는 뭘까요? 한번 생각해보세요. 핵심은 뭐냐 하면 내가 그놈에게 당했다는 생각에 있습니다. 그것 때문에 기분이 나쁜 것입니다. '내가 당했다' 이것이 기분 나쁜 것의 핵심입니다.

'당했다'라는 생각이 왜 나를 힘들게 하는 것일까요? '당했다'는 생각을 한번 분석해봅시다. 내가 당했다고 하면 그때 나는 약자가 됩니다. 그렇지 않습니까? 힘이 없기 때문에 당하는 것 아닙니까? 약자니까 당하는 것입니다. 그래서 당했다는 생각에는 내가 약자라는 생각이 전제되어 있는 것입니다. 반면에 나를 때린 상대는 강자의 포지션에 있게 됩니다. 즉 상대를 강자라고 생각하는 것입니다. 그래서 '나는 아무 잘못도 없는데 상대에게 일방적으로 당했다'고 생각하는 것은 주도권을 쥐고 있는 사람을 상대편이라고 인정하는 것입니다. 그 사람에게 주도권을 넘긴 겁니다. 원인이 나에게 있지 않고 밖에 있습니다. 즉 나는 수동의 상태에 있는 것입니다. 주도권을 갖고 힘이 센 자가 강자이고 당한 사람은 수동적인 약자가 되는 겁니다. 내가 화가 나는 진짜 이유는 내가 약자가 되었기 때문입니다. 사실은 나를 약자로 생각하는 것 자체가 스스로를 화나게 만드는 것입니다. 이게 핵심입니다. 그 느낌은 굉장히 안 좋습니다. 왜 그렇게 안 좋은가 하면 그것은 자신의 존재가 부정되는 느낌이기 때문입니다. 그 느낌에서 죽음의 공포와 연결되어 있는 자아 상실의 감정이 배어나오기 때문입니다. 존재가 부정되는 느낌은 견딜 수 없이 힘든 감정이기 때문에, 우리 마음은 그것을 보상받기 위해 자동적으로 복수심과 원한 감정을 만들어냅니다. 그런 감정으로 자신을 추스르고 버텨내는 것입니다.

하지만 세상에 일방적인 피해자는 없습니다. 비록 상대가 나를 부정하려 했다 하더라도 내가 동의를 하지 않는다면 내가 부정당하는 느낌에 빠지지는 않기 때문입니다. 그래서 앞서 말했던 것처럼 사람은 동일한 사건에 대해서 다르게 해석할 수 있습니다. '당했다'가 아니라 "그 사람 원래 이상한 사람이라는 것 알고 있었으면서, 내가 왜 그랬지. 조심했어야 했는데, 오늘 실수했네." 이렇게 해석하는 사람은 원인을 밖에 두지 않습니다. 자신에게서 원인을 찾는 것입니다. 주도권을 쥐고 있는 것은 나이기 때문에 내가 약자라는 생각도 하지 않고 상대방을 강자로 보지도 않습니다. 그래서 그런 부정적 감정이 생기지 않습니다. 이 차이를 잘 이해하셔야 합니다. 이 차이는 사건의 원인을 어디에 두느냐에 따른 차이, 즉 수동-부정의 관점과 능동-긍정의 관점의 차이입니다. 모든 사건은 항상 이렇게 두 가지 방식으로 해석 가능합니다. 그래서 해결 방식의 요체는 해석을 바꾸는 것입니다. 이것은 내면의 상태를 바꿈으로서만 가능합니다.

우리를 괴롭히는 과거의 사건들 중에서 우리가 해결해야 할 가장 중요하고 시급한 것들은 마음에 깊은 상처를 준 사건들입니다. 사람마다 그 사건은 다르겠지만 집요하게 자신을 괴롭히는 과거의 사건이 있습니다. 그것이 부모와의 관계에서 벌어진 일일 수도 있고, 친구나 연인 등의 인간관계에서 일어난 일일 수도 있습니다. 상처가 깊을수록 더 고통스럽고 잘 잊히지도 않습니다. 특히 어릴 때 부모나 부모를 대리하는 사람에게서 받은 상처는 경우에 따라서는 한 개인의 인생 전체를 지배합니다. 왜냐하면 그것에 의해 핵심감정과 거짓자아가 생성되기 때문입니다. 인간의 정신이라고 하는 것은 참으로 이상한 것이어서 과거의 상처를 치료하지 못하면 마음은 지속적으로 과거로 돌아가고, 과거와 유사한 사건을 현실에서 또다시 재현합니다(전이 투사). 그것은 과거에 갇힌 채 살아가는 것입니다. 만약 어떤 사람이 길을 가다가 날아오는 돌멩이에 머리를 맞았다고 합시다. 그런데 돌멩이를 던진 사람은 도망가고 찾을 수가 없었습니다. 그러자 그 사람이 자신에게 날아온 돌멩이를 집으로 가져와서는, 시간 날 때마다 그것으로 자신이 맞은 부위를 계속 때린다고 생각해보십시오. 제정신인 사람이 아니겠죠? 하지만 어떻습니까? 우리가 그렇게 살아가고 있는 것은 아닙니까? 잘 생각해보십시오. 저를 포함해서 많은 사람들이 이렇게 살아가고 있습니다.

이제 남은 문제는 어떻게 과거의 부정적인 해석을 긍정적인 해석으로 바꿀 수 있는가 하는 것입니다. 하지만 더 정확하게 말하면 바꾸는 것이 아니라 바뀌어지는 것입니다. 해석을 바꿔야 하는 것은 맞습니다. 하지만 바꾸는 것이 아니라 바뀌어지는 것으로 접근하는 것이 올바른 방법입니다. 저는 이 차이가 매우 중요하다고 생각합니다. 왜냐하면 잘못된 방법을 선택하면 고생만하지 실질적인 효과가 나지 않기 때문입니다. 그렇다면 왜 바꾸는 것이 아니라 바뀌어지는 것일까요?

인지심리학자들은 이성에 의해 해석을 바꿀 수 있다고 말합니다. 그들의 주장을 요약하면 이렇습니다. "우리는 어떤 사건을 경험하고, 그것을 해석하며, 그 해석에 따라 감정 반응을 느낀다. 그래서 인간은 사건에 대한 생각이나 의견을 바꿈으로서 감정을 바꿀 수 있다." 이처럼 이들은 이성이 감정에 앞선다고 보는 것입니다. 그래서 올바르게 생각하면 감정을 바꿀 수 있다고 주장하는 것입니다. 하지만 이것은 현실과 다릅니다. 현실은 감정이 바뀔 때 생각과 해석이 변화합니다. 저도 처음에는 이들처럼 생각했습니다. 그래서 과거의 문제들에 대해 긍정적인 관점에서 생각하려고 많은 노력을 했습니다. 물론 드물기는 하지만 잠깐 동안은 바뀌기는 합니다. 하지만 과거의 일들을 떠올리게 만드는 자극을 만나면 다시 예전의 감정 상태로 되돌아가는 것을 반복적으로 경험했습니다.

제가 경험한 이야기를 해보겠습니다. 요가를 배우러 다닐 때의 일입니다. 하루는 예상치도 않던 일로 갑자기 저에게는 부담되는 액수의 돈이 필요한 상황이 발생했습니다. 그때는 경제적으로 힘든 상황이어서 마음이 심하게 흔들리기 시작했습니다. 갖고 있는 돈도 없고, 어디서 빌릴 때도 마땅치 않아서 마음이 심란하고 불안해지기 시작한 것입니다. 그래서 심난한 마음을 다스리기 위해 "아니다. 잘 해결될 거야. 걱정하지 말자." 이렇게 생각을 바꾸려고 애를 썼습니다. 하지만 그럴수록 마음은 더욱 불안하기만 했습니다. 하루 종일 돈 걱정에 시달리고 있었는데, 밤이 되어 어느새 요가 학원에 갈 시간이 다 되었습니다. 이렇게 마음이 불편한데 요가 수련이 제대로 될까라는 생각이 들어서 한참을 갈까 말까 망설이다가, 수강료가 아깝다는 생각이 들어서 그냥 요가 학원에 갔습니다. 처음에는 마음이 불편해서 힘들었지만 그래도 계속 하다보니까 나중에는 수련에 몰두할 수 있었습니다. 그렇게 한 시간 정도의 수련이 끝나고 옷을 갈아입고 학원을 나와 걸어가는데, 그때 불현듯 마음이 편안해진 것을 발견했습니다. 거짓말처럼 마음이 편한 상태가 된 것입니다. 상황이 바뀐 것은 아무것도 없었습니다. 생각을 바꾸려고 노력하지도 않았습니다. 그런데 거짓말처럼 마음이 편안해진 것입니다. 그러고는 집에 오는 길에 돈 문제를 해결할 좋은 아이디어가 떠올랐습니다. 그래서 그 문제로부터 완전히 해방되었습니다. 그때 저는 감정을 바꾸는 것은 생각이 아니라는 것을 체험적으로 알게 되었던 것입니다. 오히려 감정 상태가 바뀌니까 생각이 바뀌었던 것입니다. 불안했던 생각이 다 없어져버린 것입니다. 오히려 긍정적 감정 상태에서 좋은 아이디어가 떠올랐던 것입니다. 그러니까 인지심리학자들이 말하는 순서와 정반대의 순서입니다. 만약 제가 그날 요가수련을 하지 않았더라면 밤새 내 마음과 싸우면서 고생했을 것입니다.

앞에서도 이야기했지만, 감정이 바뀌지 않는 한 긍정적인 생각을 하려는 노력조차 감정을 더욱 자극하는 일이 됩니다. 생각을 바꾸려는 생각이 감정을 확대재생산하는 것입니다. 그래서 생각을 통해 해석을 바꾸려는 노력은 실제적으로는 과거의 사건에 더욱 집착하고 매달리는 행위인 것입니다. 문제는 생각이지 긍정적인 생각이냐 부정적인 생각이냐가 아닙니다. 이것은 마치 얼굴에 묻어 있는 물감을 씻어내기 위해 물감이 묻어 있는 손으로 얼굴을 문지르는 것과 같습니다. 그 얼룩이 지워지기는커녕 더욱 커질 뿐입니다. 어둠을 어둠으로 없애지 못하는 것과 같은 이치입니다. 이런 이유로 인지심리학자들이 주장하는 것처럼 이성으로 감정을 바꿀 수 있다고 생각하는 것에 저는 절대 동의할 수가 없습니다. 그러면 어떤 방법으로 이 문제를 해결해야 할까요?

3. '긍정의 긍정' 부정을 모르는 뇌

7-22. 현재를 긍정하는 길이 과거를 긍정하는 유일한 길이다. 과거를 바꾸려는 노력은 '부정의 부정'(어둠)이고, 현재에 존재함은 '긍정의 긍정'(빛)이다.

7-23. 현재에 존재하는 것에는 어떠한 준비도 필요 없다. 그것은 준비해서 하는 일이 아니다. 아니 그것은 항상 지금 당장에, 지금 당장에만 가능한 일이다.

7-24. 과거를 생각한다는 것은 의식이 과거라는 밖으로 나가 있는 상태임을 의미한다. 그러므로 의식의 방향을 바꾸어 나의 마음을 지켜보는 순간 나는 현재에 존재하게 된다. 생각을 바꾸는 것이 아니라 직접적으로 생각을 보는 것이다. 생각을 보는 그 순간 나는 현재에 존재한다. 이처럼 능동과 긍정을 선택(긍정)함 자체가 현재에 존재함, 즉 현존이다.

7-25. "어떤 운동은, 하나의 생각을 다른 생각에 연결시킨다. 또 하나의 운동은, 되풀이해서 한 곳을 향한다." – 비트겐슈타인

7-26. 의식의 방향을 밖에서 안으로 전환시키는 것은 의지의 작용이다. 현재를 선택하는 이러한 의지의 힘에 의해 자연스럽게 감정이 바뀌고 해석이 변화한다.

7-27. "인간의 인식은 해석이다. 인식의 이런 해석적 특징은 무엇보다도 인식 주체의 특징에 기인한다. 인식 주체는 힘에의 의지를 본성으로 하는 인간의 신체다. 그런 한에서 해석 행위는 '관점을 설정하는 힘'의 작용이다. (…) 인간의 인식 과정은 힘과 삶에의 의지에서 발생하고, 그 의지에 응답하는 방식으로 수행된다. 이런 인식을 니체는 해석이라고 부른다." – 백승영, 『니체, 디오니소스적 긍정의 철학』 중에서

과거 사건에 대한 반응과 해석의 양태는 내면의 질과 비례합니다. 그러므로 과거에서 해방되기 위해서는 내면이 건강해져야 합니다. 하지만 치료의 순서는 생각, 정서, 의지의 순서가 아니라 그 반대의 순서 즉 의지, 정서, 생각의 순서입니다. 의지가 회복되어야 정서가 치료되고 정서가 바뀌어야만 생각과 해석이 바뀌는 것입니다. 저는 이 수순을 지키는 것이 올바른 방법이고 가장 효과적인 방법이라고 생각합니다. 그렇다면 왜 이런 수순을 따라야 할까요? 인지심리학자들뿐 아니라 많은 사람들이 과거의 사건을 잊으려고 기억 자체를 억압하거나 해석을 바꾸려고 노력합니다. 하지만 그것은 잘못된 접근 방식입니다. 과거로부터 해방되는 일은 해석을 바꾸려고 노력하거나 억압하는 것이 아니라 현재를 긍정하는 것에 의해서 가능합니다. 그 이유가 무엇일까요?

첫 번째 이유는 우리의 뇌가 부정을 모르기 때문입니다. 이것이 무슨 말인가 하면, 우리가 과거를 바꾸려고 과거를 생각하게 되면 뇌는 과거의 기억을 마음속에 떠올려서 그것을 활성화시키라는 것으로 받아들입니다. 그것을 가지고 무엇을 하느냐는 뇌에게 중요하지 않습니다. 과거의 기억과 싸우든지, 바꾸려고 하든지, 없애려고 하든지 간에 뇌는 단지 과거에 대한 생각을 계속하라는 명령으로만 인식합니다. 그래서 그것을 바꾸려는 노력은 그것이 강할수록 과거 사건에 대한 감정과 생각을 강화시킬 뿐입니다. 안 좋은 기억을 잊으려고 하면 할수록 더욱 잊혀지지 않는 이유가 바로 이것입니다. 뇌는 부정을 모른다는 말은 이런 뜻입니다. 수학에서 마이너스 곱하기 마이너스는 플러스가 되지만 마음에서는 마이너스 곱하기 마이너스는 더 큰 마이너스가 될 뿐입니다. 그래서 뇌의 법칙은 부정의 부정이 아니라 긍정의 긍정입니다. 어둠의 법칙이 아니라 빛의 법칙입니다. 감옥의 환경을 개선하려고 투쟁하는 것이 아니라 감옥 밖으로 나가는 것입니다. 그래서 과거의 사건을 잊으려고 기억 자체를 억압하거나 해석을 바꾸려는 노력은 잘못된 접근 방식이라는 것입니다. 과거로부터 해방되는 일은 해석을 바꾸려고 노력하거나 억압하는 것이 아니라 현재를 긍정하는 것에 의해서만 가능합니다.

두 번째는 현재에 돌아오는 것이 목적이라면 곧바로 현재로 돌아오면 되기 때문입니다. 과거 사건에 대한 해석을 바꾸려고 노력하는 것을 그만두고 방향을 바꾸어 현재에 존재하는 것이 해결책입니다. 이것이 '긍정의 긍정'입니다. 과거를 바꾸려고 하는 것은 과거에 집착하는 것입니다. 본인은 인지하지 못하고 있지만 이것은 내가 계속 과거 안에 있겠다는 의지입니다. 자아가 본성을 잃고 의지가 무기력해지면 이런 마음의 상태가 됩니다. 그 방법은 거짓자아의 왜곡된 의지가 선택하는 부정의 방법입니다. 과거를 바꾸려고 하는 것은 우회로가 아니라 불가능한 길입니다. 길은 하나입니다. 뒤를 돌아보지 말고 앞을 향해 나아가는 것입니다. 긍정을 선택(긍정)하는 것입니다. 이것이 삶의 의지이고 참자아의 본성입니다. 하지만 현재를 긍정한다는 것이 현재에 대해 생각하라는 것은 아닙니다. 현재를 긍정하는 것은 내가 현재에 존재하는 것을 의미합니다. 시간 속에 있을 때 우리는 생각을 하게 되고, 현재에 존재할 때 우리는 보게 됩니다. 존재는 생각이 아닙니다. 존재하게 되면 보게 됩니다.

셋째, 과거에 대한 생각으로부터 빠져나오는 것은 의지의 작용이기 때문입니다. 제가 이미 말씀드린 바와 같이 의식이 밖으로 나가 있을 때 우리는 생각을 하게 되고, 의식의 방향을 안으로 돌리면 보게 됩니다. 의식의 방향을 돌릴 때 우리는 생각에서 빠져나와 생각을 볼 수 있게 되고 가슴과 몸의 느낌을 지각하게 됩니다. 더 나아가 자신을 둘러싸고 있는 사물들의 존재를 있는 그대로 볼 수 있게 됩니다. 그때 나는 현재에 존재하고 있는 것입니다. 보거나 느끼는 것은 항상 현재입니다. 의식의 방향을 돌려 현재의 세계로 복귀하는 그 순간에 이미 우리는 과거로부터 해방되어 있는 것입니다.

의식의 방향을 전환시킬 수 있는 것은 오직 의지뿐입니다. 이것이 의지를 올바르게 사용하는 것입니다. 사실 우리는 그동안 의지를 사용하지 않은 것이나 마찬가지입니다. 거짓자아의 의존심은 의지를 무기력하게 만드는 원인입니다. 자신의 의지를 사용하지 않을수록 의지는 더욱더 무기력해지고 그에 비례해 점점 의존심이 커져갑니다. 이것은 마치 스스로의 힘으로 걸을 수 있음에도 불구하고 휠체어에 앉아서 누가 밀어주기를 바라는 것과 같습니다. 그렇게 되면 나중에는 실제로 걸을 수가 없게 됩니다. 왜냐하면 근육이 다 없어져버렸기 때문입니다. 의지는 쓸수록 강해지고 안 쓸수록 약해지는 것입니다. 그동안 우리는 의지를 사용하지 않고 생각으로 문제를 해결하려 했기 때문에 문제가 더욱 커진 것입니다. '피아노 치면서 피아노를 배운다'는 말처럼 의지의 훈련을 통해 우리는 의지의 주인이 될 수 있습니다. 우리의 의지가 강해지는 만큼 현재에 존재하게 되고 정서와 해석능력이 건강해지는 것입니다. 그렇게 해서 과거의 사건에 대한 태도와 해석이 건강하게 바뀌면 그때 자신의 과거는 아무 문제가 되지 않습니다. 미운 오리새끼가 자신이 백조임을 자각하게 된 후에 "애초부터 그의 본모습은 백조였기 때문에 오리에게서 태어난 것쯤은 아무런 허물도 아니었다. 미운 오리새끼는 온갖 고난과 슬픔을 견뎌낸 것이 참으로 기뻤다."고 말한 것처럼 자신의 지나온 삶에 대한 해석이 바뀌는 것입니다. 이제 해석이 어떻게 바뀌는지를 한번 보겠습니다.

7-28. 참자아(능동과 긍정)의 관점에서 과거를 해석하기
"나에게 과거에 어떤 일들이 일어났고, 나는 그러한 일들을 경험했다."
"나는 그 일로부터 많은 것을 체험했고 삶의 교훈을 얻었으며 그 사건들 때문에 성장했다."
"그 모든 일의 궁극적 원인자는 바로 나 자신이다."

"나는 당한 것이 아니다. 그것은 내가 선택한 일이었다."
"내가 허락하지 않고는 어떠한 일도 나에게 일어나지 않는다. 그렇기 때문에 다른 사람을 비난하는 것은 근거 없는 짓이다."
"삶이 고통스러웠던 것은 바로 근거 없는 일을 하고 있었기 때문이었다. 앞으로 그런 어리석은 짓은 하지 않겠다. 나는 이제 내 삶의 주인으로 살아갈 것이다."
"나는 내 삶의 창조자이다."

다음은 미래에 대해서 알아보겠습니다.

4. 미래로부터의 탈출

거짓자아가 만들어내는 환상의 세계는 두 개의 영역으로 구성되어 있습니다. 과거의 세계와 미래의 세계가 그것입니다. 거짓자아는 과거와 미래를 오가면서 고통스럽게 살아가는 존재입니다. 과거 세계의 정서가 분노와 원한, 적개심과 복수심, 자책감이라면 미래 세계의 정서는 불안, 두려움, 우울입니다. 이런 감정들 역시 과거의 그것들 못지않게 우리를 힘들게 합니다. 미래에 대한 생각도 의식이 밖으로 나가는 일탈 현상이라는 점에서는 과거와 동일한 현상, 즉 내가 시간이라는 미로 속에 갇힌다는 점에서는 본질적으로 동일한 현상이지만 미로의 구조에서 차이가 납니다.

7-29. 인간의 마음을 점유하는 어두운 구름들의 반이 과거에 일어난 사건에 대한 부정적인 생각과 그것에서 파생된 감정들이라면, 또 다른 반은 미래에 대한 근심 걱정이다.

7-30. 미래에 대한 생각에는 늘 어느 정도 두려움이 따라붙는다. 왜냐하면 미래는 누구에게나 불확실하기 때문이다. 아무리 이리저리 생각해 보아도 미래의 일들은 잘될 가능성과 잘못될 가능성이 항상 함께 존재한다. 그래서 생각만으로는 미래에 대해 백 퍼센트의 확실성을 갖기 어렵다. 이런 이유로 누구든지 미래를 생각하면 근심과 두려움이 뒤따라오는 것이다. 이것이 미래라는 관념이 사람들의 마음에 주는 부정적 영향이다.

7-31. 사람들이 가장 두려워하는 것은 미래에 자신이 원하지 않는 이상한 일들이 일어나는 것이다. 계획한 일이 실패한다든지, 갑자기 병에 걸린다든지, 사고가 난다든지, 사업이 망한다든지, 회사에서 해고된다든지 등등의 일들이 일어나지 않을까 겁이 나는 것이다.

7-32. 이렇게 생각하는 이유는 내면을 지배하고 있는 부정적 정서와 사고의 밑바닥에 깔려 있는 미래에 대한 고정관념 때문이다. 대개의 사람들은 미래는 나와는 상관없이 미리 정해져 있다고 생각하거나, 아니면 자신이 통제할 수 없는 우연들로 가득 차 있다고 생각한다. 미래에 대한 불안과 두려움은 여기서 기인하는 것이다.

7-33. 한 개인의 내면이 불안정할수록 그만큼 자주 미래에 대한 불안으로 시달리게 되고, 시간이 지나면 상상하고 두려워했던 미래가 자신의 현실로 나타난다. 그는 더욱더 미래에 대한 불안에 사로잡히게 된다.

미래에 대한 생각이 묘한 것은 그것이 우리에게 안전감과 편안함을 완전히 보장해주지 않는다는 점에 있습니다. 왜냐하면 현재는 아무런 문제가 없고 또 지금까지 모든 일이 순조롭게 잘 풀렸다 하더라도 미래를 생각하면 불안감을 완전히 떨쳐버릴 수가 없기 때문입니다. 미래에 대해서는 이성적으로 생각했을 때 백 퍼센트 확신이 들지 않습니다. 아무리 생각해도 빠져나가는 부분이 있습니다. 예기치 않은 교통사고가 날 수도 있고, 병에 걸릴 수도 있고, 사업이 망할 수도 있고, 자연재해가 일어날 수도 있습니다. 물론 가능성이고 확률적으로 볼 때는 매우 희박하지만, 그 정도만으로도 충분히 마음에 불안정을 초래합니다. 그래서 미래에 대한 생각에는 항상 불안과 두려움이 동반되는 것입니다. 저는 이성적이고 논리적인 생각만으로 미래에 대한 두려움을 잠재울 수 있는 사람은 없다고 생각합니다. 그렇다면 왜 이런 현상이 벌어지는 것일까요? 그것은 무의식에 잠재되어 있는 미래와 세상에 대한 고정관념과 신념 때문입니다.

첫 번째는 미래는 이미 정해져 있다는 고정관념입니다. 이 관념은 세상 자체가 이미 정해진 법칙과 자기 운동으로 돌아가고 있다는 신념입니다. 이 신념이 미래에 대한 다른 생각들을 지배하는 것입니다. 이미 정해진 세상의 법칙은 나의 의지와는 상관없이 굴러가는 법칙입니다. 그렇다면 나는 불안해질 수밖에 없습니다. 정해진 미래가 나에게 우호적인지 적대적인지 모르니까요. 그래서 사람들이 점을 보러 다니는 것입니다. 또 다른 이들은 그 법칙의 주관자라고 가정되는 존재에게 매달리기도 합니다. 흔히 말하는 기복신앙은 바로 이러한 사고방식에 근거하고 있는 것입니다. 이러한 관념의 부정적 영향은 사람을 무기력하게 만들거나 점쟁이나 자신의 미래를 바꾸어줄 수 있다고 여겨지는 대상에 의지하게 만든다는 점입니다.

두 번째 고정관념은 세상을 지배하는 것은 무질서와 우연이라는 신념입니다. 무질서하고 혼란스러운 세상은 한 치 앞을 알 수 없는 정글이고, 무자비하고 이기적인 인간들만 살아남는 늑대들의 세계입니다. 그런 세계에 살고 있는 자신의 미래를 생각하면 당연히 두려움에 빠질 수밖에 없습니다. 그래서 미래에 대한 생각을 떨쳐내기 위해 발버둥치지만 그럴수록 더욱더 망상 속으로 끌려들어갈 뿐입니다. 내면의 문제를 안에서 해결하지 못하는 사람들은 결국 의지할 것들을 밖에서 찾게 됩니다. 돈, 지위, 권력 등이 그것이고, 그것들에 광적으로 집착하는 것입니다. 그런 것들을 소유하기 위해 사람들이 수단 방법을 가리지 않고 온갖 못된 짓을 하게 하는 힘은 바로 생존에 대한 두려움과 죽음의 공포입니다. 그들은 본성적으로 악인이 아니라 핵심감정과 거짓자아의 희생자인 것입니다.

이것들은 모두 부정적인 정서와 거짓자아가 만들어내는 환상이지만 대부분 그것을 자각하지 못하기 때문에 그러한 환상 속에서 살아가게 되는 것입니다. 이처럼 거짓자아가 만들어내는 세계와 미래에 대한 환상은 여러 가지이고 사람들마다 서로 다를 수 있지만, 그것들의 공통점은 수동과 자기부정의 관점에서 세계와 미래를 본다는 점입니다. 즉 나에게 일어나는 모든 사건의 원인이 밖에 있다고 생각하는 것입니다. 이것이 주범입니다. 이 고통은 내면이 치료되어 자신의 본래성을 회복하기 전에는 사라지지 않습니다.

이 문제 또한 그 치유의 방법과 과정은 과거 문제에서 이야기했던 것과 동일합니다. 밖을 향하고 있는 의식을 자신의 의지를 통해서 내면으로 방향 전환하는 것입니다. 그때 나는 미래에 대한 생각에서 빠져나와 현재에 존재하게 되고, 능동과 긍정의 상태에 있게 됩니다. 현재에 존재하는 것만이 미래로부터 탈출하는 유일한 방법입니다. 과거라는 밖이냐, 미래라는 밖이냐의 차이가 있지만 둘 다 의식이 밖을 향하고, 밖의 것에 의존하고, 밖에서 의존할 것을 찾는다는 점에서는 동일하기 때문에 이처럼 해결책 또한 같을 수밖에 없습니다. 지금 여기에 존재하는 것 그것이 치료약입니다. 현재에 존재함으로써만 시간으로부터 해방될 수 있지 다른 길은 없습니다. 물론 그간의 습관 때문에 계속해서 의식이 미래라는 밖을 향해 나갈 것입니다. 그때마다 매번 그 사실을 자각하고 다시 안으로 돌아와야 합니다. 이런 치유의 과정을 거쳐 마음이 정화되면 미래와 세계를 바라보는 관점이 자연스럽게 긍정적으로 변화됩니다. 이제 자신의 본래성을 회복한 사람이 바라보는 미래와 세상이 어떤 것인지에 대해서 알아보겠습니다.

5. 우주는 나의 힘 자유인의 삶

7-34. "미래를 예측하는 가장 확실한 방법은 미래를 창조하는 것이다."

– 피터 드러커

7-35. 인간은 자기 이외에 어느 누구에 의해서도 불행해지거나 행복해지지 않는다. 행복과 불행은 오직 자신의 손에 달려 있다.

– 능동과 긍정의 원리

7-36. 나에게 일어난 모든 일은 내가 선택한 일이다. 그러므로 그 결과에 대해서 책임지는 자 또한 나 자신이다. 나는 내 삶의 결정권자이자 책임자이다.

7-37. “삶을 사는 것에는 두 가지 방법이 있다. 하나는 기적은 전혀 없다고 여기는 것이고, 또 다른 하나는 모든 것이 기적이라고 여기는 방식이다.”
– 아인슈타인

7-38. “우리가 무엇을 집어 들면, 그와 함께 우주 만물이 딸려 나온다.”
– 존 뮤어

7-39. 내가 선택한 것이 이루어지는 이유는 우주가 나를 돕기 때문이다. ‘하늘은 스스로 돕는 자를 돕는다.’ 우주는 나를 돕는 완벽하고 자비로운 시스템이다.

참자아는 자기를 삶의 창조자라고 생각합니다. 말하자면 자신의 행불행은 자신의 손에 달렸다고 믿는 것입니다. 달리 말하면 자신이 삶의 근원이고, 자신에게 일어난 모든 일의 원인을 자기 안에서 찾습니다. 그렇기 때문에 그는 누군가에게 의존하거나 매달리지 않고 자주적, 독립적으로 살아가는 자유인입니다. 참자아가 이렇게 생각할 수 있는 근거는 세계와 우주에 대한 그의 신념에 있습니다. 그는 이 우주를 자신을 돕는 자비로운 시스템으로 이해합니다. 이것이 참자아의 힘입니다. 사실 우리가 혼자서 할 수 있는 것은 아무것도 없습니다. 모든 생명체는 우주라는 큰 생명 안에서 서로를 돕는 상생적相生的 시스템 속에 살아가는 것입니다. 단 한 순간도 멈추지 않는 이 완벽하고 신비한 시스템 덕분에 우리는 살아갈 수 있는 것입니다. 이것을 제가 논리적으로 증명할 수도 없고, 논리적으로 증명할 능력도 마음도 없습니다. 사실 이것은 선택의 문제입니다. 하지만 여러분의 이해를 돕기 위해 예를 들어 설명해보겠습니다.

제 손에 지금 커피 한 잔을 들고 있습니다. 자, 그런데 이 커피를 제가 만들었습니까? 아닙니다. 이 커피는 간사님이 가져다 주셨습니다. 저는 그냥 받기만 한 것입니다. 우선은 간사님이 저를 도왔습니다. 그러면 간사님이 이 커피를 만들었나요? 아니죠. 매점에서 커피 믹스를 사가지고 오셨겠지요. 매점 주인이 도왔습니다. 매점 주인 역시 커피를 만들지는 않았겠지요. 커피믹스를 제조한 회사에서 사왔겠지요. 그러면 그 회사에서 커피를 만들었나요? 아니죠. 커피는 우리나라에서 나오지 않으니까 외국에서 수입해왔겠지요. 남미에서 수입했다고 칩시다. 남미에서 한국까지 운송해 온 사람들이 도왔습니다. 그런데 남미에 가면 커피가 하늘에서 떨어집니까? 그렇지 않죠. 농부들이 커피나무를 심고 키웠으니까 커피 열매가 열렸겠죠. 그러면 나무만 있으면 커피가 열립니까? 아니죠. 커피나무가 성장하기 위해서는 땅과 햇빛 그리고 바람과 비가 있어야 합니다. 그러기 위해서는 지구가 있어야 하고, 지구가 존재하기 위해서는 태양이 있어야 합니다. 태양이 존재하기 위해서는 빅뱅이 있어야 하죠. 보세요. 제가 커피 한 잔을 먹기 위해서 얼마나 많은 사람들이 도왔습니까? 사람만이 아니죠. 지구와 태양, 우주가 나를 도와준 겁니다. 놀랍지 않습니까? 우주가 돕지 않는다면 우리는 커피 한 잔도 먹을 수가 없는 것입니다.

이뿐만이 아닙니다. 우리는 공기가 없으면 살아갈 수가 없습니다. 우리가 공기를 만들었습니까? 자연이 만든 것입니다. 태어날 때 아무것도 갖고 나오지 않은 우리들이 지금까지 살아온 것은 모두 우주와 자연 덕분입니다. 이 우주는 항상 우리를 돕고 있습니다. 숨 쉬는 것부터 먹고 입는 일 등등 무엇을 해도 우주가 돕지 않는다면 우리는 혼자서는 아무것도 할 수 있는 일이 없습니다. 놀라운 일입니다. 우리는 결코 혼자가 아니고 혼자서 살 수도 없습니다. 무엇을 해도 우주가 작동해야만 합니다. 이 시스템 밖에서는 어떤 일도 일어날 수 없고, 이 시스템의 밖도 없습니다. 심지어 불행을 당하기 위해서도 우주가 도와야만 불행한 일이 일어날 수 있습니다. 우리가 진정으로 감사해야 할 대상이 있다면 바로 이 우주의 시스템입니다. 우리는 이 놀라운 시스템을 이용하는 사용자입니다. 이 우주의 사용료는 없습니다. 공짜입니다. 영어로 프리Free입니다. 프리는 자유라는 뜻이기도 합니다. 우주는 우리에게 어떤 것도 요구하지 않습니다. 우리를 심판하거나 벌을 주는 것이 아닙니다. 이 우주 안에서 우리는 자유인입니다. 모든 것은 자신의 선택과 책임입니다. 우주는 누구에게나 자신이 하고자 하는 것을 하게 도와주고, 보고 싶어 하는 것을 보여주는 것뿐입니다. 이 우주는 누구에게도, 어떤 것에도 의존할 필요가 없고, 비난할 수도 없게 되어 있는 그런 시스템입니다.

하지만 자신의 창조를 부정하는 것에서 인간의 모든 문제들이 생겨납니다. 왜냐하면 그렇게 되면 그는 자기 혼란에 빠지기 때문입니다. 이제 그는 스스로를 창조자라고 생각하지 않습니다. 자신을 세상과 사회의 피해자라고 생각합니다. 그렇게 되면 모든 것의 원인이 밖에 있다고 생각하는 거짓자아가 참자아를 대신하게 됩니다. 이제 그는 자신을 인지하지 못한 채 계속 불행을 창조하게 됩니다. 하지만 그는 자신의 불행에 대해서 이해하지 못합니다. 왜냐하면 그는 이 불행의 원인이 밖에 있고 자신은 불행을 선택하지 않았다고 믿고 있기 때문입니다. 이러한 인지적 혼란이 환상입니다. 원인을 자기 안에서 찾을 때만이 이러한 환상과 불행을 끝낼 수 있습니다.

그래서 책임을 지는 것이 중요합니다. 책임은 자신이 한 것을 자신이 했다고 인정하고 그 결과를 받아들이는 행위이기 때문입니다. 자신이 한 것을 인정하고 받아들이는 이 회심回心의 행위가 거짓자아에게는 자신의 죽음을 의미합니다. 그래서 거짓자아는 온갖 변명과 거짓말을 늘어놓으면서 책임지기를 한사코 거부하는 것입니다. 거짓자아가 죽을 때만이 참자아가 살아날 수 있습니다. 빛과 어둠이 공존할 수는 없기 때문입니다.

하지만 우리가 거짓자아로 살아갈 때조차 우리의 본성에는 어떠한 변화도 없고, 우주의 시스템도 변함없이 작동하고 있습니다. 말하자면 나는 거짓자아를 창조한 것이고, 우주는 나의 선택에 따라 나로 하여금 거짓자아의 삶을 경험할 수 있게 도와준 것입니다. 거짓자아에게 불행한 일들이 일어나는 이유는 바로 이것 때문입니다. 미운 오리새끼였을 때 미운 오리는 불행을 경험합니다. 하지만 백조라는 것을 깨닫고 백조가 되었을 때 그가 경험하는 것은 행복이었습니다. 하지만 그의 본래 정체성에는 어떠한 변화도 없었고, 세상도 변한 것이 아닙니다.

자신의 삶이 불행하다면 자신이 불행을 선택한 것입니다. 그 사람은 분명 우주를 잘못 이용하고 있는 것입니다. 자신에게 일어난 일의 원인이 밖에 있다고 믿고 있을 것입니다. 그러한 믿음을 갖고 살아가는 한 그 사람은 불행하게 살 수밖에 없습니다. 그에게 마음의 평화는 없습니다. 항상 과거와 미래 속에 살아갑니다. 거짓자아가 바라보는 세상은 결코 아름답지 않습니다. 그에게 세상은 두렵고 무섭고 막막한 곳입니다. 그에게 산다는 것은 결코 즐거운 일일 수 없습니다. 그는 사는 것이 너무 힘이 듭니다. 그에게 삶은 고통입니다.

이와는 반대로 행복한 사람은 행복을 선택한 것입니다. 그 사람의 본성이 다른 사람보다 우월해서가 아닙니다. 단지 그는 행복을 선택한 것뿐입니다. 그는 자신에게서 삶의 원인을 찾는 것을 선택한 것입니다. 그는 마음의 평화를 누리고 살아갑니다. 그는 자신이 자랑스럽고 자신감이 있습니다. 그가 보는 세계는 아름답습니다. 그에게는 시간이 없습니다. 그는 항상 지금 여기에 존재합니다. 그는 과거를 생각하거나 미래에 대해 염려하지 않습니다. 왜냐하면 그는 이미 그의 목적지에 도착했기 때문입니다. 사실은 한 번도 떠난 적이 없던 목적지이기도 합니다. 그에게는 지금 여기가 천국입니다. 제가 행복이라는 주제로 강의를 할 때 소개한 적이 있는 우화 '바다를 찾는 물고기'를 기억하고 계신가요? 바다는 이곳입니다. 저 멀리 어딘가에 있고 나는 언제가 미래에 그것을 찾을 것이라고 생각하는 것은 거짓자아의 환상입니다. 그 환상이 우리의 눈을 가려 지금 우리가 살고 있는 이곳을 단지 시시한 곳, 벗어나야 하는 곳으로 생각하게 만드는 것입니다. 천국은 바로 우리 눈앞에 펼쳐져 있었던 것입니다. 행복한 사람은 그것을 깨달은 자입니다.

이제 우리에게 남은 것은 선택입니다. 원인을 안에서 찾을 것인가 아니면 밖에서 찾을 것인가? 참자아를 선택할 것인가 거짓자아를 선택할 것인가? 능동과 긍정을 선택할 것인가 아니면 수동과 부정을 선택할 것인가? 볼 것인가 생각할 것인가? 현재를 선택할 것인가 과거와 미래를 선택할 것인가? 천국을 선택할 것인가 지옥을 선택할 것인가? 행복을 선택할 것인가 불행을 선택할 것인가?

의식의 방향을 바꾸어 내면을 향하게 하는 일은 어려운 일이 아닙니다. 복잡한 일이 아닙니다. 단지 깨어 있는 것입니다. 이것 하나만 하면 됩니다. 이 단순한 선택을 지속적으로 계속하는 것입니다.

어떤 것이 옳은 것인지를 머리로 헤아려서 알려고 하지 마십시오. 옳고 그름이 없습니다. 단지 선택의 결과가 다른 것뿐입니다. 생각에 의지하면 끝이 나지 않습니다. 결코 생각의 미로 속에서 빠져나오지 못할지도 모릅니다. 삶은 선택의 문제입니다. 생각을 하지 마시고 한번 실험 삼아 시도해보십시오. '열매를 보면 나무를 안다'는 말이 있습니다. 좋은 나무는 좋은 열매를 맺고 나쁜 나무는 나쁜 열매를 맺는 것입니다. 선택과 체험의 결과로 판단하시면 됩니다. 이제 마지막으로 짧은 이야기 하나를 소개하고 오늘 강의를 끝마치겠습니다. 철학적 의미가 듬뿍 담긴 이야기입니다. 그 의미에 대해서 설명은 하지 않겠습니다. 잘 음미해보시기 바랍니다.

7-40. 정육점 주인과 손님 사이의 대화

"이 집에서 제일 좋은 고기를 주시오."

손님이 말했다. 그러자 정육점 주인이 대답한다.

"우리 집 고기는 모두 최상급입니다. 최상급이 아닌 고기는 우리 집에 없습니다."

묻고 답하기

1. 저는 가까운 사람의 배신으로 재산을 날리고 오히려 빚만 지고 있습니다. 현재 부모님의 도움을 받으면서 힘들게 살고 있습니다. 그 일을 생각하면 화가 치밀어 지쳐 쓰러질 지경인데, 그 생각을 내려놓기가 너무 힘듭니다. 이러다가 정신병자가 되는 건 아닌지 겁도 납니다. 선생님, 어떻게 하면 이런 지옥 같은 고통에서 벗어날 수 있을까요?

지금 마음이 몹시 힘드실 것 같습니다. 이 문제를 같이 한번 풀어봅시다. 제 말이 냉정하게 들리실 수도 있겠지만 위로만 한다고 해서 문제가 해결되는 것은 아니기 때문에 이해를 하시고 제 말을 들어주셨으면 합니다. 먼저 해야 할 일은 부정적인 감정으로부터 해방되는 일입니다. 감정에 끌려가면 아무것도 되는 일이 없습니다. 제가 강의를 통해 알려드린 방법을 자신에게 적용해서 감정을 다스리시기 바랍니다. 그렇게 해서 마음이 어느 정도 평정을 찾게 되면 그때 그 사건을 재해석하는 겁니다.

질문하신 분께서 화가 나는 이유는 '나는 당했다. 나는 피해자'라는 생각과 '잃어버린 돈'에 대한 집착 때문입니다. 강박과 집착이기 때문에 계속 그 생각을 하는 것입니다. 하지만 집착만큼 사람에게 해로운 것은 없습니다. 우선은 '당했다'는 생각을 내려놓아야 합니다. '당했다'는 생각은 자신에게 매우 해로운 생각입니다. 그 생각에 계속 집착하면 다른 것은 아무것도 할 수가 없습니다. 그 집착이 삶을 지배하게 됩니다. 그 일이 그 일로 끝나는 것이 아니라 앞으로의 삶 전체를 잡아먹을 수도 있습니다.

사건을 되돌려 보십시오. 그 사건에서 나의 책임은 없는 것인가? 어떻게 해서든 나의 실수와 책임을 찾아내야만 합니다. 그 일에서 나는 오직 피해자일 뿐인가 아니면 나의 책임도 있는 것은 아닌가 하는 점을 면밀히 따져봐야 합니다. 혹은 내가 욕심을 낸 것은 아니었던가요? 그런 부분은 없었나요? 그것이 아니라면 최소한 그런 나쁜 놈을 알아보지 못한 것은 나의 실수 아닌가? 그렇죠. 그것이 출발점이네요. 내가 만약 그 사람을 좀 더 깊이 있게 알았더라면, 이런 일은 아예 시작되지 않았을 수도 있었습니다. 그것이 나의 책임입니다. 그런 놈이라는 것을 알았더라면 배신당하는 일도 없었을 것입니다.

만약 나의 책임을 받아들일 수 있다면, 그 일은 당한 것이 아니라 내가 실수한 일이 됩니다. 그렇게 되면 감정의 색깔도 바뀌고 최소한 피해의식으로부터는 빠져나올 수 있습니다. 사람은 실수하는 존재입니다. 사람은 실수와 실패를 통해서만 배울 수 있도록 되어 있습니다. 그렇기 때문에 '용서'라는 덕목은 매우 중요합니다. 다른 사람의 실수이든 나의 실수이든 용서할 수 있는 마음을 가져야 합니다. 용서는 삶에서 반드시 배워야 할 덕목입니다. 용서할 수 없다면 인간은 과거로부터 해방될 수가 없습니다.

이런 작업들이 쉽지 않은 일이고 시간도 좀 걸릴 것입니다. 하지만 포기하지 말고 계속하시길 권합니다.

2. 저는 미래에 대한 불안감이 큽니다. 언젠가는 직장도 그만둘 것이고 병도 들 것이고 늙을 것이고 아이들은 저한테 더 많은 요구를 할 것이라는 생각이 듭니다. 그래서 남들처럼 맘 편히 놀러가지도 못하고 그렇다고 능력이 좋아 돈을 더 벌 방법이 있는 것도 아닙니다. 항상 걱정과 두려움 속에서 미래에 대한 대비를 하고 살아야 한다는 생각에 마음은 늘 긴장되고 거의 전시 직전의 상태입니다. 어떻게 하면 이런 두려움에서 벗어나 현재를 즐기며 살 수 있을까요?

이 문제는 질문하신 분만의 문제는 아닙니다. 많은 사람들이 겪고 있는 내면의 문제입니다. 간단하게 말하면 이것은 거짓자아가 만들어 내는 환상입니다. 거짓자아는 항상 삶에 대해 두려워하는 존재입니다. 하지만 미래에 대한 염려와 근심 걱정은 삶에 전혀 도움이 되지 않습니다. 도움이 안 되는 정도가 아니라 해롭습니다. 그 시간에 실제적인 일을 하는 것이 도움이 됩니다. 하지만 사람들도 머리로는 그렇다는 것을 잘 압니다. 그럼에도 근심 걱정을 쉽게 내려놓지 못합니다. 이 문제는 결코 쉬운 문제가 아닙니다. 이 문제는 참자아와 관련된 문제이기 때문입니다. 참자아를 회복하기 전까지 우리를 끈질기게 괴롭힐 것입니다.

계속 말씀드리는 것이지만, 우선 그 불안이나 두려움 같은 감정과 싸우지 마십시오. 그것을 없애려고 할수록 더욱 힘들어집니다. 미래에 대한 두려움은 의식이 미래라는 밖으로 나가서 미래에 대해 생각하기 때문에 발생하는 것입니다. 문제의 핵심은 의식이 밖으로 나가는 것에 있습니다. 그렇기 때문에 해결책은 의식을 안으로 돌려서 그 생각을 지켜보는 것입니다. 그때 나는 현재에 있게 됩니다. 생각을 지켜보는 순간 감정은 약화되기 시작합니다. 하지만 제 경험에 비춰봤을 때 잠깐 지켜보다가 또다시 의식이 미래로 나가버릴 것입니다. 그러면 다시 되돌려야 합니다. 아마도 이런 일이 계속 반복될 것입니다. 하지만 계속해야 합니다.

미래에 대한 근심 걱정이 강하게 몰려와서 견디기가 힘들 때에는 이렇게 해보십시오. 저도 아주 힘들 때 사용하는 방법입니다. "모든 게 잘 될 거야, 잘 될 거야, 우주가 나를 돕기 때문에, 우주가 내 편이기 때문에 다 잘 될 거야."라고 마음이 진정될 때까지 계속 자기 자신에게 말하는 겁니다. 이렇게 자기 자신에게 주문을 걸든 아니면 마음을 지켜보든 둘 중에 하나를 해야 합니다. 해서는 안 될 것은 미래에 대한 부정적 상상을 하는 것과 감정과 싸우거나 억압하는 것입니다.

3. 미래에 대한 불안은 안 좋은 것이지만 미래에 대한 희망은 필요한 것 아닌가요? 미래에 대한 생각은 모두 안 좋은 것인가요?

매우 좋은 질문입니다. 희망이라는 말은 매우 좋은 말이긴 한데요, 저는 이 말이 사람들을 상당히 헷갈리게 하는 말이라고 생각합니다. 꿈과 목표가 있다는 것은 좋은 일입니다. 그리고 내가 하고 싶은 일이나 꿈이 이루어진 것을 마음속으로 상상하는 것도 다 좋습니다. 이럴 때 희망은 꿈과 같은 의미겠죠. 하지만 "그 꿈은 반드시 이루어져야만 한다. 그것이 안 이루어지면 내 인생은 끝장이다"라고 생각하면 그것은 희망이 아니라 강박이고 집착이 됩니다. 왜냐하면 그 생각에는 지금 나의 현재는 문제가 많고 가치가 없다고 하는, 즉 현재의 부정이 전제되어 있기 때문입니다. 그러면 현재를 잃어버리게 됩니다. 현재를 살지 못하고 현재에 최선을 다하지 못하면 결국 그 꿈도 이루어지지 않습니다. 꿈의 역설은 미래를 생각하는 것이 아니라 현재에 몰두할 때 이루어진다는 것입니다.

현재에 존재한다는 것은 쉬운 일이 아닙니다. 현재야말로 우리의 목적지입니다. 현재에 오롯이 존재하는 자만이 진정 행복한 자입니다. 현재에 존재하는 자가 미래를 결정하고 지배합니다. 현재에 존재하는 자가 미래를 창조합니다. 삶은 논리가 아니라 역설입니다. 그래서 무엇보다도 중요한 것은 현재를 즐기며 사는 것입니다. 사실 우리는 현재 이외에서는 살 수가 없습니다. 있는 것은 오직 현재이기 때문에 그렇습니다. 그러니까 저는 희망이라는 말을 잘 사용해야 한다고 봅니다.

앞에서 우리가 읽은 말이지만 다시 한 번 더 인용하겠습니다. "여기 이 순간이 아닌 다른 곳에 있으려고 하는 자의 삶에는 많은 괴로움이 찾아든다." 이 말을 잊지 마시기 바랍니다.

4. 선생님께서는 미래는 창조의 영역이라고 하셨는데, 어떻게 미래를 창조한단 말씀이신가요?

사실 우리는 항상 창조하고 살고 있습니다. 참자아는 참자아의 삶을 창조하고 거짓자아는 거짓자아의 삶을 창조한다는 것이 다를 뿐입니다. 그러므로 우리가 해야 할 일은 참자아로 살아가는 것입니다. 저는 무엇보다도 내면의 정서가 바뀌어야 한다고 봅니다. 무겁고 어두운 정서를 가진 사람의 미래는 어두울 수밖에 없습니다. 반면에 정서가 건강한 사람은 밝고 긍정적인 삶을 창조합니다. 저는 이것이 삶의 이치라고 생각합니다. 복잡하게 많은 생각을 하지 마시고 감정을 정화하고 마음 편하게 매일매일을 사는 것에 주력하시길 바랍니다.

5. 선생님께서 말씀하신 것처럼 내 안에서 원인을 찾아야 한다는 것은 저도 맞다고 생각합니다. 하지만 원인이 내 안에 없는 경우, 그러니까 어떤 외부의 힘에 의해서 내 힘으로는 어찌 할 수 없는 일을 당하거나 우연히 나도 모르게 당하는 수가 있지 않습니까? 그런 경우에는 어떻게 대처해야 하고 어떤 마음을 먹고 어떻게 행동해야 하는지 그것에 대해 이야기를 듣고 싶습니다.

현상적으로 보면 다른 사람들에 의해 어쩔 수 없이 당하는 일이 일어납니다. 질문하신 분이 듣기에는 좀 억지라고 생각할 수도 있겠지만 저는 그걸 우연이라고 해석하지 않습니다. 어떤 일이든 사건을 거슬러 올라가보면 내가 개입한 부분, 내가 선택한 영역이 나옵니다. 그러니까 저는 심지어 이렇게까지 생각합니다. 제가 어두운 골목길을 가다가 깡패를 만나서 돈을 뺏겼다면 깡패한테 당한 거죠. 그럼 저도 화가 나겠죠. 그런데 집에 와서 다시 생각합니다. '아니야 그 골목길에 들어간 건 내 책임이야. 다음부터는 밝은 데로 다니자. 당한 것이 아니라 나의 실수야.' 이렇게 생각합니다. 그러면 감정이 가라앉습니다. 사건을 바라보는 관점의 문제입니다. "그게 과연 당한 거냐. 아니면 내 실수이고 내 선택이고 내 책임이냐?”

내 선택이 아닐 때는 어떻게 합니까?

‘내 선택이 아니었다’라는 생각이 이미 선택입니다. 즉 ‘내 선택이 개입되어 있었다’와 ‘내 선택이 아니었다’라는 두 개의 해석 중에 하나를 이미 선택하고 있는 것입니다. 그래서 저는 우리의 삶에서 자신의 선택 또는 자신이 개입되지 않은 것은 없다고 생각합니다. 아마도 이 말을 받아들이기가 힘들 것입니다. 하지만 가만히 생각해보십시오. 일반적인 선택과는 조금 다르지만 어쨌든 두 개의 생각 중에 하나를 선택한 것입니다. 그렇지 않습니까? ‘내 선택이 아니었다’와 ‘내 선택이었다’ 둘 중에 하나를 선택한 것입니다. 어느 것이 옳고 다른 것은 틀렸다는 것이 아닙니다. ‘내 선택이 아니었다’라고 생각해도 됩니다. 그것이 틀렸다고 말하는 것이 아닙니다. 자판기를 생각해보십시오. 그것과 유사하다고 생각하면 됩니다. ‘내 선택이었다’와 ‘내 선택이 아니었다’라는 메뉴가 있는 자판기입니다. 단지 버튼을 눌렀을 때 나오는 것이 다른 것뿐입니다. ‘내 선택이었다’를 누르면 행복이 나오고 ‘내 선택이 아니었다’를 누르면 고통이 나오는 자판기입니다.

그래서 저는 어떻게 해서든 내가 선택한 부분을 찾으려고 노력합니다. 아무리 ‘당했다’는 생각이 마음을 뒤덮고 있다 해도 반드시 ‘틈’이 있습니다. 그 틈을 찾아내서, 그 틈을 뚫고 나가야 합니다. 그렇게 해서 마음의 바탕으로 나가야 합니다. 마음의 바탕에서 보면 내가 개입이 되어 있는 부분이 반드시 나옵니다. 그렇게 해서 내 선택과 내 책임을 찾아내야 합니다. 그래야 삶의 주도권을 남에게 뺏기지 않고 내가 삶의 주인이 되는 겁니다. 당한다는 것은 내가 삶의 주인이 아니라는 거죠? 주도권을 내가 못 가지죠. 그렇죠? 얼핏 보면 일방적으로 당했다는 생각이 더 설득력 있게 다가옵니다. 하지만 저는 그게 100% 옳다고 생각하지는 않습니다. 찾아보면 내가 개입할 수 있는 여지가 분명히 있습니다. '나는 당하는 경우가 없다. 어떻게든 내가 개입되어 있다. 그래서 난 어떤 경우에도 일방적으로 당하지 않는다. 당하는 것 자체가 없다.' 저는 그런 믿음을 선택합니다. 물론 내공이 뛰어난 사람은 일체 당했다는 생각을 안 하겠지만, 저도 아직은 내공이 모자라서 계속 노력하고 있습니다.

일본 지진 때문에 방사능이 한국으로 넘어 온다고 하는데 그런 문제는 어떻게 생각해야 합니까? 그건 나의 잘못이 아니잖아요?

다시 밖으로 나갔습니다. 밖이 주도권을 쥐고 있다고 계속 생각을 하는 겁니다. 문제는 그럴수록 밖이 점점 더 주도권을 쥐게 된다는 것입니다. 제 말은 그 생각이 틀렸다는 것이 아닙니다. 이것은 옳고 그름의 문제가 아니라 선택의 문제입니다. 문제는 그 선택의 결과가 무엇인가 하는 점입니다.

이해를 돕기 위해 제 체험을 말씀드리겠습니다. 저는 2남 1녀의 막내로 태어났습니다. 저의 집안은 결코 화목한 집안이 아니었습니다. 아버지는 폭력적이셨고, 엄마는 평생 아프셨습니다. 하루가 멀다 하고 큰소리가 나고 물건들이 날아다니고, 형도 아버지를 닮아서 매우 폭력적이었습니다. 누나도 성격이 평범하지 않았습니다. 상당히 이기적인 성격이었습니다. 어떤 집안이었을지 감이 오시죠. 그런 집안에 막내로 제가 태어났습니다. 어릴 땐 그냥 무방비로 당하는 거죠. 그래서 저는 어릴 때부터 불행이 뭔지 알게 되었습니다. 식구들에 대한 불만과 원망도 많았습니다. 하지만 더 근본적인 고민은 '난 왜 이런 이상한 집에 태어났을까?' 하는 것이었습니다. 내가 전생에 죄를 많이 지어서 그런가? 별 볼일 없는 사람은 이런 집안에서 태어나는 것인가? 등등 많은 생각을 했습니다.

그러다가 어느 날 이 집에 태어난 것도 나의 선택이었다고 생각하면서 그 문제로부터 풀려나올 수 있게 되었습니다. '내가 선택한 거야. 내가 잘못한 것이거나 내가 못나서 그런 것이 아니야'라고 마음을 바꿨을 때 제가 해방됐어요. '이런 환경을 경험해보고 싶어서 그리고 그것을 극복해보고 싶어서 이런 집을 선택한 거야'라고 생각을 바꾸었습니다. 그때부터 사람들이 있는 그대로 보이기 시작했어요. '아, 이 사람들 진짜 힘들고 어렵게 사는구나.'(웃음) 그 전에는 그 사람들이 강자로 보였습니다. 날 괴롭히는 사람이니까 강자잖아요. 무섭고. 그리고 나는 약자니까 당할 수밖에 없다고 생각한 거죠. 그런데 생각을 바꾸고 나니까 '참 안됐다'는 생각이 들더라고요. 생각의 전환이 이렇게 힘이 큽니다. 생각을 바꾸면 모든 게 다 바뀝니다. 왜 그럴까요? 그게 실제가 아니라 내가 만든 필름이었기 때문입니다. 스크린 자체는 백지입니다. 필름과 관계없는 내용이 스크린에서 펼쳐지는 것이 아닙니다. 필름이 바뀌면 영화가 바뀌는 거죠. 그렇죠?

그 필름을 누가 만드느냐? 그건 자기 자신이죠. 내 선택이 아닌 이미 만들어져 있는, 내가 바꿀 수 없는 그런 필름은 없다. 저는 그렇게 생각합니다.

자신의 생각이 어디에 있는지를 들여다보셔야 합니다. 제가 보기에 질문하시는 분은 주도권이 밖에 있다고 생각하기 때문에 그 위치에서 계속 비슷한 질문을 하는 겁니다. 그러니까 그 전제를 바꿔야 해요. 물론 이게 쉬운 것은 아닙니다. 돌아왔다가 다시 나가고 깨달았다가 다시 나가고 그럽니다. 하지만 꾸준히 자기의 마음과 생각을 계속 들여다보고 다시 선택을 해야 합니다. 제가 강의를 해보면 질문이 다 거기서 나와요. 사례만 다를 뿐 다 거기서 나옵니다.

6. 저는 선생님 말씀이 옳다고 생각합니다. 하지만 제가 그렇게 하려고 해도 사회가 나를 가만히 두지를 않더라고요. 왜냐하면 생활비나 학원비 같은 일로 현실적으로 어려움에 닥치면 그걸 잊게 되는 거예요. 지금 선생님이 말씀하신 것이 다 옳지만, 현실에서는 정말 갈등되고 힘들거든요.

예. 말씀하신 대로 굉장히 어렵습니다. 하지만 이런 노력을 하지 않으면 사는 게 더 힘들어집니다. 그래서 저는 우선 방향설정이 중요하다고 봅니다. 저도 수없는 난관에 부딪쳤고 지금도 계속 힘이 듭니다. 하지만 저는 이 방향이 잘못된 것이라고 생각하지는 않습니다. 왜냐하면 이 원리가 잘못된 거라면 이 세계는 없어져야 할 세계다, 이렇게 생각합니다. 이런 말도 안 되는 세상이 세상에 어디 있나요? 저는 그래서 제가 잘못하면 그건 제 노력 부족이라고 생각합니다. 내가 한계에 부딪친 거지, 철학의 원리 자체가 이상한 건 아니다 그렇게 생각합니다.

우리가 이런 실천의 어려움에 대해서 한 가지 알아두어야 할 정보가 있습니다. 자기 생각과 습관의 강도強度가 있잖아요. 대부분 사람들이 이것을 굉장히 오랜 기간에 걸쳐 쌓았기 때문에 그 강도가 강합니다. 그래서 이 습관을 새로운 것으로 바꾸려면 시간이 걸리거든요. 그래서 십년공부라는 말이 있잖아요. 그렇죠? 그 정도로 긴 시간 동안 노력해야 합니다. 뇌 과학자들에 의하면 뇌에 A라는 자극이 들어올 때 B라는 생각을 하고 그것을 반복적으로 오랜 기간 하면 A-B의 뇌 회로가 만들어진다고 합니다. 일단 뇌 회로가 강하게 형성되면 그다음부터는 자동적으로 A라는 자극 또는 현상에 대해서 B라고 생각한다는 겁니다. 그렇게 되면 그 사람에게 B라는 것은 생각이 아니라 진리이고 현실이 됩니다. 그래서 새로운 생각을 하는 것이 아주 어렵습니다. A라는 현상에 대해 C라고 생각하기 전에 벌써 B라고 생각하고 있는 것입니다. 그래서 의지를 가지고 노력을 하지 않으면 예전의 사고 습관으로 되돌아갑니다. 자동이에요. 자동으로 그렇게 되게 되어 있어요. 우리가 운전도 처음에는 생각해가면서 하지만 나중에는 자동으로 하잖아요? 뇌 회로가 형성되었기 때문입니다. 그래서 원래는 뇌 회로가 형성되는 것은 우리한테 좋은 겁니다. 그런데 이런 경우가 좀 어렵죠. 자동으로 되어 있는 것을 멈추고 '아니야 C야' 이 생각을 하게 하는 게 아주 힘들죠. 그래서 제가 어떤 노력을 해보았나 하면요. 늘 오른손으로 밥을 먹다가 어느 날은 왼손으로도 밥을 먹어보자 마음을 먹고 해봤어요. 보통 때는 돼요. 그런데 시간이 없고 급할 때는 왼손으로는 안 됩니다. 자동적으로 오른손으로 먹게 되더라고요. 그래서 습관을 바꾸려면 절박해야 해요. 제가 코끼리 이야기 해드렸죠? 기억나시죠? 코끼리가 그 밧줄을 끊을 수 있을 때는 불이 나서 '아, 탈출 안 하면 죽는구나' 이런 절박함이 있을 때 밧줄을 끊을 수 있다고 했죠. 내 인생을 바꾸려면 그런 절박함이 필요합니다.

공자는 '배우고 때때로 익히니 또한 기쁘지 아니한가'學而時習之 不亦說乎라고 말합니다. 배움과 익힘(습관화)은 둘 다 중요한데, 제가 보기에 익히는 게 사실 훨씬 더 중요합니다. 배우는 것은 좋은 선생님을 만나면 제대로 배울 수 있어요. 하지만 익히는 건 자기가 해야 합니다. 아는 것을 자기의 것으로 만들어가는 과정이 익힘이고 습관을 만드는 것이죠. 다른 말로 하면 가슴과 몸으로까지 체험하는 것 그것이 익힘입니다. 그럼 배움과 익힘의 핵심이 뭐냐? 공자는 그것을 기쁨이라고 말하고 있습니다. 공자는 배우고 익히는 것이 기쁘다고 했습니다. 이 작업을 하면서 기쁘고 즐거워야 합니다. 사실 내 인생을 내 것으로 만드는 것은 기쁜 일 아닙니까? 내가 노예의 상태에서 해방된다는 기쁨. 그걸 느껴야 합니다. 억지로 하면 안 돼요. 억지로 할 수도 없고요. 기쁨과 즐거움이라는 감정은 에너지이고 연료입니다. 그 연료를 연소시켜서 그 힘으로 계속 해나가는 것입니다.

8

죽음은 독배인가, 묘약인가?

"모든 꽃이 시들듯이 청춘이 나이에 굴복하듯이
생의 모든 과정과 지혜와 깨달음도
그때그때 피었다가 지는 꽃처럼 영원하진 않으리.
삶이 부르는 소리를 들을 때마다 마음은 슬퍼하지 않고
새로운 문으로 걸어갈 수 있도록 이별과 재출발의 각오를 해야만 한다.
무릇 모든 시작에는 신비한 힘이 깃들어 있어
그것이 우리를 지키고 살아가는 데 도움을 준다.
우리는 공간들을 하나씩 지나가야 한다.
어느 장소에서도 고향에서와 같은 집착을 가져선 안 된다.
우주의 정신은 우리를 붙잡아두거나 구속하지 않고
우리를 한 단계씩 높이며 넓히려 한다.
여행을 떠날 각오가 되어 있는 자만이
자기를 묶고 있는 속박에서 벗어나리라.
그러면 임종의 순간에도 여전히 새로운 공간을 향해
즐겁게 출발하리라."

헤르만 헤세의 「생의 계단」 중에서

희망의 인문학 | 철학 강의 8

죽음은 독배인가, 묘약인가?

—삶과 죽음의 뫼비우스 띠

안녕하세요? 수업 시작하겠습니다.

오늘은 우리 강의의 마지막 날입니다. 마지막 시간인 오늘 우리가 탐구할 주제는 '죽음'입니다. 우리 강의뿐 아니라 철학에서도 마지막으로 넘어야 할 산이 바로 죽음입니다. 죽음은 철학에서 가장 어려운 주제이기도 하고 반드시 해결해야 할 문제이기도 합니다. 어떤 철학자는 이 문제를 해결하지 못한 철학자는 철학자가 아니라고 말할 정도로 철학적 의미와 가치를 지닌 문제입니다. 철학자들이 이처럼 죽음의 문제를 중요시하는 이유는 이 문제를 극복하게 될 때 우리에게 얻어지는 것이 그만큼 많기 때문입니다. 철학자들은 죽음을 올바로 알 때 삶을 올바로 이해할 수 있고, 죽음의 공포에서 해방된 자만이 참 자유인이라고 말합니다.

죽음에 관한 자료를 조사하다가 인터넷에서 재미있는 글을 보았습니다. 소개해보겠습니다. "사람들이 죽음에 대해 아는 것은 다섯 가지다. 첫째, 누구나 죽는다. 둘째, 순서가 없다. 셋째, 아무것도 가져가지 못한다. 넷째, 아무도 대신할 수 없다. 다섯째, 경험이 불가능하다." 다 맞는 말이죠? 하나도 틀린 말이 없습니다. 누구나 죽고,

언제 죽을지 아무도 모르고, 아무것도 가져갈 수 없으며, 누구도 대신할 수 없습니다. 그리고 단 한 번밖에 일어나지 않는 일회성의 사건이 죽음입니다. 말하자면 살아 있는 사람은 죽음을 경험할 수가 없습니다. 죽음은 이토록 매우 특이한 것입니다.

여기에 사족처럼 한마디를 덧붙여 보자면 죽음은 매일 그리고 도처에서 일어난다는 것입니다. 그럼에도 사람들이 애써 외면하고자 하는 것이 죽음이라는 현상입니다. 문제는 바로 이것입니다. 우리는 죽음을 외면하고 싶어 한다는 것입니다. 죽어가고 있는 사람도, 그것을 바라보는 사람들도, 그리고 그 죽음을 처리해야만 하는 사람들도 모두 죽음을 꺼림칙하게 생각하고, 할 수만 있다면 그것에서 도망가고 싶어 합니다. 왜 사람들은 매일 그리고 도처에서 일어나고 있으며 아무리 애를 써도 부정할 수 없는 자연의 현상인 죽음에 대해 그토록 거부감을 가지고 있는 것일까요? 우리가 죽음에 대해서 무언가 잘못 알고 있는 것은 아닐까요? 죽음은 우리에게 피할 수 없는 것입니다. 그렇기 때문에 저는 살아생전에 최소한 한번쯤은 이 문제와 대면해야 하는 것이 자신의 삶에 대한 의무라고 생각합니다. 오늘 이 문제를 여러분과 함께 풀어보고자 합니다. 오늘 받으신 글을 읽고 나서 계속하겠습니다.

1. 죽음은 삶의 끝인가?

8-1. 삶에게 가장 큰 미스터리는 죽음이다. 왜냐하면 죽음은 자신의 부정이기 때문이다. 삶은 죽음을 이해할 수가 없다. 왜냐하면 그것은 모든

것의 끝을 의미하기 때문이다.

8-2. 죽음으로 나의 삶은 끝난다. 나는 소멸되고 무無가 된다. 모든 것이 끝난다는 것이 가능한 것인가? 모든 것이 끝난다는 것은 도저히 상상이 되지 않는다. 그래서 삶은 어찌할 바를 모르는 것이다. 두렵고 무서울 뿐이다. 죽음은 무에 대한 공포이다.

8-3. 살아 움직이던 것이 딱딱한 것으로 변하고 얼마 지나지 않아 썩어서 사라지는 것. 이것을 어떻게 받아들일 수가 있단 말인가? 나와 함께 대화했고, 같이 식사했던 사람을 이제 다시는 볼 수 없다는 현실을 어떻게 받아들일 수가 있겠는가?

8-4. 이러한 현실에 삶이 대처하는 유일한 방식은 그것을 외면하는 것이다. 최대한 보지 않고 생각하지 않는 것이다. 삶이 할 수 있는 것은 이것뿐이다. 죽음 자체를 부정할 수는 없다. 아니 부정이 안 된다. 그렇다면 내가 할 수 있는 일은 도망치는 것뿐이다. 삶은 이렇게 생각하고 있다.

8-5. 하지만 죽음은 도처에서 출몰한다. 시간도 죽음의 편이다. 그는 어디에서 나타날지 모른다. 죽음은 필연적 가능성이다. 삶은 죽음의 적수가 되지 않는다.

존재의 소멸. 말하자면 숨이 멎고, 몸이 딱딱해진 후, 썩어서 해체되는 것이 사람들이 생각하는 죽음입니다. 또한 죽음은 육체의 주인에게 부여되었던 사회적 자아social ego의 모든 기능을 정지시켜버립니다. 그는 직장에 나갈 수도 없고, 지하철을 탈 수도 없으며, 그 누구도 그에게 전화할 수 없습니다. 그의 가족들도 더 이상 그와 대화를 나누거나 함께 밥을 먹을 수 없습니다. 그는 기억과 기록 속에서만 존재하게 됩니다. 이제 그는 이 세상 어디에도 존재하지 않는 사람입니다. 자신이 사랑했던 사람과 영원히 만날 수 없다는 생각은 정신이 도저히 감당할 수 없는 충격이자 재난입니다.

우리의 정신은 변화에 대해서는 익숙하고 그것에 나름대로 대처해왔습니다. 하지만 존재의 소멸이라는 것은 정신이 다룰 수가 없는 소재이어서 정신에게는 너무나 막막한 것입니다. 도무지 생각을 할 수가 없습니다. 왜냐하면 무에 대해서는 어떤 생각도 할 수 없기 때문입니다. 한마디로 존재의 소멸은 정신에게 황당한 일입니다. 그래서 사람들에게 죽음은 두렵고 무서운 것으로 다가옵니다. 특히 자신이 소멸되어 없어진다고 생각하면 강한 공포가 밀려옵니다. 자신의 소멸이라고 하는 것은 정신에게는 이해할 수 없는 불가해한 현상입니다.

이처럼 죽음은 불길한 일이고, 회피하고 외면하고 싶은 꺼림칙한 사건입니다. 또 어떤 사람들은 죽음을 하나의 심판이거나 처벌처럼 받아들입니다. 그래서 현대 사회에서 죽음에 대해서 생각하거나 대화하는 것은 모두가 암묵적으로 동의하는 금기입니다. 사람들은 죽음에 대해서 생각하려 하지 않고 이야기도 하지 않습니다. 그렇지 않나요? 왜냐하면 그들이 알아채고 있지는 못하겠지만, 존재의 소멸이라는 것은 정상적인 사고로 다룰 수 있는 한계 너머의 것이기 때문입니다. 말하자면 존재의 소멸로 정의된 죽음의 관념 자체는 죽음에 대해 더 이상 생각할 수 없게 만드는 정의입니다. 이러한 정의는 죽음이 삶의 울타리이며, 우리는 그 울타리 안에서 일어나는 일에 대해서만 이야기할 수 있다는 신념을 바탕으로 하기 때문입니다.

죽음에 대한 정의는 단지 죽음에 대한 정의만이 아닙니다. 그것은 동시에 '삶과 사고의 한계'에 대한 정의인 것입니다.

하지만 사람들이 회피하려고 해도 언젠가는 죽음이 도래하고 그것에 대해서는 어떠한 대책도 없습니다. 죽음은 필연적인 것입니다. 그것은 언젠가는 반드시 일어납니다. 인간으로 태어난 이상 죽음을 피할 수는 없습니다. 죽음은 필연적 가능성입니다. 사람들이 할 수 있는 일은 되도록 죽음이 오는 시기를 늦추려 노력하는 것뿐입니다. 하지만 그런 노력으로 얻을 수 있는 것은 한시적 안도감뿐입니다. 머지않아 죽음의 징후가 나타날 것이고 죽음의 공포가 삶에 드리워질 것입니다.

암과 같은 불치의 병에 걸려서 죽음을 준비해야 하고 죽음을 받아들여야 하는 사람들과 그의 가족에게 죽음은 불행이며 형벌입니다. 육체적 고통 이상으로 환자 자신이나 가족 모두를 괴롭히는 것은 죽음이 다가오고 있고 조만간 그것이 현실화된다고 하는 죽음에 대한 심리적 고통입니다. 배우자나 가족의 죽음은 감당하기 힘든 마음의 상처를 남기고 그것을 회복하는 데는 많은 시간이 걸립니다. 이처럼 죽음의 문제는 경험의 문제라기보다는 오히려 심리적인 문제입니다. 말하자면 죽음이라는 사건 자체가 아니라 죽음에 대한 관념과 해석이 문제를 일으키는 것입니다.

사실 죽음의 순간에 느끼는 공포는 그리 크지 않을 수 있습니다. 아무도 죽음을 경험할 수는 없기 때문에 그 고통이 어떠한지 우리는 알 수 없습니다. 어쩌면 죽음에 대한 공포는 상상의 산물일 수도 있습니다. 그럼에도 죽음에 대한 두려움은 사는 내내 삶에 붙어 다닙니다. 어느 정도 나이가 든 이후에 사람들은 계속 죽음의 공포를 느끼며 살아갑니다. 죽음에 대한 생각이 해로운 것은 이처럼 삶을 방해하기 때문입니다. 그래서 죽음은 죽음에 직면한 사람들만의 문제가 아니라 삶의 문제이자 인간의 문제인 것입니다. 그렇습니다. 죽음은 삶의 그림자입니다. 이 둘은 떼어놓을 수 있는 것이 아닙니다. 왜냐하면 살아 있다는 것은 언젠가는 반드시 죽는다는 것을 전제하고 있기 때문입니다.

죽음을 소멸로 정의하는 관점으로 삶을 보았을 때 우리의 삶은 매우 초라해집니다. 아니 우리의 존재 자체가 초라해집니다. 결국 죽을 수밖에 없는 삶을 사는 것이 인간이기 때문입니다. 우리는 그런 존재에 불과한 것인가요? 인생은 그렇게 허무한 것인가요? 그렇다고 한다면 마음이 슬퍼지고 우울해집니다. 이처럼 죽음은 우리가 의식하지 못하고 있었지만 아니 그것을 애써 외면해왔지만 사실은 우리를 무겁게 짓누르고 있었던 것입니다.

하지만 이러한 죽음의 관념이 죽음에 대한 하나의 해석일 뿐이라면 상황은 매우 달라집니다. 아니 그것이 죽음에 대한 오해라면 하나의 반전이 일어납니다. 그리고 그 반전은 예상을 뛰어넘는 대규모의 반전일 것입니다. 모든 것이 뒤바뀝니다. 먼저 글을 읽겠습니다.

8-6. 육체가 부패하고 해체된다는 사실에서 내가 소멸된다고 하는 결론이 필연적으로 도출되지는 않는다. 육체가 죽는다는 것, 그것은 의심의 여지없는 분명한 사실이다. 하지만 그것뿐이다. 그 이상의 주장은 단지 하나의 해석이고 믿음일 뿐이다.

8-7. 만약 내가 육체라면 나는 죽고 소멸될 것이다. 하지만 내가 육체가 아니라면 어쩔 것인가?

8-8. 결국 죽음의 문제는 나는 누구인가라는 문제와 필연적으로 연결되어 있다.

8-9. 내가 육체라면 나는 죽을 수밖에 없는 존재이다. 하지만 내가 육체 이상의 존재라면 죽음은 내가 경험하는 많은 것들 중에 단지 하나의 사건에 그친다.

8-10. 나는 죽지 않는다. 나는 단지 죽음을 경험할 뿐이다.

8-11. 만약 죽음이 내가 겪는 일들 중에 하나라면, 죽음은 삶의 끝이 아니라 새로운 삶의 시작이 된다.

8-12. 죽음을 올바로 알지 못하면 삶도 온전히 이해할 수 없다. 죽음 속에 삶의 비밀이 있다. 죽음은 독배毒杯가 아니라 삶의 묘약妙藥이다.

일반적인 의미에서 죽음은 육체의 기능이 정지하고 의사가 사망 진단을 내리는 그 순간입니다. 사람들은 그때 '죽었다', '돌아가셨다' '운명하셨다'는 말을 합니다. 하지만 문제는 이때 누가 죽었고, 무엇이 죽었는가 하는 점입니다. 가장 분명한 것은 육체가 죽었다는 사실과 그 육체에게 귀속되었던 사회적 자아의 역할은 이제 더 이상 작동하지 않는다는 사실입니다. 그것에는 이론異論의 여지가 없습니다. 하지만 그 육체의 주인이 진짜 죽었는지는 아무도 알 수 없는 것입니다. 우리가 확신할 수 있는 것은 육체의 죽음과 사회적 자아의 역할이 중지된다는 것뿐입니다. 만약 인간이 몸이라면 그는 죽은 것입니다. 이것이 가장 널리 퍼져 있는 해석입니다. 그렇다고 해서 이것이 진리라고 말하는 것은 비약입니다. 왜냐하면 그것은 가능한 해석 중에서 하나의 해석이지 유일한 해석은 아니기 때문입니다.

여기에 중대한 갈림길이 있습니다. 인간이 단지 몸일 뿐인지 아니면 인간은 육체 이상의 존재인지 하는 관점의 갈림길이 존재합니다. 육안으로 볼 때 죽음은 존재의 소멸입니다. 감각적 차원에서 볼 때 존재의 소멸이라는 정의는 설득력이 있습니다. 그렇기 때문에 많은 사람들이 죽음을 두려워하는 것입니다. 그렇습니다. 살아 움직이고, 나와 함께 이야기를 나누었던 사람이 이제는 여기에 존재하지 않기 때문입니다. 그는 사라진 것입니다. 하지만 잘 들여다보면 사라짐이 곧 존재의 소멸이라고 말하는 것에는 뭔가의 덧붙임이 있습니다. 사라짐과 소멸 사이에는 틈이 있었습니다. 하지만 그 틈을 뭔가로 메운 것입니다. 그 틈을 메운 것은 '인간은 곧 몸이다'라는 철학적 가정입니다. 이 가정을 받아들일 때만 사라짐은 소멸이 됩니다. 이러한 가정에서 몸의 주인은 몸입니다. 다른 주인은 없습니다. 그럴 경우 죽음은 해체이고 소멸입니다. 하지만 그 틈을 다른 전제로 메우게 되면 다른 것이 보이기 시작합니다.

제가 일단 말씀드리고 싶은 것은 일반적으로 많은 사람들이 받아들이고 있는 죽음에 대한 관념이 죽음에 대한 유일한 정의가 아니라는 점입니다. 이 점이 명백해져야 그다음의 논의가 가능합니다. 죽음은 존재의 소멸이라고 하는 정의는 '몸이 곧 나'라고 하는 고정관념을 받아들일 때만 설득력 있는 정의입니다. 만약 나는 몸 이상이고, 몸은 내가 타고 다니는 것, 또는 육신은 내가 입고 있는 옷이라고 한다면 그 정의는 힘을 잃습니다. 그때 우리는 최소한 죽음에 대한 두 개의 정의를 갖게 되고, 그것들에 대한 선택의 여지가 생깁니다.

방금 살펴본 것과 같이 존재의 소멸이라는 정의가 죽음에 대한 유일한 진리가 아니라는 것은 논리적 사고를 하는 분들이라면 충분히 받아들일 수 있을 것입니다. 하지만 이에 비해 나는 몸인지 아니면 몸의 주인인지는 논리적으로, 과학적으로 증명할 수가 없습니다. 왜냐하면 그것은 감각적으로 확인이 되지 않기 때문입니다. 그것은 형이상학적 또는 종교적 신념의 문제입니다. 이런 이유로 이 문제에 관해서는 여러 주장이 가능하고, 그와 동시에 어떤 입장도 보편적 동의를 얻지 못하는 것입니다. 그래서 이 문제는 일단은 선택의 문제라고 말해야 할 것입니다. 하지만 이 문제가 짜장면을 먹을 것인지 아니면 짬뽕을 먹을 것인지를 선택하는 그런 레벨의 문제는 아닙니다. 왜냐하면 이 선택은 삶 전체가 걸려 있는 문제이기 때문입니다. 죽음의 문제가 해결되지 않는 한 우리는 평생 동안 죽음의 공포에 시달리며 살게 됩니다. 저는 이것이 해결될 수 있는 문제라면 어떤 희생을 치르더라도 해결해야 할 문제라고 생각합니다.

개인적으로 이것은 진리의 문제이고 깨달음의 문제라고 생각합니다. 하지만 제가 옳다고 주장하지는 않겠습니다. 왜냐하면 제가 그것을 논리적, 과학적으로 입증할 수는 없기 때문입니다. 제가 할 수 있는 것은 왜 죽음을 존재의 소멸이 아니라 새로운 삶의 시작으로 보는지에 대한 이유와 근거를 제시하는 것뿐입니다. 고민을 하고 판단을 하는 것은 여러분의 몫입니다. 이제부터 그 이유를 설명하겠습니다.

8-13. 만약 육체가 나라면 육체의 죽음은 나의 죽음이 된다. 그렇다면 나는 소멸된다.

8-14. 오랫동안 이 문제에 대해서 생각해보았지만 나는 도저히 이 생각을 받아들일 수가 없었다.

8-15. 왜냐하면 내가 소멸한다는 말은 나에게는 둥근 사각형이라는 말처럼 들리기 때문이다. 둥근 사각형이라는 말은 모순이다. 그것처럼 '나는 죽는다'는 말은 사실은 모순된 말이다. 그것은 거짓자아의 생각일 뿐이다.

8-16. 나의 직관은 나에게 말한다. "나는 육체의 죽음을 경험할 뿐이다. 나는 죽지 않는다. 아니 나는 죽음을 알지 못한다."

제가 죽음에 대해서 진지하게 생각하게 된 것은 40대 초반부터라고 기억합니다. 그 전에도 가끔씩 죽음에 대해서 생각한 적이 있었지만, 저도 다른 사람들과 마찬가지로 죽음을 생각하면 마음이 불편하고 두려워져서 진지하게 생각하지 않고 애써 잊으려고 했었습니다. 하지만 나이가 들어가니까 죽음이라는 문제가 점점 강하게 다가왔습니다. 예전에 정년퇴직하신 철학과 교수님과 이런저런 이야기를 하다가 죽음에 대해서 이야기를 한 적이 있었는데, 그때 그분이 하신 말씀이 잊혀지질 않습니다. 그때 제가 죽음에 대해서 한참 고민을 하고 있던 때라 "선생님도 죽음에 대해 자주 생각하십니까?"라고 제가 물었더니, 선생님 말씀이 "난 죽음에 대해서 매일 생각해. 아마 자네도 앞으로 그럴 거야"라고 하시더라고요. 매일 죽음을 생각한다는 말에 전 깜짝 놀랐습니다. 저는 속으로 "아 그렇구나. 나이가 든다는 것은 죽음과 가까워지는 것이구나"라고 생각했습니다. 그래서 그랬는지는 모르겠지만 그 후로 죽음에 대해서 더욱 많이 생각했던 것 같습니다.

하지만 제가 철학자라서 그런지는 모르지만 저는 '내가 죽어서 소멸한다'는 생각을 할 때마다 뭔가 잘못되어 있다는 느낌이 계속 들었습니다. 철학적으로 볼 때도 존재가 무로 변한다는 것은 불가능합니다. 모든 존재는 변화합니다. 하지만 그것은 형체를 바꾸는 것이지 존재가 무로 소멸되는 것은 아닙니다. 세상에서 소멸되는 것은 없습니다. 그것은 우리의 육체도 마찬가지입니다. 우리의 몸도 죽으면 분해되어 형체가 바뀌기는 하지만 그 물질들이 소멸되는 것은 아닙니다. 다른 식물이나 동물들의 몸을 구성하는 요소로 변화할 뿐입니다. 그래서 육체를 나로 본다고 해도, 나라는 사람의 외모와 형체가 사라지는 것이지 나의 피와 살을 구성했던 물질적 요소들이 소멸하는 것은 아닙니다.

어쨌든 제가 말씀드리고 싶은 것은 존재가 무로 되는 일은 어떤 경우에도 우주에서는 없다는 것입니다. 철학적으로 볼 때 존재가 무로 된다는 것은 모순입니다. 사람들이 죽음을 소멸로 생각할 때 느끼는 황당함은 바로 이러한 모순 때문입니다. 하지만 문제는 나의 죽음입니다. 나의 몸을 구성하는 것들이 소멸되지 않는다고 하더라도 그것들로 이루어진 형체로서 나와 그에 수반되는 의식은 소멸되는 것처럼 보이기 때문입니다. 문제는 여전히 풀리지 않았습니다.

그러던 중에 우연히 어떤 철학자가 기자와 인터뷰를 하면서 죽음에 대해 인터뷰한 기록을 보게 되었는데 그의 말이 제 가슴에 확 꽂

혔습니다. 그 요지만을 저를 예로 해서 말씀드리면 이것입니다. "장건익은 죽지만, 나는 죽지 않는다." 그것을 읽는 순간 그래 이거다 '이게 맞는 말이다'는 느낌이 강하게 왔습니다. 뭔가 막힌 것이 확 풀리는 느낌이었습니다. "장건익이라는 이름에 부속된 육체와 사회적 자아는 죽는다. 하지만 나는 죽지 않는다. 나는 죽을 수가 없는 존재다." 그렇다면 나는 당연히 육체가 아닙니다. 육체는 내가 가지고 있는 것 또는 내가 입고 있는 옷입니다. 물론 이것은 직관적 느낌입니다. 논리적이고 분석적인 생각은 아닙니다. 그렇기 때문에 논증될 수도 없습니다. 하지만 제 마음은 이 직관을 자연스럽게 받아들인 것입니다. 앞서 말씀드린 것처럼 저의 직관은 논리적, 과학적으로 설명되지 않습니다. 하지만 "장건익은 죽는다. 하지만 나는 죽지 않는다. 나는 죽을 수 없는 존재다."라는 말이 저에게는 맞는 말이라는 느낌이 강하게 왔습니다. 여러분에게는 어떤 느낌으로 다가왔는지 궁금합니다. 다음은 두 번째 근거입니다.

첫 번째의 근거가 저의 직관이라면 두 번째로 제시할 근거는 제 이야기가 아닌 다수의 사람들이 체험한 경험적 증거입니다. 물론 말 그대로의 죽음을 경험한 사람은 없습니다. 왜냐하면 그랬다면 그 사람은 우리에게 어떤 말도 해줄 수가 없기 때문입니다. 제가 제시하는 경험적 증거는 죽음에 준하는, 죽음에 가장 가까이 갔다 온 사람들의 증언입니다. 이러한 경험을 학문적으로는 근사체험(Near-Death Experience, 혹은 임사경험)이라고 합니다. 근사체험近死體驗이라는 것은 쉬운 말로 하면 죽었다가 다시 살아나는 것이라고 할 수 있습니다. 말하자면 임상적으로 죽었다고 판단되었지만 다시 살아난 사람들이 겪은 체험입니다.

근사체험이 본격적으로 연구되기 시작한 것은 1970년대부터입니다. 조사 시점에 따라 차이가 있지만 미국에서만 근사체험자가 800만 명에서 1,500만 명 정도 된다고 합니다. 전 세계적으로는 그 숫자를 가늠할 수 없을 정도로 많습니다. 이 주제에 관한 영화도 여러 편 나와 있습니다. 제가 본 것만도 세 편인데, 체험자들의 내용은 거의 동일합니다. 이들이 체험한 내용에 대해 정리한 글 중에서 좋은 것이 있어 여러분께 소개하려 합니다. 정신과 의사이자 죽음학의 세계적 권위자인 엘리자베스 퀴블러 로스라는 분이 쓰신 『On Life After Death』('죽음 이후의 삶에 대하여'의 한국어 번역판 제목은 『사후생死後生』이다)라는 책이 있습니다. 이 책의 내용 중에서 근사체험의 내용에 대해 설명하는 부분을 적어왔습니다. 중간 중간에 조금씩 덜어냈지만 적은 분량은 아닙니다. 그래도 글이 정말 좋아서 함께 읽어보면 좋을 것입니다.

2. 근사체험

8-17. 우리는 전 세계적으로 죽음을 선고받았다가 다시 살아난 사람들에 관한 2만 가지 사례를 연구했다. 그 가운데에는 자연적으로 다시 깨어난 사람도 있었고 소생술로 깨어난 사람도 있었다. 나는 모든 인간이 죽음의 순간에 경험하는 것을 간략하게 요약하고자 한다. 오스트레일리아의 원주민이든 힌두교도이든 이슬람교도이든 기독교도이든, 그렇지 않으면 비신앙인이든 간에 관계없이, 모든 사람은 똑같이 이 경험을 겪는다. 또 이것은 연령이나 경제적 상태와도 관계가 없다. 출생이 모든 인

간에게 정상적이고 보편적인 과정이듯 죽음 역시 그러하다.

죽음의 경험은 출생의 경험과 거의 동일하다. 죽음은 다른 존재로 새롭게 탄생하는 것이다. 당신은 수천 년 동안 전해져 온 죽음 후의 세상과 관계된 일들을 무조건 '믿도록' 강요받아 왔다. 그러나 죽음 후의 세계에 대한 이해는 믿고 안 믿는 신념의 문제가 아니라 앎의 문제이다. 그리고 당신이 정말로 알기를 원한다면 나는 이 지식을 어떻게 얻을 수 있는지에 대해 말할 준비가 되어 있다. 당신이 이런 건 알고 싶지 않다고 해도 아무 상관이 없다. 어차피 한번은 죽게 마련이고 당신은 그것을 알게 될 테니까.

근사체험에서 죽었다가 살아난 사람들이란 일반적으로 5분 내지 15분 동안 맥박이나 숨이 끊긴 상태에 있다가 다시 정상으로 회복되는 경우를 말합니다. 어떤 경우에는 한 시간 이상 죽어 있다가 살아난 경우도 있습니다. 물론 임상적으로 죽었다는 판정을 받은 후에 다시 살아난 모든 사람이 근사체험을 하는 것은 아닙니다. 퀴블러 로스는 전 세계를 대상으로 2만 건에 달하는 근사체험자들의 사례를 연구했다고 합니다. 그녀 자신이 근사체험자이기도 합니다. 하지만 여기서 우리가 주목해야 할 점은 체험자들의 문화와 인종, 종교, 나이, 사회적 지위가 다름에도 그들의 증언 내용이 놀랄 정도로 같다는 점입니다. 그녀는 죽음의 과정이 인간 모두에게 동일한 방식으로 일어나는 보편적 현상이라고 말합니다. 계속 읽겠습니다.

8-18. 죽음의 순간에는 세 단계가 있다. 당신이 만일 내가 죽어가는 어린이들과 나눈 대화에서 사용했던 말들을 받아들일 수 있다면 인간 육

체의 죽음은 나비가 고치를 벗어날 때의 현상과 똑같다는 것을 받아들일 수 있을 것이다. 고치는 인간의 몸에 비유될 수 있다. 그러나 그것은 오직 잠시 살기 위한 집에 지나지 않기 때문에 당신의 참자아라고는 할 수 없다. 상징적인 비유를 하자면, 죽음은 그저 한 집에서 더 아름다운 집으로의 이동일 뿐이다.
고치가 회복 불가능의 상태가 되면—그러한 상태가 자살이나 살인, 심장마비 혹은 만성질병 때문이건 아니건, 어떻게 일어났는가는 중요하지 않다—곧 당신의 영혼이라 비유할 수 있는 나비가 모습을 드러낸다.

퀴블러 로스는 근사체험을 3단계로 나누고 있지만 사람에 따라서는 5단계에서 많게는 11단계까지 나누는 경우도 있습니다. 첫 단계는 당연한 것이겠지만 임상적으로 죽음의 판정을 받는 단계입니다. 다른 자료에 의하면 의학적 죽음의 순간에 사람들은 이승에서는 정작 맛볼 수 없었던 평화로움과 고요함을 느낀다고 합니다. 조난 사고나 물에 빠져서 정신을 잃는 순간 곧바로 평안한 마음 상태에 들어가게 된다는 것은 그런 사고를 당했던 사람들의 공통된 의견입니다. 사람들이 일반적으로 상상하는 것과는 정반대입니다. 이러한 평안함의 체험 후에 그녀의 표현을 빌리자면 우리의 참자아인 나비가 물리적인 몸인 고치를 벗어나는 2단계가 시작됩니다.

8-19. 첫 번째 단계에서 당신은 옆 사람과 소통하기 위해서 뇌의 작용을 필요로 한다. 그러나 뇌 혹은 고치가 손상되는 순간부터 당신은 더 이상 뇌의 작용을 필요로 하지 않는다. 다시 말해 뇌(고치)에 손상이 생겨서 호흡도 할 수 없고 맥박도 뛰지 않으며 뇌파도 측정되지 않는 상태(의

식이 없는 상태)가 될 때, 당신의 나비는 고치를 떠난다. 이것은 당신이 반드시 죽었다는 것을 의미하기보다는 고치가 더 이상 기능하지 않는다는 것을 의미할 뿐이다. 고치를 벗어나자마자 당신은 정신적 에너지를 공급받는 두 번째 단계에 이른다.

영혼이 육체를 떠나자마자, 병실이나 사건의 현장 혹은 몸을 빠져나온 곳이 어디든 간에, 당신은 죽음을 맞은 장소에서 일어나고 있는 모든 일을 지각할 수 있다는 사실을 곧바로 알아차릴 것이다. 이때 당신은 이승에서의 의식으로 그런 사건들을 받아들이는 것이 아니라 새로운 인식으로 받아들인다. 혈압이나 맥박이 뛰지 않고, 호흡이 멈추었거나 뇌파가 측정되지 않는 동안에도 당신은 이 새로운 인식을 가지고 모든 것을 받아들인다.

이때 당신은 당신이 사고를 당한 장소의 주변에 있는 사람들이 말하고 생각하고 행동한 것들을 모두 정확하게 알 수 있다. 예를 들어 고속도로에서 충돌한 차에서 당신을 구해내기 위해 어떤 기구가 사용되었나 하는 것을 나중에 깨어난 다음에도 상세하게 말할 수 있을 것이다. 심지어는 충돌한 차의 번호판이나 뺑소니 친 운전사의 얼굴까지 정확하게 기억할 수 있다. 과학적으로 뇌파가 꺼진 사람이 자동차의 번호판을 읽을 수 있다는 것은 설명 불가능하다(과학자들이여! 좀 더 겸손해질 필요가 있다). 세상에는 우리들이 이해할 수 없는 수만 가지의 일들이 있다는 것을 겸손하게 받아들여야 한다. 우리가 이해할 수 없는 것들을 단지 이해할 수 없다는 이유만으로 존재하지 않는다거나 실재하지 않는다고 말해서는 안 된다.

깊은 혼수상태에 빠져 죽어가는 어머니나 아버지의 머리맡에 있을 때, 당신은 이분들이 당신이 말하는 것을 모두 들을 수 있다는 사실을 알고 있어야 한다. 그 순간에 "죄송합니다." "사랑합니다." 혹은 당신이 말하고 싶은 어떤 말을 하더라도 결코 늦은 게 아니다. 심지어는 죽은 사람에게 이런 말을 하더라도 늦은 게 아니다. 왜냐하면 그들은 그때에도 당신의 말을 들을 수 있기 때문이다. 게다가 10년이나 20년 동안 당신이 짊어지고 풀지 못한 응어리를 풀 수도 있다. 이렇게 해서 당신은 죄의식을 벗고 더욱 만족스럽게 살 수 있다.

이 두 번째 단계에서 죽은 사람은 자신이 다시 온전해졌다는 것을 깨달을 것이다. 즉 시각 장애자였던 사람은 다시 볼 수 있게 된다. 듣거나 말할 수 없었던 사람은 다시 듣고 말할 수 있게 된다. 지독한 병인 복합경화증에 걸려 휠체어에 의존해야만 움직일 수 있고 언어 구사에도 문제가 있던 환자들 또한 근사체험에서 살아난 후, 즐거운 표정으로 이렇게 말한다. "로스 박사님, 내가 몸을 빠져 나가 있었을 때 다시 춤을 출 수 있었습니다." 평상시에는 휠체어를 타고 있었지만, 이 두 번째 단계에서 다시 춤을 출 수 있게 된 사람은 부지기수로 많다.

당신은 또한 이 두 번째 단계에서 아무도 고독하게 죽지 않는다는 것을 알게 될 것이다. 당신이 육체를 떠나면 시간이 없는 곳에 존재하게 된다. 그곳에서는 시간이 더 이상 존재하지 않는다. 마찬가지로 이 상태에서는 어느 누구도 더 이상 일상의 감각 차원에서 갖는 공간 감각이나 거리 감각을 느끼지 않는다. 그런 것들은 인간 세상에서만 통용하는 현상이기 때문이다. 예를 들어, 한 젊은 미국인이 아시아에서 죽게 되어 워싱턴에 있는 그의 어머니를 생각한다면, 그는 순식간에 생각의 힘으로 수천 마일을 건너뛰어 그리운 어머니와 함께 있게 된다. 이 두 번째 단계에서는 거리 개념이 없다. 많은 사람들이 이 현상을 경험하는데, 어느 날 갑자기 멀리 떨어져 살던 아는 어떤 사람이 갑자기 자신의 눈앞에 나타났다고 보고하는 사례가 있는데 이것이 바로 그런 사례이다.

게다가 당신보다 먼저 돌아가셨지만 당신을 무척 사랑하고 아껴주었던 분들이 당신을 기다리고 있다. 이 차원에서는 시간이 존재하지 않기 때문에, 스무 살 때 아이를 잃은 사람이 아흔아홉 살에 죽더라도 그의 아이를 어린아이 때의 모습 그대로 만난다. 그렇기 때문에 저편에서의 1분은 이승에서의 백년과 맞먹을 수 있다.
일반적으로 저 세상에서 우리를 기다리고 있는 사람들은 우리를 가장 사랑했던 이들이다. 이때 당신이 항상 처음 만나는 사람들은 항상 이들이다. 조부모나 부모, 혹은 다른 가족이나 친지 모두가 아직 살아 있는 아주 어린아이들의 경우(예를 들어 두 살 혹은 세 살)에, 그들을 받아들이는 존재는 주로 그들의 개인적인 수호천사이거나 예수, 혹은 다른 종교적인 존재다. 나는 죽는 마지막 순간에 동정녀 마리아를 본 개신교 어린이를 만나본 적이 없다. 하지만 많은 천주교 어린이들은 마리아를 본다. 이것은 차별의 문제가 아니다. 그저 아이들에게 가장 많은 의미가 있는 존재가 아이들을 응접했을 뿐이다.

근사체험 연구자들에 의하면 영혼이 육체를 떠나지만 그렇다고 해서 몸이 없는 상태는 아니라고 합니다. 영혼은 물리적 몸인 아닌 비물리적 몸은 지니고 있다고 합니다. 단지 차이는 비물리적 몸이 물체의 법칙에 지배를 받지 않는다는 것입니다. 그래서 시간과 공간의 제약을 받지 않고 순간이동을 해서 자신이 만나고 싶은 사람들을 즉각적으로 만날 수 있게 됩니다. 또한 생전에 장애가 있던 사람도 그 기능들이 모두 온전해집니다. 그녀는 사람들이 이때 죽음이란 단지 또 다른 형태의 삶으로의 변화라는 것을 이해하게 된다고 합니다. 이 과정을 거친 다음 2단계의 마지막 관문에 도달하는데 그것은 터널을 뚫고 가거나 문을 통과하는 것, 다리를 건너는 것과 같은 형태로 나타납니다. 그 끝에서 3단계의 과정이 시작됩니다.

8-20. 이 터널이나 다리 혹은 산길을 지난 후에 그 끝에서 당신은 빛에 에워싸인다. 이 빛은 흰색보다도 더욱 하얗다. 이 빛은 말할 수 없이 밝아서 그 빛에 가까이 다가설수록 말로 표현할 수 없는 장엄하고 무조건적인 사랑이 당신을 감쌀 것이다. 그것에 대해서는 말로 설명할 수가 없다. 근사체험을 한 사람이라면 짧은 순간 동안 이 빛을 볼 수 있다. 이 빛을 본 후에 그는 되돌아와야 한다. 그러나 당신이 정말로 죽을 때에는 고치와 나비 간의 연결(탯줄에 비유할 수 있는)이 단절된다. 이렇게 되면 이승의 몸으로는 영원히 되돌아오지 못한다. 빛의 존재를 본 후엔 아무도 돌아가기를 원하지 않기 때문에 당신은 되돌아오려고 하지 않을 것이다. 이 빛 속에서 당신은 당신이 살아가는 동안에 어떤 사람이 될 수 있었는가를 생각할 것이다. 여기에서 당신은 이 빛으로부터 당신을 심판하지 않고 이해해주는 무조건적인 사랑을 경험한다. 많은 이들이 예수, 하느님 혹은 사랑에 비유하고 있는 이 엄청난 빛의 출현을 통해 당신은 이승에서의 당신의 모든 삶이 어떤 시험을 통과하거나 특별한 교훈을 배우기 위해 거쳐야만 하는 학교에 지나지 않다는 것을 알게 될 것이다. 이 수업을 마치고 학교를 끝내자마자 당신은 집에 가게 되는 것이다.

어떤 사람은 이렇게 물을지도 모른다. "그렇다면 왜 귀여운 어린아이들이 죽어야만 합니까?" 그 대답은 간단하다. 그 아이들은 사람이면 누구나 배워야 할 것을 아주 짧은 기간에 배운 것뿐이다. 모든 사람들은 자기가 왔던 곳으로 되돌아가기 전에 배워야 할 것이 한 가지가 있는데 그것은 무조건적인 사랑이다. 이것을 배우고 실행했다면 당신은 모든 교과과정을 훌륭하게 마친 것이다.

하느님이나 그리스도 혹은 당신이 그것을 무엇이라고 부르든 간에 빛 속에서, 당신은 태어난 첫날부터 마지막 날까지의 삶 전체를 되돌아봐야 한다. 그리고 이제 당신은 앎을 소유하게 된다. 당신은 순식간에 이승에서 사는 동안에 있었던 순간순간의 모든 생각을 자세히 알게 된다. 즉 모든 행동을 기억하게 되고 당신이 내뱉은 모든 말을 알게 될 것이다. 그러나 지금 요약해서 말한 것조차 당신이 알게 될 것들의 아주 작은 부분에 속할 뿐이다. 왜냐하면 이 단계에서 당신은 당신의 생각과 말, 행동이 어떤 결과를 생기게 했는가를 모두 알게 되기 때문이다.
하느님은 무조건적인 사랑이다. 이승에서의 삶을 되돌아보는 동안, 당신은 자신의 운명에 대해 하느님을 탓하는 것이 아니라 성숙할 수 있는 많은 기회를 무시해버린 당신 자신을 고발할 수 있기 때문에, 가장 최악의 적이 바로 당신 자신이었음을 알 수 있다. 이제 당신은 오래전 불이나 집이 타버렸던 일, 아이가 죽었던 일, 남편이 상처를 입혔던 일, 심장병으로 고통받았던 일 등과 같은 치명적인 사건들은, 인간이면 반드시 배워야 하는 '이해와 사랑'을 배울 수 있는 기회를 제공했던 사건들이라는 것을 알게 된다. 당신은 "그런 기회를 현명하게 사용하는 대신에, 이 모든 사건을 분노와 부정적인 힘이 자라나게끔 나쁘게 이용해왔다"고 후회할 것이다.

터널을 지나서 도착하는 곳은 흔히 말하는 저승입니다. 그곳에서 3단계의 과정이 시작됩니다. 그곳은 꽃과 나무, 음악소리 등 말로 표현하기 힘들 정도로 아름답다고 합니다. 그리고 그곳에서 영혼은 빛의 존재를 만납니다. 그는 이 빛 속에서 자신의 지나온 삶을 회고한 후에 최종적으로 다시 지상으로 돌아갈 것인지 아닌지에 대해 결정하게 됩니다. 그들은 빛의 존재로부터 "당신은 지상에서 해야 할 일이 남아 있기 때문에 돌아가야 한다"는 권고를 받습니다. 당연한 이야기겠지만 근사체험자는 그 권고를 받아들인 사람들입니다. 그렇지 않을 경우에는 완전히 저승으로 넘어가는 것입니다.

우리가 함께 읽어본 것처럼 퀴블러 로스 박사는 일반적으로 말하는 죽음은 존재하지 않으며 육체란 우리가 이생에서 살면서 거주하는 집이나 고치와 같은 것이라고 말합니다. 그리고 그 고치가 더 이상 기능하지 못하는 상태가 되면 우리는 나비가 고치를 벗고 날아오르는 것처럼 더욱 자유로운 영혼이 된다고 합니다. 그렇기 때문에 죽음은 전혀 두려워할 일이 아니라는 것입니다. 그녀에 의하면 이런 체험을 했던 환자들은 누구도 다시 죽는 것을 두려워하지 않는다고 합니다. 왜냐하면 그들은 죽음을 경험했었고 그 죽음이 예전에 자신들이 생각했던 그것이 아니고 오히려 다시 돌아오고 싶지 않을 만큼 좋은 멋진 경험이었기 때문입니다.

앞서 밝힌 바와 같이 근사체험은 완전히 죽은 사람들이 아니라 의학적으로 죽었다고 판정되었던 사람들이 다시 살아 돌아와 우리에게 전해주는 이야기입니다. 그렇기 때문에 모두가 이 이야기를 받아들이는 것은 아닙니다. 일부 과학자들은 이런 현상을 산소 결핍과 비정상적 심리작용에 의한 환상이나 환각이라고 주장합니다. 죽음의 경험 불가능성 때문에 이러한 비판이 성립할 수는 있습니다. 하지만 퀴블러 로스 박사가 이러한 비판이 잘못되었다는 것을 입증하기 위해 제시하고 있는 여러 가지 사례들을 보면 근사체험이 단순히 환각이라고 무시할 수는 없다는 것을 알 수 있습니다. 그중에 몇 가지를 소개하겠습니다.

첫 번째는 근사체험을 했던 시각장애자들의 경우인데, 그들은 육체이탈 상황에서 보았던 스웨터나 넥타이, 보석 등의 모양과 색상을 정확히 설명한다고 합니다. 그들은 체험 전에는 시각장애자였기 때문에 그런 사물들을 본 적이 없습니다. 그렇기 때문에 그들이 그런 사물들을 육체이탈 상황에서 실제로 보지 않았다면 그러한 설명은 불가능한 것입니다. 두 번째는 자신이 죽었을 때의 경험을 아버지에게 이야기했던 아이의 경우입니다. 그 아이는 그곳에서 자신의 오빠라는 사람을 만났는데 자신은 오빠가 없어서 이상하게 생각했었다는 것입니다. 그러자 아버지가 울면서 말하길 사실은 그 아이가 태어나기 3개월 전에 죽은 오빠가 있었다는 것입니다. 이 아이의 경우도 마찬가지입니다. 그녀는 실제로 오빠를 보았던 것입니다. 세 번째는 인디언 여인이 고속도로에서 뺑소니차에 치여 죽어가는 상황에서 자신을 구하려는 사람에게 자신에게 해줄 것은 없고 자신은 이미 아버지와 함께 있기 때문에 행복하다는 사실을 자신의 어머니에게 전해달라고 부탁했답니다. 행인은 너무나 감동을 받아 즉시 700마일을 달려 그녀의 어머니에게 달려갔고, 그 행인은 그녀의 어머니에게서 딸이 사고로 죽기 한 시간 전에 아버지가 죽었다는 얘기를 들었다고 합니다. 그녀 또한 아버지가 죽었다는 사실을 어떻게 알 수 있었겠습니까? 물론 의심을 하면 의심을 할 수도 있고, 사람에게는 생각할 자유가 있기 때문에 어떻게 생각하든지 그것은 그 사람의 자유이겠지만, 정상적인 사람이라면 근사체험을 환상이나 환각으로 보지는 않을 것이라고 봅니다.

우리가 죽음을 통해 육체를 떠난다는 것은 내가 떠나왔던 곳, 즉 나의 고향으로 돌아가는 것인지도 모릅니다. 지구에서의 여행을 마치고 집으로 돌아가는 귀로의 여정이 아닐까요? 하지만 육체의 죽음이 나의 죽음이라고 생각한다면 죽음은 두렵고 무서운 것이 됩니다. 이러한 죽음에 대한 공포는 나를 육체 그리고 사회적 자아와 동일시하는 것에서 생겨납니다. 우리가 책과 강의를 통해서 죽음이 곧 나의 죽음이 아니고 단시 새로운 삶의 시작이라고 머리로 받아들일 수는 있습니다. 하지만 그것이 가슴과 몸의 체험으로 아는 것을 의미하지는 않습니다. 머리로 이해하는 것은 필요합니다. 하지만 그것은 출발점이지 종착점은 아닌 것입니다. 죽음의 극복은 머리로 하는 것이 아니라 가슴과 온몸으로 하는 것, 즉 철학의 문제입니다. 이것은 자아의 문제, 즉 나는 누구인가를 올바로 이해하지 못하면 극복되지 않는 문제입니다.

3. 철학은 죽음의 연습이다

참자아의 관점에서 볼 때 이미 많은 사람들은 죽었거나 죽어가고 있습니다. 퀴블러 로스 박사는 "삶에서 가장 큰 상실은 죽음이 아니다. 가장 큰 상실은 우리가 살아 있는 동안에 우리 안에서 어떤 것이 죽어버리는 것이다"라고 말합니다. 이 죽음이야말로 삶의 고통을 만들어내는 진정한 원인입니다. 우리 안에서 죽어버리는 것은 참자아입니다. 하지만 사람들은 참자아가 죽었거나 죽어가고 있으면서도 그것을 죽음으로 경험하지 못합니다. 왜냐하면 자기를 거짓자아라고 믿고 있기 때문입니다. 거짓자아를 따르는 삶은 본래적 삶에 대한 부정과 저항입니다. 거짓자아는 자신을 육체와 사회적 자아라고 생각합니다. 그래서 그것에 매달리고 집착하는 것입니다. 그렇기 때문에 죽음을 두려워하고 몸과 돈, 지위와 명예를 위해 살아가는 것입니다. 거짓자아에게는 그런 것들을 잃는 것이 죽음입니다. 그래서 거짓자아는 죽음을 두려워할 수밖에 없습니다. 왜냐하면 죽음은 그 모든 것의 종말이고 소멸이기 때문입니다. 이러한 거짓자아가 죽고 참자아의 삶을 사는 것 그것이 철학입니다. 우리가 진정으로 관심을 가져야 하고 노력해야 하는 것은 거짓자아의 죽음입니다. 구름 너머에 항상 푸르른 하늘이 있듯이, 거짓자아가 사라지면 참자아가 항상 그곳에 있었다는 것을 알 수 있습니다. 그래서 우리는 소크라테스가 "철학은 죽음의 연습이다"라고 말한 것처럼 매일 거짓자아가 죽는 연습을 해야 합니다.

스티브 잡스는 이런 말을 합니다. "저는 지난 33년간 매일 아침 거울을 보면서 제 자신에게 묻곤 했습니다. '오늘이 내 인생의 마지막 날이라면 지금 하려고 하는 일을 할 것인가?' 며칠 연속 '노'No라는 답을 얻을 때마다 나는 변화가 필요하다는 것을 깨닫게 됩니다. '곧 죽는다'는 생각은 인생의 결단을 내릴 때마다 가장 중요한 도구였습니다. 모든 외부의 기대, 자부심, 수치스러움과 실패의 두려움은 '죽음' 앞에선 모두 떨어져나가고 오직 진실로 중요한 것들만 남기 때문입니다. 죽음을 생각하는 것은 무엇을 잃을지도 모른다는 두려움에서 벗어나는 최고의 길입니다. 여러분은 죽을 몸입니다. 그러므로 가슴을 따라 살아야 합니다."

저도 스티브 잡스와 비슷한 경험을 딱 한 번 했던 적이 있습니다. 저는 석사학위 과정을 마치고 나서 여러 가지 고민 끝에 사회를 경험하기 위해 무작정 취직을 했습니다. 여러 종류의 사람들을 만났고 많은 경험을 했습니다. 그렇게 6년 반 정도 하고 나니까 더 이상 직장생활을 한다는 것은 인생을 낭비하는 것이라는 생각이 들었습니다. 그래서 앞으로 뭘 할 건지에 대한 생각도 없이 그냥 회사를 그만두었습니다. 통장을 보니까 일 년 정도는 먹고 살 돈이 있었습니다. 그래서 칩거에 들어갔습니다. 혼자 집에서 밥해 먹고, 청소하고, 빨래하고, 음악 들으면서 커피 마시고, 책도 읽고, 산책도 하고 가끔은 예전에 알던 사람들도 만나면서 그렇게 지냈습니다. 저에게는 오랜만에 맛보는 참 즐거운 시간들이었습니다. 그렇게 6개월 정도 지나니까 직장생활을 하면서 마음속에 끼었던 때가 쫙 빠지는 것 같았습니다. 그래서 그때부터 앞으로 무엇을 하고 살 것인지에 대해 고민을 하기 시작했습니다. 그 고민의 결론은 다시 학교로 돌아가는 것이었습니다. 공부하는 생활이 나에게 맞는 삶이라는 생각이 들었습니다. 한편으로는 철학박사가 되고 싶다는 욕망도 있었습니다.

그런데 문제는 돈이었습니다. 박사학위를 취득하는 것은 최소 5년 이상의 시간이 걸리는 장기 프로젝트입니다. 그러기 위해서는 상당한 돈이 있어야 합니다. 학비도 학비지만 생활비가 더 문제였습니다. 저축해놓은 돈이 별로 없었고, 학생은 버는 건 없이 돈만 쓰는 백수와 마찬가지 생활이기 때문에 마음을 결정하기가 무척 힘들었습니다. 돈에 대한 걱정과 실패에 대한 두려움이 마구 밀려왔습니다. 아무런 보장도 없이 5년 이상의 시간과 돈을 투자해야 하고, 졸업을 한다 해도 기껏해야 대학의 시간강사로 살아야 하는 삶인데, 단지 하고 싶다는 생각 하나만으로 그런 도전을 하는 것은 무모한 것이 아닌가 하는 생각 때문에 마음이 괴로웠습니다. 하지만 아무리 생각해봐도 철학 말고는 제가 하고 싶은 것이 보이지 않았습니다. 그냥 먹고 살기 위해 다시 회사에 취직한다는 것은 도무지 나의 삶

같지가 않았습니다. "무엇을 먹을까, 무엇을 입을까 걱정하지 마라. 들에 핀 꽃들도 하느님이 먹이고 입히지 않느냐"는 예수님의 말씀도 떠올려보았지만, 그 말로도 위로가 안 되었습니다.

그러던 어느 날이었습니다. 갑자기 '아 맞다. 사람들은 모두 죽는다. 나도 언젠가는 죽는다. 그래 내일 죽을지도 모른다. 어차피 다 죽는 거다, 그렇다면 내가 하고 싶은 것을 하다가 죽는 것이 낫다'는 생각이 떠올랐습니다. 일종의 깨달음이었습니다. '그래 굶어 죽게 되면 죽자. 하지만 내가 하고 싶은 건 하고 살다가 죽자' 하고 마음의 결단을 내렸습니다. 죽을 결심을 하니까 마음이 얼마나 평안한지요. 그때 느낀 자유와 그때 봤던 하늘이 얼마나 아름다운지 제 평생 봤던 하늘 중에 제일 아름다웠습니다. 그래서 다시 공부를 하게 되었고, 5년 반 후에 박사학위를 취득했습니다. 제가 염려했던 경제적인 문제들도 전혀 예기치 않았던 좋은 기회들이 생겨서 잘 해결할 수가 있었습니다. 하늘이 저를 도운 것 같습니다.

스티브 잡스의 경우나 제 이야기의 요체는 거짓자아의 죽음입니다. 굶어 죽을 각오를 할 때 모든 두려움이 사라지고 거짓자아의 작동이 멈춘다는 것입니다. 죽을 결심을 하니까 마음이 그렇게 편할 수가 없었습니다. 결국 삶에 대한 두려움은 거짓자아가 만들어내는 가상현실이지 실제적인 것이 아니라는 겁니다. 죽을 결심, 그거 참 좋더라고요. 여러분도 한번 해보세요. 거짓자아라는 것은 어쩌면 이런 것일 수도 있어요. 애가 철봉에 매달려 있는 겁니다. 그런데 철봉에서 안 내려오는 겁니다. 그래서 엄마가 "얘야 괜찮아 내려와 안 다쳐 안 죽어" 그래도 아이는 "엄마 나 무서워 도저히 이걸 놓을 수가 없어. 이걸 놓으면 죽을 것 같아. 나 그냥 여기서 이거 붙잡고 살래" 이러고 있는 건지도 모릅니다. 철봉을 붙잡고 철봉에 매달려 사는 것이 얼마나 힘들겠습니까? 여러분도 한번 자신의 마음을 들여다보십시오. 내가 방금 말한 어린아이와 같이 철봉에 매달려서 살고 있는 것은 아닌지.

지금까지 죽음이라는 문제에 대해서 알아보았지만 제가 이것을 통해 정작 밝혀보고 싶었던 것은 삶입니다. 죽은 후의 삶이 아니라 지금 여기서의 삶에 대해서요. 저는 사후에 대해서는 사실 별 관심이 없습니다. 저에게 중요한 것은 현재의 삶입니다. 죽음은 삶의 종말이 아니라 삶의 묘약입니다. 죽음을 올바로 알게 될 때 삶이 진정으로 무엇인지를 알 수 있는 것입니다. 이제 마지막으로, 죽음이 존재의 소멸이 아니라 새로운 삶의 시작이라면 그때 삶은 무엇이 되는가에 대해서 알아보겠습니다.

4. 삶을 사랑하라!

8-21. 인생은 가장 위대한 연극이다. 이 연극은 모두가 주인공인 이상하고 신비한 연극이다. 그렇기 때문에 배역에 좋고 나쁨은 없다. 연극의 막이 내리면 이생에서의 삶도 끝난다. 그러고는 각자의 집으로 돌아가는 것이다.

8-22. 이 연극에서 자신의 배역에 불평을 한다는 것은 우스꽝스러운 일이다. 자신은 왜 왕이 아니었으며 왜 왕비가 아니었냐고 항의하는 것은 바보 같은 일이다. 왜냐하면 이 연극의 배역은 자신이 스스로 선택한 것

이기 때문이다. 만약 자신의 배역이 주인공이 아니었다고 불평한다면 그것이야말로 가장 어리석은 일일 것이다. 왜냐하면 그는 실은 주연배우였기 때문이다.

8-23. 배역(캐릭터)은 내가 아니다. 배역을 연기하는 그 연기자가 바로 나다. 자신이 맡은 배역이 세속적 기준에서 볼 때 불행할 수도 있고 행복할 수도 있다. 하지만 연기자는 배역의 행복과 불행에서 자신의 행복을 찾지 않는다. 연기자의 기쁨은 그 배역을 충실히 해냈는가 아닌가에 있다. 훌륭한 연기자를 평가할 때 우리는 그가 어떤 배역을 맡았는가를 따지지 않는다. 자신이 맡은 역을 얼마만큼 훌륭하게 연기했는가가 좋은 배우의 기준이다. 다른 말로 하면 배우가 얼마만큼 진실하게 그 배역의 삶을 살았는가가 좋은 배우의 기준이다.

8-24. 인생에서 역설적인 또 하나의 사실은 자신이 맡은 배역을 제대로 연기하지 못했을 때 그 역에서 빠져나오지 못한다는 것이다.

8-25. 자신의 역할에 저항하고 그것을 거부할 때 연기는 엉망이 된다. 그럴 수밖에 없지 않은가? 사람들은 왜 자신의 배역에 충실하지 못하고, 또한 빠져나오지 못하는가?

8-26. 그것은 삶에 높고 낮음이 있고, 좋고 나쁨이 있다는 생각 때문이다. 이러한 생각을 가지게 되면 참 행복이 무엇인지를 경험할 수 없게 된다. 그것은 자신이 누구인지를 망각하고 있기 때문이다. 그래서 그는 그 사실을 다시 떠올릴 때까지 어떤 행복도 경험하지 못한다.

8-27. 지금 무엇을 경험하고 있는가는 중요하지 않다. 중요한 것은 '지금 내가 경험하고 있는 것을 경험하고 있느냐 아니냐' 하는 것이다. 왜냐하면 지금 경험하고 있는 것보다 중요한 것은 아무것도 없기 때문이다.

자신에게 일어나는 모든 일을 선택한 사람이 자기 자신이라는 것을 인정하지 않을 때 삶에 저항하는 일이 발생한다. "이건 내가 한 것이 아니야, 이건 내가 원한 삶이 아니야, 그렇기 때문에 인정할 수 없어"라고 말하는 그 순간에 우리는 자신에 대해 무책임해진다. 이럴 때 우리는 자신의 느낌과 감정에 저항하고 자신이 행한 모든 것을 부정하게 된다. 결국 자신의 삶과 자기 자신을 부정하는 것이다.

8-28. 사랑에 조건이 없듯이, 행복에도 조건이 없다. 그래서 지금 행복할 수 없다면 영원히 행복할 수 없다. 지금 나에게 일어나는 것을 거부하고 저항하는 것이 바로 삶에 저항하고 삶을 거부하는 것이다. 이것이 바로 불행의 실체이다.

8-29. "삶을 사랑하라"Amor fati—"우리의 삶에서 버릴 것은 아무것도 없다." 삶을 사랑한다는 것은 자신의 삶 전체를 긍정하고 받아들인다는 것이다. 왜냐하면 그것은 자신의 창조물이고 자신이 경험하고자 한 것은 바로 그것이기 때문이다.

제가 생각하는 삶이란 연극이고 여행입니다. 이 세상에 태어났다는 것은 이 세상으로 여행을 온 것입니다. 하지만 그 형식은 연극적입니다. 우리는 연극을 통해 삶의 여행을 하는 것입니다. 그래서 이 세상은 거대한 무대이고 우리는 그 무대에서 펼쳐지는 연극의 주인공입니다. 이 연극은 시나리오도 내가 쓰고, 연출도 내가 하는 연극입니다. 일반 연극과 다른 점이 있다면 모두가 주인공인 연극이라는 점입니다. 그래서 모든 사람들은 주연이면서 동시에 조연들입니다. 아주 이상하고 신기한 연극입니다. 그 드라마 안에서 나는 울고 웃고, 사랑하고 미워하며, 실패하고 성공하는 다양한 삶을 살아보는 것입니다.

인생은 이렇듯 자신이 만들어가는 한 편의 드라마이기 때문에 남을 탓하고 세상을 원망할 필요가 없는 것입니다. 배역을 결정한 것은 자기 자신입니다. 자신은 자신의 역할에 충실하면 되는 것입니다. 주연 배우가 맡은 역할에는 좋고 나쁨, 높고 낮음이 없습니다. 부자이기도 하고 거지일 수도 있습니다. 때로는 장군이고 때로는 졸병이기도 합니다. 그것들은 모두 캐릭터일 뿐입니다. 나의 배역이 왕이 아니라고 불평하는 배우는 이상한 배우입니다. 배우는 자신이 맡고 있는 캐릭터의 사회적 지위를 문제 삼지 않습니다. 좋은 배우는 자신이 맡은 역을 잘 소화해내는 배우입니다.

이것이 제가 생각하는 평등이기도 합니다. 우리는 모두 삶의 주인공이라는 면에서 평등합니다. 하지만 배역은 평등할 수 없습니다. 배역이 평등하면 연극은 성립되지 않기 때문입니다. 왕이 있으면 신하가 있어야 하고, 부자가 있으면 가난한 사람이 있을 수밖에 없습니다. 하지만 그것이 모두 연극이라면 배역의 불평등은 문제가 되지 않습니다. 또 자신의 선택에 따라 배역을 바꿀 수 있기 때문에 더더욱 문제가 될 것이 없습니다.

여러분들은 '체험 삶의 현장'이라는 텔레비전 프로그램을 다 아실 것입니다. 그 프로를 보면 연예인이나 유명 인사들이 삶의 체험 현장 속으로 들어갑니다. 자기의 실제 정체성을 내려놓고 주로 노동자나 일꾼과 같이 힘든 일을 하는 사람의 정체성을 부여받습니다. 그래서 하루 종일 육체적으로 힘든 일을 합니다. 그 프로를 보신 분들은 다 아시겠지만 출연자들은 매우 힘들어 합니다. 당연히 그렇겠지요. 평소에 하지 않던 힘든 노동을 하루 종일 해야 하니까요. 하지만 그 사람들이 마음까지 힘들어 하지는 않습니다. 이유가 무엇이겠습니까? 마음이 고통스럽지 않은 이유는 자신이 어떤 역할을 수행하는 것이지 그 역할이 본래 자신의 정체성은 아니라는 것을 알고 있기 때문입니다. 그래서 몸은 힘들지만 마음은 즐겁게 일을 합니다. 그리고 체험 현장 안에서 무엇인가 새로운 것을 느끼고 배우는 것입니다. 그런데 만약 갑자기 출연자가 기억상실증에 걸려 자신이 맡은 배역을 자신의 본래 정체성이라고 생각한다면 어떻게 되겠습니까?

우리 삶에 문제가 있다면 바로 이것입니다. 자신의 본래의 정체성을 망각한다는 점입니다. 즉 자신의 캐릭터를 자기 자신으로 착각한다는 점입니다. 연기자가 아니라 자신이 맡은 배역이 되어버립니다. 캐릭터를 자기 자신과 동일시할 때 거짓 자아가 탄생합니다. 여기서 마음의 고통이 생겨나는 것입니다. 거짓 자아는 캐릭터의 삶에 만족하지 못하고, 캐릭터의 삶을 즐겁게 살지 못합니다. 왜냐하면 자신의 본래적 정체성을 잃어버렸기 때문입니다. 거짓 자아는 참 자아를 찾는 것, 즉 자신의 정체성을 회복하려 노력하는 것이 아니라 이상적 자아가 되려고 온갖 노력을 다합니다. 그래서 거짓 자아는 자신에게 주어진 삶을 살 수가 없는 것입니다. 지금의 삶에서 자신이 경험하고 체험해야 할 것을 누리는 대신에 이상적 자아가 되지 못한 자신에 대해서 자책하고 괴로워하는 것입니다. 왜냐하면 그는 이상적 자아가 되지 못하면 자신은 실패자이고 사랑받을 가치가 없는 존재라고 생각하기 때문입니다. 그래서 거짓 자아는 성공과 지위에 매달려 현재를 부정하고 시간 속에서 고통을 받는 것입니다.

인생은 한 편의 연극이거나 삶의 체험 현장입니다. 나는 단지 지금 어떤 캐릭터의 삶과 직업을 경험하는 것입니다. 나는 그 역할이나 캐릭터가 아닙니다. 이해가 되십니까? 이게 받아들여지면 현실을 받아들이기 상당히 편해집니다. '내가 왜 이런 일을 하고 있어야 돼? 나는 이것밖에 안 돼' 이런 생각에서 벗어날 수 있다는 거죠. 그래서 이렇게 생각하면 죽는다는 것도 겁나는 일이 아닌 것이죠. 체험 현장이 끝나고 자기 본래의 정체성으로 돌아가는 겁니다. 원래 삶으로. 아버지가 왕이라면 내가 어디 가서 막노동을 해도 그게 뭐 그렇게 대단히 힘들고 고통스러운 일이겠어요? 오히려 즐거운 마음으로 "아 이런 체험을 한번 해보는 것도 좋겠다." 하고 덤벼들 수 있지 않겠어요? 저는 힘들다가도 이 생각을 하면 마음이 편해집니다. '아 그렇구나. 이 삶에서 일어나는 일들은 다 지나가는 것일 뿐이구나. 여행일 뿐이구나.' 그럼 편안하게 받아들일 수 있잖아요. 삶에 저항하지 않게 됩니다.

우리의 삶은 행복한 내가 이승에서 이런저런 것들을 경험하는 여행이고 그 형식은 드라마입니다. 이 드라마의 주인공인 '나'는 자신의 정체성을 망각하고 자신을 불행한 존재라고 생각할 수는 있지만, 본래의 나는 불행할 수 없는 존재, 아니 불행을 모르는 존재입니다. 또한 본래의 나는 실패도 모르는 존재입니다. 왜냐하면 그에게 실패는 '실패라는 것을 경험하는 일'에 대한 성공이기 때문입니다. 그래서 우리는 성공해서 행복한 것도 아니고, 실패해서 불행한 것도 아닙니다. 행복한 내가 성공이라는 경험도 하는 것이고, 역시 마찬가지로 행복한 내가 실패라는 체험도 해보는 것입니다. '성공의 맛은 이렇고, 실패의 맛은 그런 것이구나'를 온몸으로 맛보는 것입니다. 이것은 마치 뷔페에서 이런저런 여러 가지 음식들을 먹어보는 것과 같습니다. 인생이라는 뷔페에서 순수와 열정, 설렘과 위험, 용기와 무모함, 성취와 환희, 비겁과 도피, 상처와 상실, 배신과 원한, 절망과 깨달음, 사랑과 용서 그리고 늙음과 죽음에 이르기까지 이 모든 것들을 경험하는 것이 바로 우리의 인생입니다.

그렇습니다. 삶은 우리에게 주어진 선물Present입니다. 그것은 어떠한 대가 없이 우리에게 주어진 신비한 선물입니다. 우리는 그저 그 선물을 어린아이와 같이 기쁜 마음으로 받아들이면 되는 것입니다. 왜 이런 일이 일어났는지 저는 모릅니다. 그리고 이제 와서는 그것을 알려고 머리로 헤아리지 않습니다. 그것은 신비이고 알 수 없습니다. 좀 더 정확히 말하면 '그것에 대해서는 알 수 없다는 것을 아는 것'이 지혜입니다.

물론 이 선물을 거부할 수도 있습니다. 하지만 제가 아는 한, 삶에서 가장 미스터리한 것은 이 선물을 거부했을 때 온갖 이상한 일들이 발생한다는 점입니다. 그래서 인간의 어리석음 중에서 가장 어리석은 일은 이 선물을 거부하는 것입니다. 삶에 대한 저항과 폄하가 바로 이 선물에 대한 거부입니다. 마음의 고통과 모든 니힐리즘의 뿌리 또한 이것입니다. 또한 이때 우리는 현재Present가 아닌 시간의 굴레에 속박되어 과거와 미래라는 시간 속에 살게 됩니다. 의사의 마음을 가진 철학자들은 이것을 지구상에서 인간들에게서만 발견되고 또한 인류의 가장 고약한 질병이라고 말합니다. 하지만 이 질병에 대한 치료제는 너무도 단순합니다. 그것은 삶을 긍정하고 현재를 사는 것입니다. 이것이 철학자들이 말하는 '존재Being와 하나됨'입니다.

행복의 비밀은 대단한 것이 아닙니다. 전혀 생각지 못할 정도로 단순한 것입니다. 그저 기쁜 마음으로 매 순간을 사는 것입니다. 이러한 삶의 비밀에 대해 시인 메리 올리버는 다음과 같이 노래하고 있습니다. "당신이 꼭 좋은 사람이 되어야만 하는 것은 아니다. 참회를 하며 무릎으로 기어 사막을 통과해야만 하는 것도 아니다. 다만 당신 육체 안에 있는 그 연약한 동물이 원하는 것을 할 수 있게 하라. 내게 당신의 상처에 대해 말하라. 그러면 나의 상처에 대해 말하리라. 그러는 사이에도 세상은 돌아간다. 그러는 사이에도 태양과 비는 풍경을 가로질러 지나간다. 풀밭과 우거진 나무들 위로 산과 강 위로. 그러는 사이에도 기러기들은 높고 푸른 하늘 길을 따라 다시 집으로 날아간다. 기러기들은 당신이 누구이든, 얼마나 외롭든, 세상은 네가 있어야 할 자리는 삶의 한가운데라고 소리쳐 외친다."

이런 관점에서 보았을 때 우리의 삶에서 쓸모없고 무가치한 것은 아무것도 없습니다. 또한 인생에 연습은 없고 똑같은 날은 단 하루도 없습니다. 매 순간이 우리에게는 소중한 것들뿐입니다. 그래서 지금 이 순간이 중요한 것입니다. 지금을 놓치면 그만큼 우리는 자신의 삶을 낭비하는 것이니까요. 행복은 저기 멀리 어딘가에 있는 것이 아닙니다. 매 순간순간이 행복입니다. 그렇기 때문에 우리의 삶에서 버릴 것은 아무것도 없고, 어떠한 경우에도, 심지어 모든 것이 끝났다고 생각되고 죽을 것만 같은 그러한 순간에도 절망할 필요가 없는 것입니다. 이것이 우리가 삶을 사랑할 수 있는 이유입니다. 자신의 삶을 사랑합시다. 우리의 삶은 '앞으로 괜찮아질 거야'가 아니고 '지금 괜찮습니다'이고, '언젠가 행복해질 거야'가 아니고 '지금 행복합니다'입니다. 이것이 제가 본 삶의 진실입니다.

하지만 많은 사람들이 이와 같은 삶의 진실을 보지 못하고 자신에게 주어진 행복을 누리지 못하고 있습니다. 그것은 자신이 누구인지에 대해서 착각하고 있기 때문입니다. 그래서 만약 자신의 본래적 삶을 되찾기 원한다면, 내가 나의 삶의 창조자라는 인식을 회복하는 것을 삶에서 가장 소중하고 가치 있는 일로 생각해야만 합니다. 제 방식대로 말하자면 '나에게 일어난 모든 일의 원인을 내 안에서 찾는 것'이 그것입니다. 물론 자신의 본래적 정체성을 되찾는 것은 매우 어렵고, 또한 단기간에 완성될 수 있는 일도 결코 아닙니다. 이 일은 매 순간순간 그리고 장기간의 지속적인 노력이 요구되는 일입니다. 그래서 이것은 차라리 하나의 길이라고 해야 할 것입니다. 하지만 이 길은 세속적, 사회적 성공을 좇는 거짓자아의 길과는 완전히 다른 길, 즉 있는 그대로의 나를 되찾는 길입니다. 그렇기 때문에 이 길은 저 멀리 어딘가로 가는 것이 아니라 항상 지금 이곳으로 돌아오는 매우 '역설적인 길'입니다.

이러한 역설을 비트겐슈타인은 "만일 내가 도달하려 하는 장소가 오직 사다리를 타고 올라야만 하는 곳이라면, 나는 거기에 도달하는 것을 포기하겠다. 왜냐하면 내가 정말로 가야만 하는 곳은 사실상 이미 도달해 있는 것이 분명하기 때문이다."라고 표현하고 있습니다. 이처럼 이 길은 우리가 이미 도달해 있는 곳으로 돌아오는 역설적이고 단순한 여정입니다. 하지만 이 길은 매 순간 자신의 목숨을 걸어야만 하는 실존적 '결단의 길'이기도 합니다. 왜냐하면 이 길을 가로막고 있는 것은 죽음에 대한 두려움이기 때문입니다. 이 두려움과의 대결을 회피하고서는 이 길을 도저히 갈 수가 없습니다. '모든 것을 빼앗길 수도 있고 목숨마저 잃을 수 있다. 하지만 그래도 나는 거짓자아의 거짓되고 고통스러운 삶을 더 이상 살고 싶지 않다'라는 실존적 결단이 없다면 이 길을 갈 수가 없습니다. 왜냐하면 거짓자아가 죽지 않고는 참 생명을 얻을 수 없기 때문입니다. 그래서 이 길은 죽음의 공포라는 장벽을 부수고 참 생명에 도달하는 '생명의 길'이기도 합니다. 또한 이 길은 그동안 우리를 짓눌러왔던 정서적 혼란과 예속 상태에서 해방시키고 내면의 자유와 평화에 이르게 하는 '자유인의 길'이기도 합니다.

저는 여러분이 이 길을 가시길 권합니다. 물론 이 길을 갈 것인가 말 것인가는 여러분 각자의 선택입니다. 저는 여러분의 선택을 존중합니다. 또한 이 길을 가지 않는다고 해도 잘못된 것은 없습니다. 왜냐하면 그러한 삶도 세상이라는 거대한 무대를 구성하는 한 편의 드라마이기 때문입니다.

아쉽지만 우리가 함께했던 드라마가 이제 끝날 시간이 다된 것 같습니다. 마지막으로 제가 좋아하는 시 한 편을 읽고 이번 학기 '희망의 인문학' 철학 강의를 모두 마치겠습니다.

당신이 생존을 위해 무엇을 하는가는
내게 중요하지 않다.
당신이 무엇 때문에 고민하고 있고,
자신의 가슴이 원하는 것을 이루기 위해

어떤 꿈을 간직하고 있는가를 나는 알고 싶다.

당신이 몇 살인가는 내게 중요하지 않다.
나는 다만 당신이 사랑을 위해
진정으로 살아 있기 위해
주위로부터 비난받는 것을
두려워하지 않을 자신이 있는가를 알고 싶다.

당신이 어떤 행성 주위를 돌고 있는가는 중요하지 않다.
당신이 슬픔의 중심에 가닿은 적이 있는가
삶으로부터 배반당한 경험이 있는가
그래서 잔뜩 움츠러든 적이 있는가
또한 앞으로 받을 더 많은 상처 때문에
마음을 닫은 적이 있는가를 알고 싶다.

나의 것이든 당신 자신의 것이든
당신이 기쁨과 함께할 수 있는가를 나는 알고 싶다.
미친 듯이 춤출 수 있고, 그 환희로
손가락 끝과 발가락 끝까지 채울 수 있는가
당신 자신이나 나에게 조심하라고, 현실적이 되라고
인간의 품위를 잃지 말라고
주의를 주지 않고서 그렇게 할 수 있는가를 알고 싶다.

당신의 이야기가 옳은 것인가 아닌가는 중요하지 않다.
당신이 다른 사람들을 실망시키는 한이 있더라도
자기 자신에게는 진실할 수 있는가
배신했다는 주위의 비난을 견디더라도

자신의 영혼을 배신하지 않을 수 있는가를 알고 싶다.

어떤 것이 예쁘지 않더라도 당신이
그것의 아름다움을 볼 수 있는가
그것이 거기에 존재한다는 사실에서
더 큰 의미를 발견할 수 있는가를
나는 알고 싶다.

당신이 누구를 알고 있고 어떻게 이곳까지 왔는가는
내게 중요하지 않다.
다만 당신이 슬픔과 절망의 밤을 지새운 뒤
지치고 뼛속까지 멍든 밤이 지난 뒤
자리를 떨치고 일어날 수 있는가를 알고 싶다.
나와 함께 불길의 한가운데 서 있어도
위축되지 않을 수 있는가
모든 것이 떨어져 나가더라도
무엇이 내면으로부터 당신의 삶을 지탱하고 있는가
그리고 당신이 자기 자신과 홀로 있을 수 있는가
고독한 순간에 자신과 함께 있는 것을
진정으로 좋아할 수 있는가를 알고 싶다.

– 오리아 마운틴 드리머, 「초대」

한 학기 동안 수고하셨습니다. 우리의 드라마는 여기까지입니다. 지금부터 여러분 각자의 드라마를 만들어 가시길 바랍니다. 그동안 즐거웠습니다. 감사합니다.